北京市哲学社会科学规划项目（08BaJG200）
北京市教育委员会人文社会科学重点项目（SZ200810011004）

北京农产品流通体系与协调机制研究

冯中越　等著

中国统计出版社
China Statistics Press

图书在版编目(CIP)数据

北京农产品流通体系与协调机制研究 / 冯中越等著.
——北京：中国统计出版社，2013.4
ISBN 978-7-5037-6799-9

Ⅰ.①北… Ⅱ.①冯… Ⅲ.①农产品流通—流通体系—研究—中国②农产品流通—协调—研究—中国 Ⅳ.①F724.72

中国版本图书馆 CIP 数据核字(2013)第 063799 号

北京农产品流通体系与协调机制研究

作　　者/冯中越 等
责任编辑/张　赏
封面设计/李雪燕
出版发行/中国统计出版社
通信地址/北京市丰台区西三环南路甲 6 号 邮政编码/100073
电　　话/邮购(010)63376909 书店(010)68783171
网　　址/http://csp.stats.gov.cn
印　　刷/河北天普润印刷厂
经　　销/新华书店
开　　本/710mm×1000mm 1/16
字　　数/200 千字
印　　张/12.5
版　　别/2013 年 4 月第 1 版
版　　次/2013 年 4 月第 1 次印刷
定　　价/28.00 元

版权所有。未经许可，本书的任何部分不得以任何方式在
世界任何地区以任何文字翻印、拷贝、仿制或转载。
如有印装差错，由本社发行部调换。

目 录

第一章 导言

第一节 研究背景和意义 ……………………………………… 1
一、研究背景 …………………………………………………… 1
二、研究意义 …………………………………………………… 2
第二节 研究思路和方法 ……………………………………… 2
一、研究思路 …………………………………………………… 2
二、研究方法 …………………………………………………… 3
第三节 研究发现和主要结论 ………………………………… 3
一、研究发现 …………………………………………………… 3
二、主要结论 …………………………………………………… 6

第二章 文献综述

第一节 国外相关文献综述 …………………………………… 9
一、纵向一体化：农产品交易的协调机制 …………………… 10
二、对农产品流通可追溯体系的研究 ………………………… 16
三、对农产品流通渠道的收益分配及其他相关方面的研究 … 17
第二节 国内相关文献综述 …………………………………… 18
一、农产品流通的组织模式 …………………………………… 18
二、对国外农产品流通体系的介绍及国际比较研究 ………… 21
三、对我国农产品流通体制、体系与渠道的研究 …………… 22
四、关于农产品流通效率与利润分配 ………………………… 23
五、关于农产品流通的可追溯性与质量安全 ………………… 24
第三节 对相关文献的简要评述 ……………………………… 25
一、关于研究方法、理论基础与方法论 ……………………… 25

二、关于研究视角与研究内容 …………………………………………… 26

第三章　基本理论

　第一节　合约理论 …………………………………………………………… 27
　　一、基本内容 ……………………………………………………………… 27
　　二、研究的进展 …………………………………………………………… 28
　　三、评述和值得研究的问题 ……………………………………………… 29
　第二节　拍卖理论 …………………………………………………………… 30
　　一、基本内容 ……………………………………………………………… 30
　　二、研究的进展 …………………………………………………………… 32
　　三、评述和值得研究的问题 ……………………………………………… 33
　第三节　交易费用理论 ……………………………………………………… 33
　　一、基本内容 ……………………………………………………………… 33
　　二、研究的进展 …………………………………………………………… 35
　　三、评述和值得研究的问题 ……………………………………………… 36

第四章　北京农产品流通体系的现状、问题及成因

　第一节　北京农产品流通的基本情况 ……………………………………… 37
　　一、北京经济社会发展情况 ……………………………………………… 37
　　二、北京农产品流通的现状 ……………………………………………… 40
　　三、北京农产品流通相关性分析 ………………………………………… 43
　第二节　北京农产品流通体系的现状 ……………………………………… 44
　　一、农产品流通体系基本满足流通需要和消费需求 …………………… 44
　　二、农产品批发市场体系多层次、多方位格局已经确立 ……………… 44
　　三、农产品批发市场体系基础设施水平和功能明显提升 ……………… 44
　　四、城市东南方向是外埠农产品进京的主要通道 ……………………… 45
　　五、多元化流通模式有效连接农产品生产和消费 ……………………… 45
　　六、多样化的零售终端满足了居民多层次的消费需求 ………………… 45
　第三节　北京农产品流通体系现存问题及成因 …………………………… 45
　　一、北京农产品流通体系现存的问题 …………………………………… 45

二、北京农产品流通体系现存问题的成因 ……………………… 46

第五章　北京农产品流通模式

第一节　批发市场主导模式 ……………………………………… 49
一、概述 ……………………………………………………… 49
二、北京批发市场主导模式的发展现状 …………………… 50
三、批发市场为主导模式面临的挑战 ……………………… 52
四、对批发市场主导模式发展对策及建议 ………………… 53

第二节　龙头企业主导模式 ……………………………………… 54
一、概述 ……………………………………………………… 54
二、北京龙头企业主导型模式的发展现状 ………………… 54
三、龙头企业主导型模式面临的挑战 ……………………… 57
四、龙头企业主导型模式发展对策及建议 ………………… 58

第三节　物流企业主导模式 ……………………………………… 59
一、概述 ……………………………………………………… 59
二、北京物流企业为主导模式的发展现状 ………………… 60
三、物流企业为主导模式面临的挑战 ……………………… 61
四、物流企业为主导模式发展对策及建议 ………………… 62

第四节　"农超对接"模式 ……………………………………… 63
一、概述 ……………………………………………………… 63
二、北京"农超对接"模式的发展现状 …………………… 64
三、北京发展"农超对接"模式面临的挑战 ……………… 65
四、"农超对接"模式发展对策及建议 …………………… 66

第六章　北京农产品批发市场建设

第一节　农产品批发市场的结构布局 …………………………… 68
一、北京农产品批发市场发展简况 ………………………… 68
二、北京农产品批发市场总体情况 ………………………… 69
三、北京农产品批发市场结构布局特点 …………………… 73

第二节　农产品批发市场的流通效率 …………………………… 77

一、满足市场总量需求并辐射全国 ………………………………… 77
二、大型批发市场设施水平、交易承载能力和公共服务功能大幅提高 ……………………………………………………………… 77
三、区域性综合型、产地型、专业型批发市场设施、功能整体水平不高 ………………………………………………………………… 80

第三节 农产品批发市场的运行和监管 …………………………… 82
一、市场的组织与运营方式现状 …………………………………… 82
二、市场农产品经营主体多元化，交易方式单一 ………………… 82
三、农产品批发市场在农产品供应保障体系中具有重要作用 …… 83
四、批发市场管理机构内部治理结构不完善，管理缺乏规范化 … 85
五、市场公益性定位不明晰，政府投入相对不足 ………………… 85

第七章 北京农产品零售终端

第一节 北京农产品零售终端的发展现状 ………………………… 86
一、北京农产品零售终端发展的基本情况 ………………………… 86
二、北京规范化菜市场改造建设情况 ……………………………… 90

第二节 北京农产品零售终端的实证研究 ………………………… 92
一、问卷的设计 ……………………………………………………… 93
二、调查数据的初步统计结果 ……………………………………… 94
三、消费者人口特征与农产品零售终端选择分析 ………………… 100
四、零售终端业态、农产品品种与农产品零售终端选择分析 …… 105

第三节 北京蔬菜"最后一公里"问题解析 ……………………… 107
一、调研设计与实施 ………………………………………………… 108
二、北京蔬菜的批零差价与批零差率 ……………………………… 110
三、北京蔬菜二级批发商和零售商的加价分析 …………………… 124
四、主要结论 ………………………………………………………… 132

第四节 北京农产品零售终端建设的政策建议 …………………… 132
一、完善建设机制，健全零售网络 ………………………………… 132
二、平抑农产品的终端零售价格 …………………………………… 133
三、保障农产品质量安全，维护消费者利益 ……………………… 134

第八章 农产品流通协调机制的构建

第一节 基础理论的概述 ·············· 136
  一、基本概念的辨析 ·············· 136
  二、基础理论的讨论 ·············· 136
第二节 农产品流通协调机制组织维度的构建 ·············· 139
第三节 农产品流通协调机制合约维度的构建 ·············· 142
第四节 农产品流通协调机制技术维度的构建 ·············· 144
第五节 农产品流通协调机制的运行 ·············· 147

第九章 国外农产品流通体系经验与借鉴

第一节 合约与组织层面的基本经验 ·············· 149
  一、合约化与一体化趋势日益明显 ·············· 149
  二、自愿联合的强大农民合作组织 ·············· 150
  三、大型涉农工商集团推动农产品流通体系升级 ·············· 151
  四、批发市场在农产品流通中的重要地位 ·············· 152
第二节 基础设施、技术与公共服务层面的经验 ·············· 154
  一、交易机构先进完备的基础设施 ·············· 154
  二、交通与物流网络日趋完善 ·············· 155
  三、信息技术的广泛深入应用 ·············· 156
  四、政府提供大量相关的公共服务 ·············· 157
  五、政府出台多方位的政策支持 ·············· 158
第三节 具体交易层面的基本经验 ·············· 160
  一、期货市场在农产品流通中发挥着重要作用 ·············· 160
  二、农产品加工是农产品流通体系的有机组成部分 ·············· 161
第四节 流通渠道长度、流通环节与收益分配的经验 ·············· 162
  一、农产品流通渠道长度与流通环节 ·············· 162
  二、农产品流通的收益分配 ·············· 163
第五节 国外经验的比较、借鉴与思考 ·············· 166
  一、比较与借鉴的基本立足点 ·············· 166

二、组织、合约的借鉴与思考 …………………………………… 167
　　三、流通渠道、环节的借鉴与思考 ……………………………… 168
　　四、政府职能与作用的思考 ……………………………………… 170

第十章　结语

　第一节　政策建议 ……………………………………………………… 171
　　一、构建现代统一结算平台，完善批发市场信息平台 ………… 171
　　二、建立健全农产品全程质量安全可追溯体系 ………………… 171
　　三、培育现代批发商，提高批发市场交易主体的组织化程度 … 172
　　四、扩大零售终端规模，促进新兴流通渠道和现代零售终端业态
　　　　发展 ……………………………………………………………… 172
　　五、推动先进技术在农产品流通中的应用，建立绿色低碳流通
　　　　模式 ……………………………………………………………… 172
　　六、建立可靠的农产品储备调控体系 …………………………… 173
　　七、加强行业立法与标准建设 …………………………………… 173
　　八、加大政府扶持力度，健全农产品流通监管体系 …………… 173
　第二节　本课题研究存在的不足 ……………………………………… 174
　　一、对北京农产品流通体系的整体结构研究不够 ……………… 174
　　二、对北京农产品流通协调机制构建的具体问题研究不够 …… 174
　　三、对北京农产品流通体系与协调机制二者关系研究不够 …… 174

参考文献 …………………………………………………………………… 175
　　一、著作、报告 …………………………………………………… 175
　　二、论文、报纸 …………………………………………………… 178

后　记 ……………………………………………………………………… 192

第一章

导 言

第一节 研究背景和意义

一、研究背景

农产品①是重要基础流通产品,是保障经济社会平稳运行和发展的重要物资。农产品流通体系是农产品的商流、物流、信息流的组织系统和流通主体、运行结构及渠道、模式的总和。北京农产品流通体系,既是北京城市基础流通体系,也是北京国际商贸中心的重要组成部分。农产品流通协调机制是农产品流通中的主体、客体、组织、运行、渠道和方式等关系协调机制的总称。在加快北京国际商贸中心建设和新农村建设的进程中,对农产品流通提出了更加有序、规范、安全、高效的新要求。

近年来,北京市农产品流通体系建设取得了长足的进展。表现在:农产品流通体系基本满足流通需要和消费需求,农产品批发市场体系多层次、多方位格局已经确立,农产品批发市场体系基础设施水平和功能明显提升,多元化流通模式有效连接农产品生产和消费,多样化的零售末端满足了居民多层次的消费需求。

目前,存在的主要问题是:农产品供应对外依存度大,农产品批发市场空间布

---

① 在《中国统计年鉴》中,主要农产品产量包括:粮食、棉花、油料、麻类、糖料、烟叶、蚕茧、茶叶、水果等9类农产品;农村居民出售的主要农产品、畜产品和水产品包括:粮食、棉花、油料、麻类、烟叶、蔬菜、水果、猪牛羊肉、禽蛋、牛羊奶、蚕茧、水产品等12类农产品;居民消费支出中的食品类包括:粮食、肉禽、蛋类、水产、奶及奶制品等5类农产品。本文在此基础上,参考《北京市统计年鉴》中居民消费支出的食品类别,将本文研究的农产品界定为:粮食、油料、肉禽(蛋)、水产品、鲜菜、鲜果等6类产品。

局与城市发展矛盾凸显,批发市场公益性不明确、发展现状与现代农产品流通要求存在差距,市场交易主体组织化程度、集中度偏低,管理体制和市场治理结构不完善,管理水平亟待提高,零售终端建设发展受到一定制约。

目前,国内相关研究的主要内容是农产品市场体系的发展道路,农产品流通体系与营销模式,中外农产品流通渠道和模式的比较,农产品拍卖交易方式在我国的适应性,农产品批发市场与期货市场的比较,农业产业化经营中合同约束问题,农产品流通的绿色通道,农产品现代流通方式(连锁经营、电子商务、期货市场)等。国外相关研究的主要内容是合约理论与定单农业,拍卖理论与农产品交易,期货理论与农产品交易,产业链理论与农产品流通协调机制等。

二、研究意义

从理论上讲,农产品流通体系和协调机制的构建,主要涉及:合约理论与定单农业,拍卖理论与农产品交易,协同理论与农产品流通体系,市场细分理论与农产品流通模式,产业链理论与农产品流通协调机制等。因此,运用现代经济学和管理学的理论,来指导北京市农产品流通体系和协调机制问题的研究,对于推动相关理论的中国化及其发展,具有重要的理论意义。

从实践上看,北京的农产品生产流通具有大城市、小郊区的特点。北京在建设世界城市和国际商贸中心的过程中,农产品流通体系的建设和运行面临着机遇和挑战。一方面,世界城市和国际商贸中心的建设和发展农产品流通提出新标准,都市农业(高档产品)和观光农业(新鲜产品)对农产品流通提出新要求,绿色产品和安全产品的理念对农产品流通提出新约束。另一方面,北京城市建设高速发展和城市运行管理滞后并存的现状,导致农产品流通体系的建设和运行与其产生很大的矛盾,农产品流通这一民生商业①职能的发挥受到很大限制。因此,在新形势下研究农产品流通体系和协调机制问题,对于增强流通能力,提高流通效率,增加农民收入,满足城乡居民对农产品的消费需求,促进民生改善,具有重大的实践意义。

第二节 研究思路和方法

一、研究思路

本课题研究的重点:第一,北京市农产品流通的模式问题,包括批发市场主导

---

① 民生商业是指保障城乡居民基本生活需要的商业,包括其设施、商品和服务、活动等。

模式、龙头企业主导模式、物流企业主导模式、农超对接模式等;第二,北京市农产品批发市场的建设问题,包括结构布局、流通效率、运行和监管等;第三,北京市农产品零售终端的发展问题,包括政府引导与规范菜市场建设、农产品安全与消费者认知程度、农产品价格波动与"最后一公里"[①]问题等。

本课题研究的难点:农产品流通的协调机制的构建问题。

本课题的创新之处:第一,运用现代经济学的合约理论、拍卖理论、交易费用理论来研究北京市的农产品流通问题,有坚实的理论基础,力求在理论上有边际贡献;第二,紧紧抓住北京市农产品流通的现状、问题和发展趋势,结合北京市"十二五"时期农产品流通体系发展规划,进行深入研究提出有价值的政策建议;第三,从主体、要素、过程、企业、市场、政府全方位出发,从组织、合约、技术三个维度及其相互关系开展分析,提出农产品流通协调机制构建的思路。

二、研究方法

本课题研究拟采用的方法:第一,规范研究。运用现代经济学的理论来研究北京市的农产品流通体系和协调机制问题,在理论的指导下进行分析探讨。第二,实证研究。运用经验实证的方法,对北京市农产品的生产、流通、消费的影响因素进行数量分析,得出有数据支撑的基本情况。第三,调查与案例分析。选择农产品流通体系中的典型主体、客体、渠道等进行实际调查和案例分析,得出有实际案例和资料支撑的研究结论。第四,比较分析。一是对国内外的研究文献进行梳理和概括,得出可以继续研究的方向;二是对典型国家农产品流通体系的进行比较分析,得出可以借鉴的经验。

第三节 研究发现和主要结论

一、研究发现

在北京市农产品流通基本情况问题上,研究发现:2006—2010年,北京市人口年均增长5.54%,高于同期全国人口年均增长5.04个百分点,低于同期上海市人口年均增长0.59个百分点。北京市人均GDP年均增长9.90%,低于同期全国人

[①] 最后一公里(Last kilometer)是指完成长途跋涉的最后一段里程,被引申为完成一件事情的时候最后的而且是关键性的步骤(通常还说明此步骤充满困难)。此概念最早用于通讯业,近期有人用最后一公里形容农产品中蔬菜流通环节终端的涨价问题。

均 GDP 年均增长 6.20 个百分点,高于同期上海市人均 GDP 年均增长 1.38 个百分点。北京市城镇居民人均可支配收入年均增长 9.83%,农村居民人均可支配收入年均增长 11.37%,低于同期全国城镇居民人均可支配收入年均增长 3.08 个百分点,低于同期全国农村居民人均可支配收入年均增长 1.97 个百分点;低于同期上海城镇居民人均可支配收入年均增长 1.58 个百分点,高于同期上海农村居民人均可支配收入年均增长 1.97 个百分点。北京市城镇居民家庭人均年购买食品支出年均增长 8.81%,农民家庭人均年购买食品支出年均增长 12.67%,低于同期全国城镇居民家庭人均年购买食品支出年均增长 2.66 个百分点,高于同期全国农民家庭人均年购买食品支出年均增长 2.38 个百分点;低于同期上海市城镇居民家庭人均年购买食品支出年均增长 1.52 个百分点,高于同期上海市农民家庭人均年购买食品支出年均增长 6.74 个百分点。北京市食品类六种商品销售量按年均增长大小排序为:鲜菜销售量年均增长 48.62%,肉禽蛋销售量年均增长 44.59%,鲜瓜果销售量年均增长 38.98%,食用油脂销售量年均增长 36.78%,水产品销售量年均增长 32.93%,粮食销售量年均增长 20.53%。

在北京市农产品流通模式问题上,研究发现:当前,在北京市的农产品流通模式主要有:批发市场主导模式、龙头企业主导模式、物流企业主导模式和农超对接模式等。由于受各种因素制约,每一种模式都有其优势和缺陷不足。总起来说,北京市农产品流通模式呈现多样性、交叉性的特点,但批发市场主导模式还将在一定时期内占据主导地位。多样性是指目前在国内流行的农产品流通模式在北京市都客观存在;交叉性是指不同的农产品流通模式在北京市场会同时表现,同一企业或机构会同时成为不同模式的载体。当然,我们认为农产品流通模式不会一成不变,它会随着社会经济发展而不断演进,如目前北京市出现的"农宅对接"模式,以及在北京农副产品交易所实行的订单交易、现货挂牌和现货竞价三种交易模式等。这些模式还有待实践检验,故文中未作介绍。

在北京市农产品批发市场问题上,研究发现:北京农产品批发市场经过多年的发展,目前已经形成了相对完善的市场体系,满足了市场总量需求并辐射全国,农产品批发市场在农产品供应保障体系中发挥了重要作用。初步形成三个大型农产品批发市场聚集区,较好地覆盖了北京各个区域上的农产品交易流通的需要,各有侧重,各有分工,多层次、多方位、多功能的农产品批发市场格局已经形成。但是,农产品批发市场主要集中在近郊区,部分骨干市场对城市交通和环境的影响日益凸显,这些市场外迁的压力不断增长。批发市场农产品经营主体多元化,但交易方式单一。批发市场管理机构内部治理结构不完善,管理缺乏规范化。由于缺乏完善的批发市场法律制度及政府支持政策,批发市场尚未实现现代化,产品流通成本和损耗较高,冷链物流和质量安全信息可追溯体系尚未建立,消费安全也难以充分保障。

在北京市农产品零售终端问题上,研究发现,农贸市场是大众消费的主要场所;超市是零售终端未来发展的有生力量;早市发挥着重大的作用,其建设却易被忽视;社区规范菜市场是最便民的零售终端;网络直销是新兴的零售终端形式。家庭收入、农产品价格和质量安全性,以及购买的便利性是影响消费者选择不同农产品零售终端的重要因素。其中,家庭收入和购买频次与消费者选择超市这种业态显著正相关,家庭人口则与其显著负相关;性别、年龄和受教育程度对消费者选择不同农产品零售终端的影响已不显著;不同种类的农产品因其自然属性不同,适宜在不同类型的零售终端销售;而不同的零售业态,具备不同的竞争优势,各种类型零售终端均有其存在的必要性。关于蔬菜"最后一公里"不合理加价问题,研究发现,其原因既不是批发商或零售商的市场租金过高造成的,也不是流通环节过多所致。而在于:第一,在现行的流通过程中往往将蔬菜的包装物记入蔬菜重量,这种不合理计价方式直接抬高了蔬菜二级批发商加价幅度;第二,在讨论蔬菜的"最后一公里"问题时,往往忽略了批零差价的根本问题即量价关系问题,因此蔬菜"最后一公里"问题被严重高估。

在农产品流通协调机制问题上,研究发现:农产品流通协调机制是指在农产品流通体系中的各主体为了获得利益而参与其中,并通过利益的分配来协调各主体自身和相互的行为和关系的过程。我国农产品流通协调机制构建的基本思路是,形成组织—合约—技术三位一体的协调机制。其中,组织是基础、合约是纽带、技术是动力,它的运行是组织—合约—技术三者动态影响的过程。本书认为,批发市场主导的组织模式、农产品流通合约履约的外部性和农产品流通技术的演进方式等问题,对我国农产品流通协调机制产生着重大影响。

在农产品流通体系和协调机制的国际比较中,研究发现:第一,国外农产品流通体系与协调机制,是在相当长时期内演化的复杂结果,与这些国家的政治、经济、社会环境有着密切的关联,也受到其农业发展、农村结构、城乡关系的微妙影响。由此决定了国外在交易方式、交易技术、交易手段等方面所有经验的价值,主要在于借鉴与反思,绝不能简单移植,更不能好高骛远。相对而言,我国的农产品流通体系的现代化水平较低,硬件设施较落后,信息化水平和组织化程度较低,交易模式比较传统,但不能由此就认定,我国农产品流通体系是低效率的,更不能由此认定农产品流通的协调机制是失灵的。第二,在组织与合约方面,自愿联合的农民合作组织是大势所趋,但在相当长时期都很难顺利成长;应继续坚持批发市场在农产品流通中的核心地位。第三,在交易模式方面,要继续完善面对面的对手交易,拍卖等新型交易方式的引入应比较谨慎。第四,在流通渠道与环节方面,主张减少流通环节、缩短流通渠道等政策取向缺乏坚实的理论与经验基础。第五，在促进农产品流通效率提升方面，政府最应该做的，就是提供各种有助于市场范围扩展的公共服务，做一些补充市场的事情。

二、主要结论

1. 北京市农产品流通体系能够基本满足农产品流通需要和消费需求，但是，其发展现状和潜力与北京城市发展矛盾凸显，批发市场公益性不明确，零售终端建设受到一定约，政府对农产品流通体系的规划、指导和调控有待完善。我们认为，在未来的北京市农产品流通体系中，由于农产品供给依存度很高和农产品消费量巨大，批发市场尤其是一级批发市场仍将起到主导作用；早市作为繁荣零售市场、方便居民生活、促进市场竞争的重要载体，应大力培育、支持和规范其发展；要支持农产品配送加工企业的发展，鼓励其完善流通网络和功能，发展连锁经营做大做强。需要指出的是，要正确认识减少流通环节、降低流通费用。对于人口和交通压力巨大的北京来说，必要的流通环节（特别是批发环节）不能减少，在此基础上搞好流通体系建设却能达到降低流通费用的效果。

2. 在市场—混合形式—政府三种组织（协调形式）的背景下，北京市农产品流通体系基本构建形成了组织—合约—技术三位一体的协调机制。本书认为，我国农产品流通体系三位一体协调机制的运行，既是三者关系的结构定位，也是组织—合约—技术三者相互影响的过程。三者的结构定位为：组织是三位一体协调机制的基础，合约是三位一体协调机制的纽带，技术是三位一体协调机制的动力。其中，批发市场主导的组织模式、农产品流通合约履约的外部性和农产品流通技术的演进方式等问题，对我国农产品流通协调机制产生着重大影响。三者的相互影响过程可以从组织的发育和规范程度、组织形式的多样性、合约的正式（完备）程度和履约率、技术的先进适用程度和创新的应用性等六个方面来考察。

3. 在发达国家比较流行的农产品流通组织形式（产销模式），如公司＋农户、基地＋农户、合作社＋农户、超市＋基地、公司＋基地＋农户、公司＋经纪人（经销大户）＋农户、公司＋合作社＋农户等，在我国目前及今后一段时期内，还不是主要的组织形式。我们认为，其原因在于：第一，我国小农经济的状况短时期很难改变，农户（小农）在农产品流通中的作用不容忽视。第二，我国农产品流通中经纪人（经销大户）与批发市场的主导组织模式将长期存在。第三，基地＋超市，即农超对接模式正在快速发展，但很难成为主导模式。根据发达国家的经验，合作社既是农产品生产流通的主要组织形式，也是农产品流通的重要协调机制。但是，在中国目前农村的各种合作社发展状况并不好，其中占较大比重的"公司领办型合作社"往往存在侵蚀农民利益的现象。

4. 一般认为，小农户无法面对大市场，在市场经济面前，小农户必然被淘汰。

但是,我国改革开放 30 多年来农产品批发市场带动农户和经纪人(经销大户)共同发展的实际充分说明,批发市场这个协调组织的正面(引导)作用大于负面(风险)作用。本书认为,批发市场除了通过价格发现和信息传递来协调农产品流通之外,它还会派生出一系列的各种服务组织(营利的与非营利的),从纵向产业链联系的角度形成农产品流通的社会化服务体系,这就为农户和经纪人(经销大户)面对大市场竞争和规避风险提供了有力的支撑。可以说,由批发市场派生出来的农产品流通社会化服务体系,是批发市场主导组织模式的核心及成败的关键。当然,其中非营利的农产品流通社会化服务组织需要政府扶持,即可以由政府购买其服务。

5. 农产品既是一种需求缺乏弹性的商品,也是一种可再生资源;农产品市场是一种需求约束型而非资源约束型的买方市场,是最接近于完全竞争的市场。当前,国际市场上石油、粮食等大宗商品价格呈快速上升和轮涨趋势,引发了全球性通货膨胀的压力和预期,再加上中国人口增长数量和耕地减少趋势,由此,人们将粮食和石油并列为战略物资,提出要确保石油、粮食等大宗商品安全战略。本书认为,石油的属性和石油市场的特征与农产品有很大区别。石油是一种需求缺乏弹性的商品,却是一种不可再生资源;石油市场是一种资源约束型而非需求约束型的卖方市场,是典型的寡头垄断市场。因此,同样面临涨价问题,农产品和石油的协调机制却截然不同。农产品流通的协调问题,主要应为市场机制,而不是政府调控;石油可以作为战略物资,在市场机制的基础上,政府要加强宏观调控(进行战略储备)。

6. 不是所有农产品都是生活必需品,也就是说不是所有农产品都是准公共产品。农产品流通中的公益性包括:农产品中的准公共产品属性和政府在农产品流通中的公共服务职能。本书认为,农产品中的生活必需品具有准公共产品属性,它是保障城乡居民基本生活需要的农产品,属于民生商业范畴,其品种的数量应根据城乡居民基本生活水平确定并定期调整。政府在农产品流通中的公共服务职能主要包括:一是利用财政资金进行农产品中生活必需品的政府储备,当发生农产品短缺或农产品大幅度涨价时动用储备投放市场;二是当农产品市场价格大幅上涨时,对城乡低收入居民家庭进行物价补贴;三是利用财政资金对农产品质量安全检验检疫进行补贴,建立健全农产品质量安全追溯体系。

7. 农产品流通中企业(包括国有企业)的公益性是指:企业(包括国有企业)提供公共服务。本书认为,企业(包括国有企业)提供公共服务主要包括:一是作为准公益性机构为农产品流通服务,最典型的是设立准公益性的农产品批发市场;二是承担农产品中生活必需品的政府储备任务;三是为城乡居民提供农产品销售终端的便民服务(以政府购买服务形式存在)。

8. 政府对农产品流通的宏观调控一定要理解和尊重宏观经济变化内在的约束条件和发展规律，否则一厢情愿的政策介入，即使出发点很好，也会破坏经济变量内在的调整规律，从而导致事与愿违的结果。本书认为，暂时的价格波动和经济失衡是会渐渐消失的，而如果政府急于出手刻意去纠正，往往会出现价格大起大落的局面。农产品流通中微观机制的缺陷是导致宏观价格波动和经济失衡的根源，从这个意义上讲，修复微观机制，完善农产品流通体系和协调机制，让市场变得更加有效，要比接受"市场失效"后过度依赖政府宏观调控更加重要。

第二章

文献综述

农产品流通体系与协调机制及二者关系,不仅是国内外学界重要的研究热点,也是政界和媒体的关注热点。近年来,被部分媒体、学者过度放大的所谓"两头叫、中间笑"和蔬菜价格"最后一公里"问题,有关部门针对农产品生产、流通出台的诸多政策、方针,无疑都表明,我国目前对农产品流通体系与协调机制缺乏深度的、全面的、客观而理性的探讨。

本章的主要任务,是对国内外有关农产品流通体系与协调机制的文献进行系统梳理,以明确我们当前的研究起点,同时设法弄清楚:已有文献主要采用了哪些研究方法?哪些领域的研究比较深入?哪些问题已达成共识?哪些方面还存在较多争议?哪些非常重要的领域尚未作深入研究?由此确定研究的概念框架、研究重点。

第一节 国外相关文献综述

国外的相关研究主要集中在三方面:一是基于纵向一体化研究农产品交易的协调机制等重要问题①,二是有关农产品营销渠道与营销利润分配的研究②,三是从农产品质量安全的视角切入农产品供应链、农产品流通或曰农产品营销。③

---

① 国内与之相呼应的主要是有关农业产业化、订单农业的研究成果。
② 国内有关农产品流通中间商获利状况的调研分析与此相呼应,但数据的质量与研究方案都有待改善。
③ 国内有关农产品质量安全的研究与之相呼应。

一、纵向一体化：农产品交易的协调机制

发达国家对农产品流通体系与协调机制的研究，最流行的范式就是从不同程度的纵向一体化进行探讨。Hobbs 和 Young(2001)针对美国和加拿大农产品从生产者到消费者的供应链的研究发现，20 世纪 80 年代以来，农业的纵向协调程度越来越紧密，农产品现货市场(即期市场，spot market)在农产品生产和销售中所使用的比例越来越少；而通过合同、特许权、战略联盟、合资和垂直一体化的协调方式越来越得到普遍采用——在 1991－1997 年美国农产品生产和销售采取合同方式占全部总额的比例从 16% 上升到 31%。在使用合同方式的美国各种类型农场中，大农场和非家庭农场通过合同生产和销售的农产品占比达到 75%；猪的饲养有 32.9% 采取了合同方式；西红柿、大麦、大豆和玉米，也有部分采取合同方式进行销售，其中西红柿的合同销售所占比例高达 36.7%，大麦的合同销售比例也有 19.3%。MacDonald 等人(2004)统计发现，在 1991－2001 年间，所有农产品生产和销售采取合同方式实现的产量占比从 28.9% 上升到 36.4%。在其他农产品上，例如烟草销售，1800 年以来，始终以现货市场、现金交易、拍卖交易为主导，在 2000 年烟熏的烟草只有 9% 采用合同方式销售，伯莱芋叶只有 28% 通过合同方式销售，但是到了 2002 年，前者几乎 100% 采取了合同销售，后者合同销售达到 2/3。

美国、加拿大的农业自 20 世纪 80 年代以来出现的以上趋势，所代表的正是很多发达国家现代农业组织的演化趋势，即日益向不同方式的纵向一体化或纵向协调转型。依照农业关联企业与农民结合的不同方式和不同程度，即按照纵向协调的方式，大致可分为三种形式：(1)农业关联企业与农场结合在一起，形成经济实体，构成农工商综合体；(2)合同制，农业关联企业与农场主签定合同，在明确双方各自承担的责任和义务的条件下，把产供销统一起来，原有工商企业和农场仍保持各自独立的实体不变，即所谓的"合同农业"(国内亦译为"订单农业")；(3)另一种替代的方式是农民组成合作社，直接参与到农业纵向一体化的进程之中，成为一体化的主体成分，"农民自己将农场生产的一些部门交给了一体化的合作组织"，使农民的合作社自身成为龙头企业(张晓山，2006)。实际上，对于农工商综合体的研究，更多的属于企业管理研究的范畴，经济学研究比较少见。因而，经济学文献更多的是针对合同制(合同农业或订单农业)和合作社的研究。

(一)对合作社的研究

合作社(Cooperative)一般被定义为"由那些将共同分享其全部利益的人创

立、拥有和经营的从事某种经济活动的一种自愿组织"。① 这种组织模式对于各国尤其是发达国家农业的重要性由来已久,向来就受到学界和政界的高度关注。早在 19 世纪,欧美各国出现了大量有关合作和合作社的思想。对于欧洲各国而言,19 世纪尤其是 1830 年代和 1840 年代是一个"高谈阔论的时期","劳动的组合"这一概念开始在世界各国流行开来——所有的经济学家、改革家和从事实际工作的人士都开始考虑"组合"。按照各创始人的不同倾向,采取了种种不同的名称和形式,其中大多数人称为合作,②而且大多数学者对合作和合作社都充满信心和高度乐观,最著名的代表人物就是穆勒(John Stuart Mill)。他宣称,一旦工人阶级在政治上得到解放,且受到足够的教育,资本主义的雇佣关系将被一套自愿组成的生产合作社体系所取代。③ 与此同时,美国也出现了合作运动和合作思想,但此种思想"并不符合 19 世纪美国生活的基本潮流"④。进入 20 世纪之后,有关合作社的思想更为务实。随着各国农业人口的不断减少和农业商品化程度的不断提高,工商企业集中、垄断趋势不断加强,农业在激烈的市场竞争中日益处于弱势地位。各国合作运动与合作思想,在很大程度上反映了以上变化。第二次世界大战以后,西方各国的农业合作社获得了迅速发展。⑤ 鉴于合作社这种组织模式在农业发展中的重要性,国外学者进行了大量研究(如 Domar,1966)。

近年来,欧美地区所谓"新一代"合作社大量出现,对此,西方学界进行了大量研究(Nilsson,1997)美国农业部的官方文件(United States Department of Agri-

---

① 参见美国经济学家 D·格林沃尔德主编的《现代经济词典》1981 年中译本(商务印书馆根据美国麦格劳-希尔图书公司 1973 年出版的修订第二版译出)。

② 其中无政府主义者称之为"互助论";欧文、打着各种标签"社会主义"的学者们以及马克思称之为社会主义或共产主义;奥古斯都·孔德称之为"社会学";对于注重实际的企业家,那是组织结合的自由;对于劳工,那是工会主义。对他们大家总的说来,那是"社会",有别于政府(康芒斯,1962,上册,第 383 页)。

③ 穆勒(1991,下卷,第 335 页)断言,如果工业改良发展下去,则毫无疑问,只有那些道德素质低下不适合做独立工作的人,才会沦为雇佣劳动者,雇主与工人的关系将逐渐为合伙关系所取代。这种合伙关系将采取以下两种形式中的一种:在某些情况下,是劳动者与资本家的合伙经营;在另外一些情况下,而且也许最终将是劳动者之间的合伙经营。

④ 美国学者布莱克(1994,上册,第 404 页)对此有一段评论:对空想社会主义的广泛兴趣,是美国理想主义在浪漫时代的典型表现;成功的实践那么少,表明这种做法是不顺应 19 世纪美国生活的基本潮流的。新边疆的开拓和经济迅速增长有利于无情的个人主义而不利于无私的合作。

⑤ 1969 年,美国农民合作社成员达到 640 万,而当时全美国的农户还不到 200 万,显然,大多数农户至少参加了一个,往往同时参加了几个合作社,全美农产品的 36% 是由农民合作社生产的;以色列的农村经济中,"公共经济"的比重更是高达 80%,而公共经济中的主要成分是各种合作社。西欧、北欧的农民合作社则更为发达:德国无疑是一个"合作运动紧紧控制了农民社会"的国家,合作社对农民的作用"比所有关于农业与关税的法律加在一起都要多"(转引自秦晖,1998,第 243-244 页)。联邦德国 1966-1967 年有 77% 的农户是合作社社员;法国参加各种合作社的农户占农户总数的 80% 以上;丹麦几乎每个农民都是合作社社员,有着"农业合作社王国"之称(参见刘运梓,1991,第 77 页)。

culture)认为,合作社得以存在,有六条基本理由:增强讨价还价的能力(Improve bargaining power);降低成本(Reduce costs);获得特有的产品或服务(Obtain products or service otherwise unavailable);拓展现有市场并开拓新的市场机会(Expand new and existing market opportunity);改善产品或服务的质量(Improve product or service quality);增加收入(Increase income)。由 D·格林沃尔德主编的《现代经济词典》中也有类似的论述——合作社的立论根据是:合作社能够降低成本,从而增加其成员的收入,并消除中间人(就生产合作社而言是指资本家)的利润。此外,这个理论必然还含有这样一种认识,即联合起来的个人比单个人的力量要大。Bonus(1998,第 211—230 页)将合作社存在的原因归结两个重要方面,一是减少信息成本,二是保护成员的准租金不被剥夺。

(二)对合同农业的研究

除合作社的快速发展外,另一种引人注目的产销模式是近几十年来日益重要的合同农业(contract farming)。作为农民和农业综合企业(包括农产品加工、物流与销售企业)的纽带,合同农业受到了各国的政策制定者、理论研究者和发展计划制定者越来越多的关注。在全球范围内出现了大量介绍和研究合同农业的出版物,成百上千的期刊文章、会议论文、专著和其他报告上都涉及到合同农业问题,包括其技术、经济和社会层面,其中比较有影响的评论性文章有 Rehber(2000)、Singh(2002)、Kirsten 和 Sartorious(2002)、Carlos(2005)、Ramaswami 等(2006)和 MacDonald 和 Korb(2008)等。

所谓合同农业,是指农户按照与客户签订的合同来安排生产经营的农产品产销模式。通过合同,形成一种利益共享、风险共担的机制,有利于保持农产品生产经营的稳定,并促进农产品流通效率提升。合同农业有着相当悠久的历史。[①] 当前,合同农业机制不仅在发达国家普遍采用,在发展中国家也逐渐流行,可以按不同方法划分成不同类别。[②] 在发达国家,在 20 世纪 80 年代末期合

[①] 在非洲国家,早在殖民地时期,咖啡、茶叶等传统的大宗出口产品的生产中就广泛采用了合同农业机制。在 19 世纪,美国农场主就开始采用合同农业机制生产甜菜等作物。日本殖民统治时期的台湾,糖业生产中也曾广泛采用合同农业机制(转引自 Carlos,2005)。

[②] 按照国际粮农组织的划分(参见 Eaton 和 Shepherd,2001),可划分为五种类型:集中模式(The centralized model)、核心种植园模式(The nucleus estate model)、多方参与模式(The multipartite model)、非正式模式(The informal model)、中间人模式(The intermediary model)。按 Minot(1986)的划分,可分为三种类型:市场约定(market specification),即生产者和购买者约定依据生产什么(产品和质量)和义务是什么(时间、位置和数量)来进行交易;资源提供(resource providing),即在前一种类型的基础上附加了投入的供应。除了具体要求生产的产品和市场条件,附加了关键性生产投入的供应,通常这种投入会在成本中扣除;生产管理(production management),即生产者在生产管理合同约束下,同意遵照科技的指导(即如何去生产)。

同农业在农业总增加值中的比重已达15%(Glover,1990)。在美国的一些产业中,合同农业已成为主要的协调机制。① 就整体而言,合同农业在美国农业生产占有的份额呈持续上升之势(Perry等,1996;MacDonald、Ahearn和Banker,2004;MacDonald和Korb,2008。具体数据参见表(2.2)。在20世纪80年代早期,西欧各国就通过农业支持体系鼓励采用合同农业机制。在德国,牛奶行业已普遍采用了合同农业机制,而在家禽和糖加工业中,合同农业的份额已接近38%(Rehber,2000)。1989年,日本75%用于焙烤的仔鸡是通过合同方式生产的(Yi等,1993)。在南美洲、亚洲和非洲,合同农业也开始得到越来越多的认同。巴西约75%的家禽生产采用了合同农业机制;泰国的合同农业②已有30多年的历史;在越南,50%的茶和40%的大米是通过合同由跨国公司收购的;在中国、印度和一些非洲国家,合同农业也正变得日益流行(Carlos,2005)。

需要注意的是,合同农业的发展与美国小规模农业经营者基本无关。根据MacDonald和Korb(2008)对美国农业的研究,美国合同农业的采用率与农场的经营规模③正相关,即越是经营规模较大的农场主越有可能采用合同制,而那些经营规模越小的农户采用合同制的比例就越低。过去几十年来,由于美国农场规模不断扩大,合同农业在美国农业中所占份额也在不断扩大。在2005年,虽然通过合同农业模式进行生产的农产品产值已占全美农业产值的40.7%,但仅有11%的美国农场采取了合同农业的产销模式(MacDonald和Korb,2008,第8页)。换而言之,绝大多数(高达89%)美国农场主都没有采用合同农业这种产销模式。在过去十多年间,虽然合同农业占美国农业总产值的比重不断增长,但采用合同农业的农场所占比例却一直维持在10%左右(参见表2.1)。不仅美国和西方国家的农业实践表明了合同农业的发展主要与经营规模较大的农户有关,发展中国家的农业实践也表明,合同农业越发展,就越是将较小经营规模的农户排斥在外——因为大公司与小规模农户的交易成本太高(Singh,2000)。

---

① 根据美国农业部公布的数据,2003年美国合同农业销售额在各具体产品中比率分别为:家禽与蛋类达到88%,水果达到68%,生猪达到57%,牛奶达到51%,蔬菜达到43%,稻米也接近40%。另外,肉牛、玉米、大豆的这一比例也分别达到29%、14%和14%。
② 其中做得比较成功的是正大集团。
③ 该规模不是按农场耕地面积,而是根据农场的销售额。

表 2.1　美国合同农业的增长情况表(1991—2005)

	1991	2001	2003	2005
采用合同农业的农场所占比例(%)	10	11	10	11
合同农业占美国农业增加值的比例(%)	28	36	39	41

资料来源：参见 MacDonald 和 Korb(2008,第 9 页)。

对于农工商综合体(公司制一体化生产企业)这种组织模式,国内学术界的研究相对较少。但在很多国家,尤其是在一些地广人稀的发达国家,这种组织模式长期以来都比较重要——尤其是在某些农产品(如商品蛋、新鲜蔬菜)的生产经营中(参见表 2.2)。因此,一些学者曾对这种组织模式寄予厚望。不过,这种组织模式既没有如当初有人预料的那样迅速成为农业的主要经营方式,也没有从农业地平线上消失(参见郭红东,2005,第 48 页)。

纵观各国农业的发展,不难发现各国农业组织模式的多样性。即使在同一个国家(如美国),不同的农产品,其流行的组织模式也往往有着相当大的差别。比如在美国,有些农产品(如肉用仔鸡、种蛋、加工用牛奶、柑橘类水果等)几乎百分之百地依靠合同和公司制一体化模式,有些农产品则基本上不依赖于合同和公司制一体化模式(如粮食谷物、饲料作物等)(参见表 2.2)。① 在不同国家或不同地区,这种差别必然更大。

表 2.2　美国农产品中合同制和公司制一体化占农场总产出的比重

产品	合同生产		公司制一体化生产		全部	
	1970	1990	1970	1990	1970	1990
畜产品						
肉用仔鸡	92	92	7	8	99	100
火鸡	60	65	12	28	72	93
种蛋	70	70	30	30	100	100
商品蛋	35	43	20	50	55	93
加工用牛奶	95	95	0	0	95	95

---

① 就合同农业最适合的品种而言,美国的合同农业主要集中在牲畜、禽、蛋、奶等领域,而对于粮食等传统大宗农产品,则很少采用合同农业这种组织模式。然而,国内对合同农业的研究(尤其是早期)似乎过多地集中在应对所谓的"卖粮难"等问题上。

续表 2.2

产品	合同生产		公司制一体化生产		全部	
	1970	1990	1970	1990	1970	1990
生猪	1	18	1	3	2	21
饲料肉牛	18	12	7	4	25	16
绵羊/羔羊	7	7	12	33	19	40
大田作物						
粮食谷物	2	7	1	1	3	8
饲料作物	1	7	1	1	2	8
棉花	11	12	1	1	12	13
专门作物						
加工蔬菜	85	83	10	15	95	98
新鲜蔬菜	21	25	30	40	51	65
马铃薯	45	55	25	40	70	95
柑橘类水果	55	65	30	35	85	100
其他水果和核果	20	40	20	25	40	65
占农场总产出的比例	28.2	30.5	5.3	7.6	33.5	38.1

资料来源：Council for Agricultural Science and Technology, Vertical Coordination of Agriculture in Farming—Dependent Areas, Task force report No. 137, March 2001, P. 18. 转引自郭红东(2005,第49—50页)。

从表 2.2 不难发现一个基本事实,1970—1990 年间,美国实行合同农业的农产品产出占全部农产品的比重由 28.2% 提高到了 30.5%,而农工商一体化企业的农产品产出占全部农产品的比重由 5.3% 提高到 7.65%。因此,在 1990 年,即使在美国这样一个农业高度现代化的国家,经由合同农业和农工商一体化企业来生产的农产品产出占全部农产品的比重还不到 40%。[①] 换而言之,超过 50% 的美国农产品仍然是通过现货市场(spot market)进行交易的(参见 MacDonald 和 Korb,2008)。这一事实提醒我们,在合同农业和农工商一体化企业之外,显然还存在其他重要的组织模式。[②]

另外,以美国为代表的欧美国家,还有大量的文献专门对期货市场(futures

---

① 近 20 年来,这一比例虽然有所上升,但仍然不超过 50%。
② 合作社就是其中非常重要的一种。

market)进行了深入研究,鉴于此类市场对当前北京农产品流通体系与协调机制缺乏必要的借鉴价值,本书不再赘述。

实际上,农产品交易的组织模式与协调机制,其基本特征就是多元化。根据不同地区、不同经济发展水平、不同的人力资本水平、不同的基础设施水平、不同的经营对象,完全可以演化出丰富多彩、多种多样的现代农产品交易模式与协调机制。而且,产业组织的具体模式及其效率是动态的:当前效率较高的组织模式,今后不一定高效;在其他国家被证明普遍有效的组织模式,在中国不一定有效;在发达地区有效的组织模式,在欠发达地区不一定有效;在某些经营对象上有效的组织模式,在其他经营对象上不一定有效。总之,不可能存在"放之四海而皆准"、在所有时段都有效的产业组织模式。中国农村和农业较高程度的异质性决定了必然存在诸多其他成功的组织模式。遗憾的是,国内很多文献要么忽略了其他组织模式的重要价值,要么将其他组织模式误读为以上三种模式中的一种。

二、对农产品流通可追溯体系的研究

在发达国家,可追溯性已成为政策制定者、农产品生产者、食品制造商、零售商和消费者共同关注的关键词汇和基础性概念,同时也是食品质量与安全控制体系的基本评定标准。实际上,可追溯性已经在包括水产品、肉类和酒类等很多领域广泛应用。各国和有关国际组织对"可追溯性"的定义尚未形成一致意见。欧盟食品标准法案将其定义为"在生产、加工及销售的各个环节中对食品、饲料、食用性禽畜及有可能成为食品或饲料组成成分的所有物质的追溯或追踪能力";食品标准委员会(Codex)的"追溯能力/产品追循"是指能够追溯食品在生产、加工和流通过程中任何指定阶段的能力。关于这个定义,欧洲主张使用"追溯能力"(Traceability),美国主张使用"产品追循"(Product Tracing)。食品标准委员会采取了折中方案,将两个词并列在一起。日本农林水产省在《食品追踪系统指导手册》中,将"食品追踪系统"定义为"能够追溯、追从食品由生产、处理、加工、流通及贩售的整个过程的相关信息"。国际标准化组织(ISO)则将其定义为:"通过记录的信息来追溯一个实体的历史、运用和位置的能力"。这里的"实体"可以是一项活动、一种措施、一种过程、一个产品、一个机构或一个人。对所有可追溯对象来说,ISO的定义更加通用,它重点指出了"记录信息",因为记录信息是满足可追溯性要求的基础(参见 Smith 和 Furness,2010,第3页;赵明、刘秀萍,2007)。总之,很多国家(尤其是发达国家)都对可追溯性或可追溯体系提出了各自的定义。这些定义从不同方面描述了"可追溯性"和农产品质量安全可追溯制度的基本性质和特点。实际上,实现农产品质量安全可追溯有两个途径:一是按食品链从前往后进行追踪(Tracking),即从农场/生产基地、批发商、运输商(加工商)到销售商,这种方法主要用于查找质量安全问题的原因和出现环节;另一种是按食品链从后往前进行追溯(Tracing),也就是消费者在销售点购买的农产品发现了质量安全问题,可以向前环环进行追溯,最终确定问题所在,这种方法主要用于问题农产品的召回和责任的追溯(赵明、刘秀萍,2007)。

所谓可追溯体系,是指一种专门设计出来的信息记录系统,这种系统旨在对生产过程或供应链中的产品或产品属性进行全面追溯(Golan, E., et al., 2004)。① 通过食品供应链中可追溯体系的建立,大致可以满足下述功能:食品安全事故应急处理,食品残留物的监管,食品安全风险评估,执行商标制度,防止造假和剽窃行为,改善食品流通并减少食品浪费,加强食品卫生(Smith 和 Furness, 2010,第 4 页)。

对于政策制定者而言,农产品可追溯体系要解决的基本问题是:私人部门是否能够提供社会所要求的充分的可追溯性?如果不能,哪些政策工具最适合用来增强供应链可追溯性?根据美国农业部的一项经验,美国绝大多数可追溯体系都是基于经济激励而非政府可追溯性管制要求而建立的。企业建立可追溯体系是为了提升其供应方面的管理水平,是为了强化其质量和安全控制,是为了更高效地营销其带有信任品属性的食品。与上述目标密切相关的利益包括:更低成本的分销系统、更低的食品召回成本,以及高价值产品销售额的增长。在每种情况下,可追溯性的利益都顺利转化为企业净利润的增长。正是这些利益成为驱动美国食品供应链中广泛建立可追溯体系的根本动力(Golan, E., et al., 2004)。

三、对农产品流通渠道的收益分配及其他相关方面的研究

美国等发达国家很早就非常重视农产品流通渠道的收益分配问题,其中最有代表性的研究,当推美国农业部、国会、国家食品营销委员会等机构所做的基础性工作和系列研究成果。早在 1921 年,美国国会就指定一个农业调查联合委员会调查"……支付生产者的农场产品价格与消费者所付出的最终成本之间存在着差距的原因"。1935 年,国会认为联邦贸易委员会有责任分析"……消费者购买农产品所付出的最终成本在农场主、加工商和经销商之间的分配情况"。1966 年,美国成立了国家食品营销委员会,其主要职责之一就是研究农产品和零售食品之间的价格差距产生和不断加大的原因(库尔斯、乌尔,2006)。现在,美国农业部经济研究署的网站可以很方便地找到美国几十年来的相关数据及深度研究报告,并非常

---

① 英文原文如下:Traceability systems are recordkeeping systems designed to track the flow of product or product attributes through the production process or supply chain.

详细地划分到品种来公布数据。1990年代,小林康平、甲斐谕、福井清一等日本学者着眼于各国批发市场的机制,进行了比较充分的国际比较研究(小林康平、甲斐谕、福井清一 等,1998),其中也涉及到部分国家农产品流通渠道的收益分配问题。

还有一些文献针对现代供应链对发展中国家的影响进行了大量实证研究。一项针对肯尼亚和印度的案例研究表明,只要有足够的制度性支持,经过一段时期后,小规模农户完全能够满足食品安全方面的严格要求。案例研究表明,集体行动以及公共部门—私人部门间的伙伴关系,尤其是起步阶段,对于确保小规模农户不被排斥在交易关系之外是非常重要的。然而,食品安全标准需要在集体行动的形式方面有所变化。作为私人部门的合作伙伴,政府能够发挥互补的功能。政府需要纠正供应链上某些特定的市场失灵而不是去保护供应链本身(Clare N. 等,2009)。

第二节 国内相关文献综述

一、农产品流通的组织模式

国内很多文献都认为,在大市场中,小农户不可能仅凭其自身的力量维护其利益;换而言之,小农户难以应对大市场(如黄宗智,2006;周立群、曹利群,2001a;曹利群、张岸元,2001;陆益龙,2007,第265页;徐忠爱,2007,第1章)。正因为如此,就必须提高小农户(农民)的组织化程度,相关的文献基于农业产业化、合作社、合同农业进行了大量探讨。

(一)在农业产业化的概念体系下探讨

大批学者在农业产业化的概念体系下对农产品流通及其与农民增收等之间的关心进行了研究,代表性文献有陈吉元,1996;李静,1996;徐观华,1996;牛若峰,1997;胡定寰,1997;薛亮,1997;应瑞瑶、郭忠兴,1998;倪斋晖,1999;牛若峰等,2000;傅晨,2000;温思美、杨顺江,2000;周立群、曹利群,2001;周立群、曹利群,2002;黄祖辉、王祖锁,2002;姜开圣、韩世来、沙志芳,2003;杜吟棠,2005;郭晓鸣、廖祖君、付娆,2007;龙方、任木荣,2007;夏春玉、薛建强,2008。另外,秦庆武(1999)剖析了农业产业化与农村合作制的结合,李长江(2002)对农业产业化进行了质疑,郑凤田、程郁(2005)则从竞争型农业产业化发展的角度提出了农业产业区的框架。

(二)对农民专业合作社的研究

国内很多学者都看好合作社(或曰农民专业合作社、农民专业技术协会等),

代表性成果如李寅北(1936);彭莲棠(1948);徐旭(1950);张晓山、苑鹏(1991);徐更生、熊家文(1992);樊亢、戎殿新主编(1994);周兆生(1999);杜吟棠主编(2002);张晓山主编(2002);唐勇(2003);应瑞瑶(2006);郭红东、蒋文华(2007);廖运凤、徐振宇(2007);刘勇(2009);洪银兴、郑江淮(2009);郭晓鸣、廖祖君(2010)。张军(1999)基于现代经济学理论对合作社进行了深入探讨。牛霞,安玉发(2003)通过山东、江苏、浙江、北京等地的实际案例和数据,将作为流通中介的农民合作经济组织的职能和作用总结为:带领农民进入市场的组织载体,提高农户的市场竞争能力,开拓农产品市场,减少中间环节,节约交易成本,促进农业结构调整等。并指出带领农民进入市场的组织载体是这类组织最突出的作用,它具有辐射范围广、信息灵通、交易快捷、功能齐全等优势,使分散的农户得以借助这些组织的联系和媒介去与瞬息万变且日益放大的市场对接。同时他们还以农民合作经济组织为例总结了这些中介组织功能发挥的制度基础,包括确定的法律保障、合理的国内贸易体制以及健全的农产品标准化制度如拍卖和期货交易等。

然而,在基层的现实运作中,农民合作经济组织往往遇到很多意想不到的困难,官方宣传和正式统计口径往往夸大了农民专业合作社的数字和功能,而且很多据称是农民合作社的组织都不满足"自愿联合、民主管理"等基本特征。[①] 徐振宇(2009)对湖北省某葡萄种植专业村的深入调研表明,该村自称或注册为"合作社"或"技术协会"的组织,其实并不具备"自愿联合、民主管理"等基本特征,所发挥的作用似乎并不像主流话语体系所宣传的那样高效。但在向有关部门汇报工作时,似乎那些已严重异化的"合作社"就是农业产业化和现代化的支柱,似乎发挥了中流砥柱的作用,甚至还"总结"出一些子虚乌有的"经验",对于其带动、辐射作用的表述则更为夸张。一份对中国农民专业合作社的重要调查发现,在 140 个调查对象中,由普通农民倡议和发起的专业合作社有 25 个,占比 17.8%(韩俊,2007,第 13 页),在对四川井研县 69 个专业合作社调查中发现,由普通农民发起组建的合作社只有 4 个,占比 5.3%(韩俊,2007,第 118 页)。以上现象被洪银兴、郑江淮(2009)解释为小农户集体行动失灵。在他们看来,虽然小农户单个投资非传统农产品生产能力不足,可以通过组织农业专业合作组织共同投资,而且非传统农产品市场价值较高,能使得对其投资获得较高回报率;但是,这对于其中每个小农户的"选择性激励"却不强,因为组建专业合作组织之后,分享集体投资和经营

[①] 根据 2007 年 7 月 1 日起开始实施的《中华人民共和国农民专业合作社法》,农民专业合作社"是在农村家庭承包经营基础上,同类农产品的生产经营者或者同类农业生产经营服务的提供者、利用者,自愿联合、民主管理的互助性经济组织。"这个定义基本是准确的,其中,"自愿联合、民主管理"是核心特征。

的收益时可以搭便车,而不愿意为集体投资与经营付出个人的努力。①

(三)对合同农业的研究

国内的很多文献都对大公司,尤其是对"公司+农户"等西方比较成功模式比较推崇,比较重要的代笔性文献是洪银兴、郑江淮(2009)。该文认为,反哺三农就是改造农业生产的价值链驱动模式,提高加工企业和大型零售企业对农产品价值链的驱动力,使得农业生产率提高形成自我实施的机制,同时增强农民专业经济合作组织,提高广大小农户参与价值链程度,改善农村合约实施环境。

国内还有很多学者对于合同农业(尤其是所谓的"公司+农户"及其他类似组织模式)进行了大量深入的探讨。② 其中一个非常重要的方面就是龙头企业与农户之间的利益联结机制及履约问题(应瑞瑶、郭忠兴,1998;傅晨,2000;杜吟棠,2002;周立群、曹利群,2002;尹云松 等,2003;刘凤芹,2003;侯守礼、王威、顾海英,2004;周立群、邓宏图,2004;郭红东,2005;何嗣江,2006;徐忠爱,2007;生秀东,2007;马九杰、徐雪高,2008;瞿珊珊,2009;田敏、张闯,2010;卢昆、马九杰,2010;毛飞、霍学喜,2010;徐雪高、沈杰,2010;叶飞、林强、李怡娜,2011;杨明洪,2011)。这些文献广泛采用了新制度经济学(尤其是交易成本经济学和合约经济学)、新经济社会学等学科的方法,得出了一些颇具价值的结论。然而,农户是否从"公司+农户"这种组织模式中获得了实质性好处?③ 如果不能获得肯定的回答,那么,对龙头企业进行扶植的合理性就值得怀疑。国内一些文献对于"公司+农户"及类似的组织模式的评价过高。④ 由于龙头企业与农户之间的力量非常不均衡,其结果往往是农户成为龙头企业的"生产车间",从而在很大程度上向龙头企业让渡其部分经营自主权,并在很大程度上降低了其对市场行情的关切程度。从这个角度而言,龙头企业对农户的带动造成的一个非常重要的消极后果就是直接降低了农

---

① 以上解释与 Bonus(1998)的解释不无类似之处。Bonus(1998)将合作社描述为一种保护成员的准租金不被剥夺的重要机制:"合作社的成员投入了资本。这种资本具有高度专用性,它的准租金很容易被破坏。通过建立他们自己的企业进行交易,合作社的成员把重要的交易内部化,并躲开了外部机会主义者对他们的投资产生的准租金的威胁。因此,集体组织优势(和把合作社紧密联系起来的向心力)在不依赖外部公司的情况下利用交易专用性资产,对外部公司的依赖可能会破坏其投资产生的准租金。通过将关键交易内部化到由交易专用性资源共同拥有的企业中,他们避免了外部机会主义对其投资产生的准租金的潜在威胁。"

② 国内近些年来被广泛关注的"公司+农户"以及其他类似模式是合同农业的典型模式,但并非一个全球通用的术语。

③ 党国英(2008,第36—37页)认为,在农业高度产业化的条件下,服务农业的"龙头企业"从事更专业化的流通和技术服务工作,农民便在一定程度上退出了农产品流通领域和生产资料购买领域,甚至连地头上的工作时间也减少了。换而言之,其主要后果是节约了农民的劳动时间,而不是直接增加农民收入。

④ 一些文献似乎高估了这种组织模式对于农民增收和农村发展的积极影响,而对其消极影响估计不足。

户对市场的敏感程度。市场对生产的直接刺激作用减弱了,或者说被龙头企业阻断了(参见樊亢、戎殿新主编,1994,第191页)。换而言之,农户的能力尤其是把握市场的能力不仅未能提升,反而由于"受惠"于这种看似省心的合同而有所降低。[①] 正如洪银兴、郑江淮(2009)所指出的,在发展中国家,农户作为农产品的上游生产者,受制于农业技术进步慢、组织化程度低等因素的制约,凭借自身的能力难以适应农产品价值链对农产品质量的要求,在不断强化的农产品价值链中被"挤出",被大的涉农企业替代,结果成为失业者,也有可能成为涉农企业的雇用劳动力。

(四)对其他组织模式的研究

通过对湖北省某葡萄种植专业村的案例研究,徐振宇(2011)提出了一种被学界、政界严重忽视的农产品流通模式,即小农—企业家主导的农产品流通模式,并阐明了这种流通模式背后的运行机理。在这种流通模式中,没有龙头企业的带动,也不通过正式的农民合作组织,一家一户的小农单凭自身的力量,也能够演化出非常有竞争力的农产品流通组织模式。

二、对国外农产品流通体系的介绍及国际比较研究

近年来,国内学界对国外农产品流通体系作过大量介绍(中国农业科学院农产品流通考察组,1985;段应碧等,1989;杨文泉,1992;刘建华,1994;郭冬乐、宋则、王诚庆,1997;门峰,1999;丁来强、郑进,1999;田元兰、王树培、房爱卿等,2000;方志权、焦必方,2002;俞菊生,2003;何劲、祁春节,2004;俞菊生、王勇、李林峰等,2004;方志权、顾海英,2004;俞菊生,2005;李晋红,2005;陈炳辉、安玉发,2006;贺峰,2006;刘天祥,2006;周发明,2006;陈淑祥,2006;陈汉能,2007;胡芳,2007;王涛,2007;孟菲、傅贤治,2007;霍美丽、侯振宇,2008;徐涛,2008;袁平红,2009)。黄祖辉、胡剑锋(2002)研究了国外农业行业协会的发展,将其流通方面的作用总结为四大功能:通过游说,联合或影响政府管理者制定和实施政策,协助政府管制经济和实施援助计划;进行价格协调,在国内协调本行业产品价格,在国外市场上保护本国产品的合理价格;加强与国外有关组织的联系,协调国际纠纷,

---

[①] 胡定寰(1997)的观点与此类似。在他看来,农户在加入和退出产业化的时候是具有独立意志的经营者,但在加入产业化期间,根据合约的规定,他们必须服从产业化的整体利益,部分或全部丧失自己的经营决定权。实质上在农业产业化内部,龙头企业和农户是对立统一的两极。在特定的市场构造下,农业产业化的经营方式虽然有可能获得社会平均以上的利润,但是龙头企业为了取得更大的经营决定权,在产业化深化的过程中逐渐加强对农户的控制,使农户从独立的经营者下降到出卖劳动力的工资领取者。这是几十年来发达国家农业发展的一般趋势。

如帮助农民开拓国外市场,参加国外反倾销应诉等;创立许可程序并设定安全、质量和竞争的标准,建立治理市场行为规范。池泽新,周晓兰(2007)归纳了国外农村中介组织的设置状况及其共同特征,包括有鲜明的专业特点,有一定的层次和结构,有一定的功能分工与合作,体系内部既有专业性的合作组织又有综合性的合作组织,有明确的功能目标等等。

国内关于农产品流通体系国际比较与借鉴的研究,以农业部市场与经济信息司(2010)和周发明(2009)的研究比较有代表性。根据农业部市场与经济信息司(2010)的总结,世界范围内各国农产品市场体系大致可以分为三种模式:即东亚模式(以小规模农户经营和农民合作组织为基础,以批发市场拍卖为中心的农产品市场体系)、欧盟模式(以中等规模农场和合作社为基础,批发市场交易和产销直接挂钩方式并举)以及美国模式(以大农场生产经营为基础,农产品流通以农场与大型连锁超市直接挂钩销售为主)。周发明(2009,第四章)的总结与此比较接近,他认为,发达国家农产品营销的典型模式有三,分别是:以日本和韩国为代表的东亚模式,以美国和加拿大为代表的北美模式,以法国和荷兰为代表的欧洲模式。①

三、对我国农产品流通体制、体系与渠道的研究

首先是对农产品流通体制改革问题的研究。该领域是农产品流通的传统领域,曾经吸引了农业经济学领域很多学者的关注(代表性文献包括姚今观,1995;李炳坤,1999;石磊,1999;徐柏园,1999;罗必良、温思美、林家宏主编,1999;林家宏、温思美、罗必良,1999;徐柏园,2000;李彤彤,2000;温思美、杨顺江,2000;徐振宇,2001;罗必良,2003;张闯、夏春玉,2008)。

其次是对农产品流通体系与流通渠道的研究。这是农产品流通问题研究中最活跃的领域,研究内容涉及农产品流通中介组织的形式与运行机制和效率、农产品流通渠道组织体系构建、农产品流通市场体系等方面(代表性文献包括牛若峰等,2000;曹利群,2001;周立群、曹利群,2001;张晓山主编,2002;牛霞、安玉发,

---

① 东亚模式的基本特点是:分销渠道以农产品批发市场为主导;交易方式以拍卖交易和竞标交易为主;农民合作组织在农产品营销中扮演重要角色;农产品标准化程度高,注重进行分级、加工、包装以及冷藏冷冻处理;农产品营销过程的信息化程度高;有完善健全的法律法规和市场监控机制作保障。北美模式的特点是:市场体系相对简化,流通渠道缩短,批发市场的地位不突出;发达的期货市场对于农产品市场稳定、调节和促进作用显著;农产品营销组织形式多样,合作社的营销职能突出;营销服务和物流系统非常完善;采用现代营销手段开展农产品促销活动;开拓海外农产品市场的出口促销支持力度大。欧洲模式的基本特点是:发达的农业合作组织;以农产品批发市场为核心的农产品流通体系;独具特色的拍卖交易方式;完善的物流基础设施(周发明,2009,第四章)。

2003;孙剑、李崇光,2003;陈阿兴、岳中刚,2003;罗必良,2004;张闯、夏春玉,2005;原梅生、弓志刚,2005;赵晓飞、李崇光,2007;郭崇义、庞毅,2009;赵晓飞、田野,2009)。在我国农产品流通渠道研究中,批发市场恐怕是最受重视的研究领域之一,代表性研究成果包括毕美家(2001);李泽华(2002);徐柏园、刘富善(2003);祝合良(2004);王志刚、马建蕾(2007);王志刚(2009);徐振宇、赵烨(2010);中商流通生产力促进中心、中国人民大学流通研究中心联合编著(2010)。

以批发市场为中心的农产品流通体系,早已成为国内很多学者的共识(如林家宏、温思美、罗必良,1999;温思美、杨顺江,2000)。林家宏、温思美、罗必良(1999)明确指出:构建以农产品的产地和销地批发市场为中心的、多元主体参与的、多层次的市场体系。其运行机制是市场的企业化,即改变原来的政府办市场和管市场的非市场化方式,推进企业办市场、企业管市场、市场企业化的组织制度创新。现在看来,以上看法仍然非常符合中国国情。刘东英、梁佳(2007)以河北省乐亭县蔬菜物流系统为例,将中国的生鲜蔬菜物流链概括为三种类型:以批发市场为依托的随机型物流链,以大型农产品购销公司为核心的计划型物流链和以专业技术协会为核心的特种蔬菜物流链。

另外,国内有一批学者早已开始注意到新型零售商(尤其是超市)崛起对于农产品流通渠道和流通体系创新的影响。在这个领域,胡定寰先生做了大量开拓性和持续性的研究(胡定寰、俞海峰、Reardon,2003;胡定寰、Fuller、Reardon,2004;胡定寰,2005;胡定寰、Gale、Reardon,2006;胡定寰、陈志钢、孙庆珍、多田稔,2006;王素霞、胡定寰,2007;赵群、胡定寰,2009)。另外,黄祖辉、鲁柏祥、刘东英、吕佳(2005)和杨志宏、翟印礼(2011)也是值得。必须承认,工业化、城市化、市场化的加速发展,尤其是现代超市等新型零售商的崛起与城乡居民消费升级,为高价值、高品质农产品流通提供了重要基础和动力,但是,就目前而言,现代超市等新型零售商对农产品流通的影响还不是那么明显。根据Wang等人(2006)的调查,截至2004年,中国北京、山东等经济发达地区园艺农产品价值链中虽然已有现代超市销售农产品,但是基本上是小农户们和农民经纪人在推动农产品销售和进入超市。大型超市对农产品价值链的驱动、控制和整合还没有体现出来。

与商务部等国家部委开始强调"农超对接"模式相呼应的是,国内一些学者对该模式进行了研究。熊会兵、肖文韬(2011)分析了"农超对接"实施条件与模式,张浩、安玉发(2010)研究了"农超对接"流通模式及其发展趋势。

四、关于农产品流通效率与利润分配

农产品流通效率是重要的研究热点,其中涉及农产品流通效率的衡量、影响因素及其优化对策,代表性文献包括李春海(2005);张闯、夏春玉(2005);徐振宇、谢志华(2007);徐振宇(2007);寇荣、谭向勇(2008);以及欧阳小迅、黄福华(2011)等。

另外,成本分摊与利润分配也是重要的研究热点,尤其是对所谓"最后一公里"问题的研究。穆月英、笠原浩三(2006)研究了日本蔬菜水果流通渠道及其利润率。王学真、刘中会、周涛(2005),孙侠、张闯(2008)和杨宜苗、肖庆功(2011)等是近年来较高水平的文献。孙侠、张闯(2008)以细菜类蔬菜茄子为研究对象,通过对各环节流通主体的深度访谈,调查了茄子从产地到销地消费者手中经过的四个流通环节——采购、运输、批发和零售,以及每个环节发生的成本构成和利润分配。研究发现目前在蔬菜流通中,利润在各流通主体之间的分配是不均衡的,与农民相比中间商获取了相对较高的利润,而且流通成本的高低直接影响中间商的最终利润。杨宜苗、肖庆功(2011)以葡萄为调查对象,通过对不同流通渠道下各环节流通主体的深度访谈,调查了不同流通渠道下葡萄流通的成本、效率与利润分配。

五、关于农产品流通的可追溯性与质量安全

韩燕(2009)从供应链上的信息传递和逆向追溯角度来探讨我国农产品供应链的建设和优化问题,对比分析了五种农产品供应链模式,认为"连锁零售网络+生产基地+农户"模式是质量安全最有保障的模式。可以从提高生产端和销售端的组织化程度、对供应链进行垂直整合、建立跟踪和溯源系统、充分发挥品牌的"信号"作用这五个方面来时农产品供应链进行优化。胡定寰、陈志钢、孙庆珍、多田稔(2006)在对山东省莱西市和栖霞市苹果种植农户调查的基础上,利用调查数据进行定量分析。结果表明,合同生产模式有助于提高农户收入。其原因是,超市的苹果供应商为了确保产品达到超市提出的品质和安全性标准,在对农户提供技术支持、农药和其他生产资料的同时,以高于市场的价格收购合格产品。因此,超市的发展有助于提高农业生产技术、农产品的品质和安全性以及合同农户的收入。

汪普庆、周德翼、吕志轩(2009)以农产品供应链为研究对象,在对湖北、广东、浙江和山东等地的多种供应链组织模式进行调研的基础上,比较分析了各种组织模式的影响因素及其对食品安全的作用,认为供应链的一体化程度越高其提供产品的质量安全水平越高。王慧敏、乔娟(2011)利用访谈资料和问卷调查数据,重点分析北京市蔬菜种植农户参与食品质量安全追溯体系的路径、行为特征、生产效益和行为选择。研究发现,政府的积极推动和产业化组织的带动在北京市食品质量安全追溯体系发展中发挥了关键作用,但也存在企业动力不足和农户参与难的问题。

第三节　对相关文献的简要评述

通过国内外文献回顾可知,关于农产品流通的组织模式、流通体系、成本分摊与利润分配、流通的可追溯体系等问题的研究正逐渐深入、具体,取得了很多有价值的成果。但是,就国内而言,显然还有进一步提升的空间。

一、关于研究方法、理论基础与方法论

从研究的方法来看,受制于所研究问题的性质、研究经费、数据质量等多方面的约束,案例研究法无疑是国内农产品流通最重要的研究方法,代表性研究文献包括罗必良、温思美、林家宏主编,1999;傅晨,2000;罗必良、汪凤桂、王玉蓉,2001;唐勇,2003;尹云松、高玉喜、糜仲春,2003;周立群、邓宏图,2004;张闯、夏春玉、梁守砚,2009;夏春玉、徐健、薛建强,2009;徐健、张闯、夏春玉,2010;徐振宇,2011;杨宜苗、肖庆功,2011。孙侠、张闯(2008),王学真、刘中会、周涛(2005),翟雪玲、韩一军(2008)以及杨志宏、翟印礼(2011)都是比较有代表性的以案例研究的方法探讨农产品流通成本及其与利润关系的文献。赵群、胡定寰(2009)以案例研究的方法探讨了超市建立生鲜农产品基地的问题。

由于不易获取农产品流通相关数据,尤其是农业部、商务部、统计局从来没有进行过持续、严谨和对外公开发布的农产品流通成本分摊的数据和调研,现有研究更倾向于采用定性分析或案例分析的方法,这虽然有可能导致其结果缺乏足够的代表性、权威性和解释力,却是当前不得不采用的方法。另一方面,以计量经济学方法主导的经验研究则日益成为重要研究方法,代表性文献有胡定寰、陈志钢、孙庆珍、多田稔(2006);屈小博、霍学喜(2007)。另外,还有一些综述性论文,代表性文献有赵治辉、胡剑锋(2007);夏春玉、薛建强(2008);卢凌霄、周应恒(2008);刘勇(2009)。

从理论基础来看,国内的研究大致可划分为经济学(尤其是新制度经济学)、管理学(尤其是市场营销学、战略管理等)、社会学、法学等方面。当然,在研究中,有些文献可能综合使用了各学科的理论。当前一种非常值得重视的理论基础应该是社会学,尤其是基于关系网络的研究。赵泉民、李怡(2007),张闯、夏春玉、梁守砚(2009),夏春玉、张闯、董春艳、梁守砚(2009)、徐健、张闯、夏春玉(2010)以及徐振宇(2011)等文献基于关系网络较深入地研究了农产品流通、农产品营销渠道问题,得出了一些令人信服的结论。张闯、夏春玉、梁守砚(2009)针对农产品交易关系研究中主要以交易成本理论范式为主而忽视了交易关系中的社会关系要素

的作用,将关系交换理论以及以该理论为基础的关系营销理论、组织间交易关系的治理理论引入农产品交易关系的研究,在建立交换关系与治理机制理论框架的基础上,以辽宁省的蔬菜流通渠道为背景进行了一个跨案例研究,考察了交易关系的类型、治理机制及其对交易绩效的影响。

从方法论来看,国内的研究大致可划分为两种:一种方法是个体主义、主观主义和动态演化的方法论;一种是整体主义、客观主义和静态的方法论。当前,更受重视的方法论是后一种。考虑到中国农村、农业和农民的高度异质性,考虑到农产品流通的高度复杂性和动态演化特征,考虑到企业家精神、试错、学习在农产品流通中的重要作用,应该高度重视前一种方法论。

二、关于研究视角与研究内容

由于中国农业、农村和农民有太多的传统因素,有着太多不同于发达国家之处,不仅在于户均经营规模狭小,还在于过于贫穷,更在于城乡居民基本权利不平等。这些因素决定了我们的相关研究不能片面强调对发达国家研究范式、研究视角、研究方法和研究内容的追随,不要过于强调对发达国家经验的借鉴、经济学理论和定量分析方法的使用,而必须设法综合经济学、管理学和社会学的观察视角、定量分析与定性分析、案例研究与计量分析,展开跨学科的深入研究。

本书认为,不能孤立地研究农产品流通成本、农产品流通效率、农产品流通渠道与农产品质量安全等问题。以上重要问题是紧密相联的,都是中国农产品流通中亟待解决的问题。不仅需要将以上问题结合起来考察,还需要将农产品流通、农业技术扩散与农民的日常生活习俗等方面有机结合。现代农业交易治理机制创新之中最根本的,就是农民的日常生活、技术创新与流通创新的有机统一与良性互动。只有在一个较为宽广的研究视野和视角下,才能更好地把握技术、流通、价格、成本分摊、利润分配与质量安全等诸多复杂问题,才能将社会资本、信息不对称、交易成本、组织与制度构建等众多理论范式有机融合,密切挂起钩来,而不是头痛医头,脚痛医脚。

另外,针对北京等大城市展开的专门研究比较少见,我们见到的文献,只有谢志华等(2009)和黄德林、安岩(2010)专门针对北京农产品流通体系进行比较全面的研究。

本书正是试图在研究方法、方法论、研究视角、研究内容等方面,设法弥补上述不足。

第三章

基本理论

第一节 合约理论

一、基本内容

合约也称契约、合同,它是一组承诺的集合,这些承诺是签约方在签约时作出的,并且预期在未来合约到期日能够被兑现。现代合约理论,是以合约为核心,以博弈论为方法,研究信息、激励和制度设计的理论。[①] 其内容包括:如何设计合约解决交易中的信息不对称问题,如何解决合约执行中的承诺问题,如何在信息不能被证实的情况下设计合约,以及在合约不能被执行的情况下如何通过制度的设计提高经济效率。

现代合约分为两种,完全合约与不完全合约。完全合约是指这些承诺的集合完全包括了双方在未来预期的事件发生时所有的权利和义务。不完全合约是指这些承诺的集合不能完全包括双方在未来预期的事件发生时所有的权利和义务。造成不完全合约的根源在于缔约双方的信息不对称导致的行为结果的可观察但不可验证性。

合约理论所研究的不对称信息问题可以分为隐藏信息问题(又称逆向选择)和隐藏行动问题(又称道德风险)。

逆向选择问题根据提出合约的一方有无信息优势,它又可以进一步分为信息甄别模型和信号发送模型。信息甄别模型是由不具有信息优势的一方提出合约

---

① 【美】帕特里克.博尔顿,【比】马赛尼斯德瓦特里庞.合同理论.格致出版社,2008年中文版:2.

菜单,以甄别具有信息优势一方的不同类型,也就是一个机制设计问题,解决这个问题的思路是显示原理。其含义是:对具有信息优势一方可能具备的每种类型,只要考虑一种合约,但要使每种类型的参与人都有激励选择适合他的合约。根据这个原理,最优信息甄别合约问题就简化成了一个增加了激励相容约束的标准合约问题。信号发送模型是由具有信息优势的一方,通过合约的提供或签约阶段前的可观察行动,来传递部分私人信息给另一方的情况。信号发送问题提出的新困难是,传递信息给代理人的行动,改变了代理人对委托人类型的信念,扩大了均衡结果集。

道德风险问题可以归纳为这样一个完全合约问题:委托人雇用代理人完成一项任务;代理人选择努力水平,这有成本,但影响绩效。委托人只关心绩效,但必须补偿和激励代理人。如果努力不是可观察的,那么委托人最好的做法就是将薪酬与绩效联系起来。尽管这种激励计划通常会带来损失,因为绩效只是努力带噪音的信号。

不完全合约理论将缔约双方行为结果的可观察但不可验证性问题归结为事前效率问题和事后效率问题。它主要包括:第一,行动事前不可缔约而事后可缔约的事前效率问题。该理论构造了所有权配置通过对事后资产利用的控制从而对剩余的分配而影响事前激励的正式分析框架,提供了一体化(企业边界)收益与成本统一的解释,这成为不完全合约理论的经典模型。第二,行动事前和事后都不可缔约的事前效率问题和事后效率问题。放松上述经典模型事后可缔约的假设,就可以解释为什么有些合约变量在状态实现的事后仍然不可缔约或不可完全缔约。第三,行动部分可缔约的事前效率问题或事后效率问题。第四,收益事后不可证实的效率问题。

二、研究的进展

近年来,国外以合约理论为基础来研究农产品流通问题,即订单农业问题已有大量文献。Hirsch(1990)通过对发展中国家农民组织运作的研究认为:订单农业并不一定是当时社会的一部分,持久并灵活的农民组织时常被认为只有农民自己愿意参加且拥有一定的主动权才能存在和发展。由公司或国家(政府)发起的组织大多数天然地注定要失败。Peter Bogetoft and Henrik Ballebye Olesen(2002)为了研究各种订单的内在规律,他们把现代交易成本理论、合约理论与实践结合起来,构建了一个对农业订单具有全局性、系统性指导的实证分析框架,并通过对丹麦农业中 8 份具体订单个案的实证检验提出,设计订单时,必须考虑协调问题、激励问题和交易成本问题。Lena Ornberg(2003)在对泰国的订单农业研究中提到,订单农业在泰国有着悠久的历史,在公司进入之前的很长一段时间里,农民就已经与地方商人有了相似的协议。仅有国家的支持,订单农业不会发展。Nguyen Tri Khiem and Shinichi Emor(2005)的研究也支持了上述观点。他们通过对越南的农业部门中若干订单农业案例的研究显示:如果利益是在订单农业体系各方公平、平等地分配的话,订单农业无疑会扮演日益重要的角色。订单农业应该建立在稳固的关系、有效的组织、适当的订单形式的基础上。

近年来,国内以合约理论为基础来研究农产品流通问题,即订单农业问题,亦有较多的文献。其中,以周立群、曹利群(2000)的论文《农村"分包制"组织形态分析》为代表,他们指出,分包制是农业产业化过程中的一种重要组织形态创新,这种组织形式依靠龙头企业和农户通过合约联结而成。由于农业生产过程中存在的不确定性和农业投资的专用性,合约规制结构很难克服双方的机会主义动机,从而引起较大的交易成本。为了弥补组织上的这一缺陷,需要利用声誉机制,进行固定投入以及政府支持作为互补性的制度安排。此后的研究,基本沿着两个方向进行:

一是合约的形式选择和性质。孙天琦等(2000)从农业产业组织演进的视角,分析比较了农业产业化过程中市场、准企业(准市场)和企业;周立群等(2004)从实证出发,研究了公司与农户为什么选择了准一体化的基地合约;吴秀敏等(2004)基于G—H—M模型的思考,对农业产业化经营中合约形式的选择——要素合约还是商品合约,进行了分析;郭红东等(2007)从实践的角度,分析了"行业协会＋公司＋合作社＋专业农户"的订单模式;俞雅乖(2008)基于资产专用性视角,分析了农业产业化合约类型及稳定性;吴德胜(2008)以分包制到反租倒包为例,分析了农业产业化中的合约演进;夏春玉等(2009)以经纪人主导的蔬菜流通渠道为例,分析了订单农业中交易关系的建立、发展与维护问题;张闯等(2010)以蔬菜流通渠道为例,考察了市场型交易关系的建立与发展及其运行机制。

二是合约的交易效率和风险。周立群等(2002)以农业产业化经营中的合约选择为例,分析得出了商品合约优于要素合约的结论;杨明洪(2002)对农业产业化中的合约型组织的效率及其决定进行了分析;刘凤芹(2003)以订单农业为例,解释了我国农产品销售合约履约率低的内在原因在于合约的不完全性;郭红东(2006)以合约理论和浙江企业的实例,分析了龙头企业与农户订单安排和履约风险;蔡荣等(2008)分析了公司＋农户的交易效率与合约选择;李彬(2009)分析了公司＋农户合约非完全性与违约风险;梅德平(2009)基于农民合作经济组织的视角,研究了订单农业的违约风险与履约机制的完善问题。

三、评述和值得研究的问题

综上所述,以合约理论为基础来研究农产品流通问题即订单农业问题,取得了比较深入的研究成果。从规范研究上讲,在合约的形式选择和性质方面,对要素合约还是商品合约、市场型交易还是关系型交易(准市场)等的研究,有一定的进展;在合约的交易效率和风险方面,对由合约的不完整性带来的履约风险,有一定的进展。从实证分析上看,对农产品流通的品种、渠道、企业等案例的分析,都有一定的进展。不足之处在于,对现代合约理论在农产品流通中的运用不够深入,实证研究的案例和样本较少。

值得研究的问题是:第一,农业的合约有三种:工资合约、分成合约、租赁合约。基于农民对风险的态度不同,三种合约分别为:在工资合约下农民不承担风险,在分成合约下农民与委托人共同分担风险,在租赁合约下农民承担全部风险。而基于农民的经营能力(属于私人信息)的禀赋或能力不同,三种合约分别为:经营能力最低的农民接受工资合约,经营能力中等的农民接受分成合约,经营能力最高的农民接受租赁合约。因此,要根据农民的经营能力和对风险的态度,来研究农产品流通的合约选择问题。第二,由分工和市场决定的合约可以分为两种:正式的合约与关系型合约。[①] 正式合约是以非人格化的法律和制度来规范市场主体的交易行为;而关系合约是以人格化的非正式制度或称熟人关系来维系市场主体的交易行为。随着市场范围的扩大和分工水平的深化,农产品流通和批发市场的组织性和专业化不断提高,交易频率和交易量大幅增加,交易成本会不断下降,交易主体之间的关系型合约就会逐渐转变为正式合约。因此,要研究关系型合约向正式合约转变的条件、路径和影响因素。第三,农产品流通的合约选择与农产品交易模式具有一定的相关性,其经营成本和面对风险不同。因此,要研究农产品流通合约选择对农产品交易模式演进的影响问题。

第二节 拍卖理论

一、基本内容

拍卖是财产权利转让的古老方式之一。公元前5世纪,古巴比伦人拍卖姑娘(妻子),古埃及人拍卖采矿权;到了公元2世纪,古罗马出现了拍卖行,古罗马人拍卖从战利品到债务人财产的一切物品。在现代社会,大量的交易活动是通过拍卖的方式进行的。经常被拍卖的物品包括古董、珠宝、艺术品、住房、旧车、农产品

---

① 王永钦.大转型:互联的关系型合约理论与中国奇迹.格致出版社,2009年出版:6—7.

和牲畜等有形资产,也包括特别电话号码、车牌号码的使用权;政府用拍卖的方式销售政府债券、外汇、采矿(石油)权、土地开发权。政府和企业也通过招标(或称反向拍卖)①的方式发包工程、采购商品和服务。20世纪90年代中期以来,在线拍卖或称网上拍卖作为电子商务的一种形式快速发展。同时,能源、交通、排污权、无线通信牌照等新兴拍卖市场和新兴拍卖品种不断涌现。

McAfee 和 McMillan(1987)认为:拍卖是一种市场机制,该机制在市场参与者投标价的基础上,以明确的规则决定资源配置和资源价格。舒彤等(2007)认为:拍卖是通过一系列明确的规则和投标人的竞价所形成的价格来决定资源配置的一种市场机制,即在确定的时间和地点,通过一定的组织机构,以公开竞价的形式,将特定物品或者财产权利转让给最高(或最低)应价者的买卖方式。②

拍卖的基本方式有四种:第一,英国式拍卖,亦称上升出价拍卖。一般在卖方设定的底价基础上,众多投标人连续出价,价格被持续的增加直到有一个竞标者出了最高价,并且他将以最终的价格获得该标的。第二,荷兰式拍卖,也被称为下降出价拍卖。拍卖人先从一个绝对高的初始价格开始叫卖,这一价格水平下一般不会有人购买。由此价格按事先规定的速度连续减价,直到有人愿意接受为止。虽为减价拍卖,仍然是价高者得。第三,第一密封价拍卖,也称为封标拍卖。每个竞标者,在规定的时间内,独立的递交一个密封的出价标书,投标人出价时并不知道其它投标人的出价,由拍卖者在规定的时间,邀请所有竞标者到场当众开标,标的将卖给那些叫价最高的人,获胜者出他所叫的价钱。第四,第二密封价拍卖。每一个竞标者独立的递交一个叫价,然后该标的授予出价最高的人,而获胜者将以第二高的价格获得该标的,这一机制最先有1996年诺贝尔经济学奖得主之一的经济学家威廉·维克瑞在1961年提出,因此也称为维克瑞拍卖。

维克瑞认为,上述四种基本的拍卖类型各有其特殊的交易规则。在英式拍卖中,对于追求效用最大化的竞争者,只有当标价低于其保留价格时,他才会继续投标,否则将退出竞拍。因此,标价既不取决于投标人的风险偏好,也不依赖于他对其他投标人标价的预期,只决定于个人的保留价格和当时已报出的最高标价。也就是说,使个人效用最大化的投标是占优的策略。英式拍卖使得总剩余即卖方剩余(成交价)和买方剩余(保留价格减去成交价)之和最大,故此种拍卖机制使得资源达到了帕累托最优配置。在荷兰式拍卖下,投标人在决定报价以最大其预期收益时,需要分析他获得的其他人可能出价的全部信息,而其他人的报价又依赖于

---

① 拍卖与招标都是市场经济的交易方式,英文是同一个词 auction。在中文里,将用已存在的商品兑现货币称作拍卖;将用货币购买未来完成的工程或未来提供的服务称作招标。

② 舒彤等.拍卖与在线拍卖.[M]湖南大学出版社,2007年出版:1.

他们对第一投标人行为的预期。产生的收益随着价格的降低而增加,但获胜的可能性随着价格的不断下降而减少。因此,每个投标人都必须根据他所掌握的关于其他人的可能出价的信息,在这两个影响因素中做出选择。在第一价格拍卖下,买方必须考虑他们所拥有的关于其他投标人可能的出价信息。效用最大化策略取决于每一个投标人风险偏好和他对其他投标人出价的预期;具有最高保留价格的投标人并不一定是最高出价人。如果标价是保留价格的增函数,同时所有竞标者有相同的风险偏好,并且对其对手的出价有相同的预期,那么这种拍卖机制是具有帕累托效率的。在第二价格拍卖下,在拍卖过程中竞标者所采取的预期效用最大化策略将使标价等于保留价格;竞标策略与竞标者的风险偏好或对其他人的策略的预期无关;最后的赢家是认为拍卖品价值最大的那个人,这时的资源配置也达到了帕累托效率。

二、研究的进展

近年来,国内以拍卖理论来研究农产品流通问题以及农产品交易模式问题有一些文献。其中,以贾生华、刘清华(2001)的论文《拍卖交易与我国农产品批发市场交易方式创新》为代表,他们认为,随着农产品批发市场数量扩张的基本结束,包括交易方式创新在内的质量提高不可避免,其核心内容就是如何稳妥有效地引进拍卖交易。论文从五个方面阐述了拍卖交易在农产品交易中的优点,指出了我国农产品批发市场采用拍卖交易存在的两大障碍,并从机制设计的角度探讨了我国农产品批发市场如何引入拍卖制问题。此后的研究,基本沿着两个方向进行:

一是拍卖交易方式在我国农产品流通中的作用。林锡彬等(2001)在《中国农产品拍卖方式的探析》一文中,对深圳市福田农产品拍卖批发市场的运行进行了总结;张敏聪(2002)、寇平君等(2003)、李苏等(2003)、朱信凯(2005)、范利军等(2006)、王梅芳等(2008)主要从拍卖交易在我国农产品流通适应性的角度进行了分析;廖华等(2006)对农产品拍卖交易进行了国际比较。

二是拍卖交易方式在我国农产品流通的具体应用。李泽华(2002)、王泽平(2007)对发展我国鲜活农产品拍卖市场进行了思考;杨巍等(2007)、张海亮等(2007)对茶叶、花卉等农产品采用拍卖交易方式进行了探讨;李大胜等(2003)分析了农产品拍卖市场的若干技术经济问题;李青青(2007)讨论了我国农产品减价拍卖市场的问题;黄兮等(2008)对农产品电子拍卖进行了博弈分析;周乐欣等(2009)以鲜活农产品物流为例,对多属性第二评分拍卖模型的物流交易进行了研究。

三、评述和值得研究的问题

综上所述,以拍卖理论为基础来研究农产品流通问题,取得了一定的研究成果。从规范研究上讲,在拍卖交易的形式和内容方面,有一些介绍和比较;在拍卖交易应用于农产品流通方面,有一定的分析。从实证分析上看,对鲜活农产品等采取拍卖交易形式的案例分析,都有一定的进展。不足之处在于,对现代拍卖理论在我国现阶段农产品流通中的实际运用研究不够深入,实证研究的案例和样本较少。

值得研究的问题是:一是拍卖理论发展的前沿,如组合拍卖、双向拍卖、多物品拍卖等,在农产品交易中的运用,尤其是与网上(电子)交易相结合的运用,值得深入研究;二是拍卖交易方式在我国农产品流通中实际运用的条件和环境是什么,能否选择若干品种进行拍卖交易实验,实验案例如何推广等问题,值得深入研究。

第三节 交易费用理论

一、基本内容

交易费用理论是整个现代产权理论大厦的基础。1937年,著名经济学家罗纳德·科斯在《企业的性质》一文中首次提出交易费用理论,该理论认为,企业和市场是两种可以相互替代的资源配置机制,由于存在有限理性、机会主义、不确定性与少数交易者等条件使得市场交易费用高昂,为节约交易费用,企业作为代替市场的新型交易形式应运而生。交易费用决定了企业的存在,企业采取不同的组织方式最终目的也是为了节约交易费用。所谓交易费用是指企业用于寻找交易对象、洽谈交易、订立合同、执行交易、监督交易等方面的费用与支出,主要由搜索成本、谈判成本、签约成本与监督成本构成。企业运用收购、兼并、重组等资本运营方式,可以将市场内部化,消除由于市场的不确定性所带来的风险,从而降低交易费用。

科斯的这一思想为产权理论奠定了坚实的基础。但科斯的思想在很长时间内一直被理论界所忽视,直到60年代才引起经济学家的广泛重视。①

交易费用理论包含以下几点基本结论:(1)市场和企业虽可相互替代,却是不

---

① 交易费用理论不是科斯本人提出的,他的著作里只是有这种思想,但未明确提出。1969年阿罗第一个使用"交易费用"这个术语,威廉姆森系统研究了交易费用理论。

相同的交易机制。人类行为和交易费用的理论基础——制度理论认为企业可以取代市场实现交易。(2)企业取代市场实现交易有可能减少交易的费用。(3)市场交易费用的存在决定了企业的存在。(4)企业"内化"市场交易的同时产生额外的管理费用。当管理费用的增加与市场交易费用节省的数量相当时,企业的边界趋于平衡(不再增长扩大)。(5)现代交易费用理论认为交易费用的存在及企业节省交易费用的努力是资本主义企业结构演变的唯一动力。

交易费用理论仔细区分了市场交易和企业内部交易。市场交易双方利益并不一致,但交易双方地位平等。企业内部交易一般是通过长期合约规定(如企业主和雇员),交易双方利益比较一致,但地位并不平等。市场交易导致机会主义,但在企业内部,机会主义对谁都没有好处。

在科斯之后,威廉姆森(Williamson)等许多经济学家又进一步对交易费用理论进行了发展和完善。威廉姆森(1977)将交易费用分为事前的交易费用和事后的交易费用。他认为,事前的交易费用是指由于将来的情况不确定,需要事先规定交易各方的权利、责任和义务的过程中就要花费成本和代价,而这种成本和代价与交易各方的产权结构的明晰度有关;事后的交易费用是指交易发生以后的成本。这种成本表现为各种形式:(1)交易双方为了保持长期的交易关系所付出的代价和成本;(2)交易双方发现事先确定的交易事项有误而需要加以变更所要付出的费用;(3)交易双方由于取消交易协议而需支付的费用和机会损失。威廉姆森(1980)分析了交易费用的影响因素。他认为,交易费用的影响因素主要是环境的不确定性、少数交易者、组织或人的机会主义以及信息不对称等,这些因素构成了市场与企业间的转换关系。

杨小凯(XiaoKai Yang, 1991)则从劳动交易和中间产品交易角度区分了企业和市场,认为企业是以劳动市场代替中间产品市场,而不是用企业组织替代市场组织。后来,杨小凯(1995)又进一步研究认为,企业和市场的边际替代关系取决于劳动力交易效率和中间产品交易效率的比较。

总体来看,交易费用理论取得的进展是:

一是把交易成本区分为广义和狭义两类,广义的交易成本是指谈判、履行合同和获得信息所需运用的全部资源;狭义的交易成本则是指单纯履行合约所付出的时间和努力。这种划分,以库特(Cooter)等的表述最为准确。

二是把交易成本区分为事先的和事后的两类。事先的交易成本是虚拟企业的理论根源——交易费用理论是指起草、谈判、保证落实某种协议的成本;事后的交易成本是指交易之后发生的成本,它可以有许多形式。

三是进一步强调交易成本是运用经济制度的成本,强调交易成本是由于制度摩擦所导致的费用,特别是由于产权不清必然导致各类摩擦发生。阿罗(Arrow)

明确定义交易成本是"经济制度操作的成本"。

四是强调信息成本是交易成本的核心,突出真实信息的表现及获得和识别所必须付出的代价,而信息成本的高低,即市场价格信号的真假以及对其识别的敏感,根本取决于产权制度所规定的市场交易当事人的权利、责任和风险界区是否明确,价格归根到底是产权的市场运动形式。

五是强调交易成本是人们普遍社会交换关系中的费用,其发生的前提是人们的利益分歧,克服和协调这种分歧的成本本质上是制度成本,包括信息成本、监督管理成本和制度结构变化的成本等等。

二、研究的进展

近年来,国外以交易费用理论来研究农产品流通问题以及农产品交易模式问题有一些文献。Pobbs(1997)将交易费用分为信息成本、谈判成本、监督成本,利用英国养牛户的调查数据,分析了交易费用对采取活体拍卖与销售给加工厂两种不同销售方式选择的影响;Gabre—Madhin(1999)以埃塞俄比亚谷物市场为例,分析了市场中介组织对于节约交易费用的作用;Vakis and Sadoulet(2003)利用秘鲁马铃薯种植户的调查数据,提出了一套测量交易费用的方法;Badstue(2004)利用墨西哥小麦种植户的调查数据,分析了交易费用对种植户获取种子采取自留、非正规渠道购买、正规渠道购买等三种不同渠道选择的影响。Lu(2006)利用中国南京西红柿种植户的调查数据,分析了交易费用对农户直接销售给菜贩、通过当地农贸市场销售,以及超市通过批发市场采购等三种销售形式的影响。

近年来,国内以交易费用理论来研究农产品流通问题以及农产品交易模式问题有一些文献。何坪华、杨名远(1999)利用鄂、赣、苏、浙、皖5省359户以种植业为主的农户生产销售产品的12项交易费用的调查数据为例,对其实际发生的交易费用分类进行了货币化处理,但未能深入分析;钱忠好(2000)对江苏如意集团的案例进行了分析,得出了农业产业化经营作为一种组织创新,在其一体化的过程中,确实节约了交易费用。此后的研究,基本沿着两个方向进行:

一是交易费用与农业产业组织。杨明洪(2002)、蔡荣等(2007)、宋智勇(2008)从交易费用的视角,考察了农业产业组织形式的演进;林坚等(2006)从交易费用的视角,分析了农业合作社与企业的边界问题;王芳等(2007)、韩国明等(2008)、朱艳等(2009)基于交易费用理论分析了农民专业合作社。

二是交易费用与农产品流通、农产品市场体系。包玉泽(2005)、杨文选等(2005)从交易费用来考察农产品流通渠道、网络问题;朱学新(2005)、张静(2009)从交易费用的角度,分析了农产品流通的合约、制度选择问题;金赛美(2007)、席群等(2008)、常国山(2010)基于交易费用,探讨了现代农产品市场体系建设问题;

王认真等(2007)从交易费用出发,分析了农产品流通的效率问题。

三、评述和值得研究的问题

综上所述,以交易费用理论为基础来研究农产品流通问题,取得了一定的研究成果。从规范研究上讲,在交易费用与农产品的合约选择、交易费用与农业组织演进、交易费用与农产品流通及市场体系等方面,有一定的进展。从实证分析上看,国外的案例分析、样本数据分析等,都有一定的进展;国内基本上集中在案例分析上。不足之处在于,对现代交易费用理论在我国现阶段农产品流通体系、交易方式选择和演进等问题中的运用研究不够,实证研究的案例和样本较少。

值得研究的问题是:一是运用现代交易费用理论,来分析我国农民的生产和销售行为和组织选择;二是运用现代交易费用理论,来分析我国农产品流通体系建设;三是运用现代交易费用理论,来分析我国农产品交易方式的演进;四是运用现代交易费用理论,来分析我国农产品流通的成本和效率。

第四章

北京农产品流通体系的现状、问题及成因

第一节 北京农产品流通的基本情况

一、北京经济社会发展情况

本章从人口、人均GDP、人均可支配收入、恩格尔系数、居民消费价格指数等五项指标,来分析北京市农产品流通的经济社会背景。

"十一五"期间,北京市的人口从2006年的1581.0万人,增长到2010年底的1961.9万人,年均增长5.54%。同期,全国人口的年均增长0.499%;上海人口的年均增长6.13%,详见表4.1。

表4.1 2006—2010年北京、全国、上海人口　　　　　　单位:万人

	2006	2007	2008	2009	2010	年均增长率(%)
北京	1581.0	1633	1695	1755.0	1961.9	5.54
全国	131448	132129	132802	133474	134091	0.499
上海	1815.3	1858.1	1888.5	2210.3	2302.7	6.13

资料来源:北京市统计局、国家统计局、上海市统计局统计年鉴及作者计算。

人均GDP从2006年的52054元人民币,增长到2010年的75943元人民币,年均增长9.90%。同期,全国人均GDP的年均增长16.1%;上海人均GDP的年

均增长8.52%,详见表4.2。

表4.2 2006—2010年北京、全国、上海人均GDP 单位:元

年份	2006	2007	2008	2009	2010	年均增长率(%)
北京	52054	61274	66797	70452	75943	9.90
全国	16500	20169	23708	25575	29992	16.1
上海	54858	62041	66932	69164	76074	8.52

资料来源:同表4.1。

城镇居民的人均可支配收入从2006年的19978元人民币,增长到2010年的29073元人民币,年均增长9.83%;农村居民的人均可支配收入从2006年的8620元人民币,增长到2010年的13262元人民币,年均增长11.37%。同期,全国城镇居民的人均可支配收入的年均增长12.91%,全国农村居民的人均可支配收入的年均增长13.34%;上海城镇居民的人均可支配收入的年均增长11.41%,上海农村居民的人均可支配收入的年均增长10.52%,见表4.3。

表4.3 2006—2010年北京、全国、上海城乡居民人均可支配收入 单位:元

	年份	2006	2007	2008	2009	2010	年均增长率(%)
北京	城镇	19978	21989	24725	26738	29073	9.83
	农村	8620	9559	10747	11986	13262	11.37
全国	城镇	11759.5	13785.8	15780.8	17174.7	19109.4	12.91
	农村	3587	4140.4	4760.6	5153.2	5919	13.34
上海	城镇	20668	23623	26675	28838	31838	11.41
	农村	9213	10222	11385	12324	13746	10.52

资料来源:同表4.1。

城镇居民的恩格尔系数从2006年的30.8%,到2010年的32.1%;农村居民的恩格尔系数从2006年的32.0%,到2010年的30.9%。同期,全国城镇居民的恩格尔系数分别为35.8%、35.7%,农村居民的恩格尔系数分别为43.0%、41.1%;上海城镇居民的恩格尔系数分别为35.6%、33.5%,农村居民的恩格尔系数分别为37.8%、37.2%,详见图4.1。

食品类[①]居民消费价格指数2006-2010年分别为102.8%、109.2%、

---

① 这里指的食品类包括粮食、油脂、肉禽及其制品、水产品、鲜菜、鲜果等六种商品在内,基本对应农产品流通的统计指标。

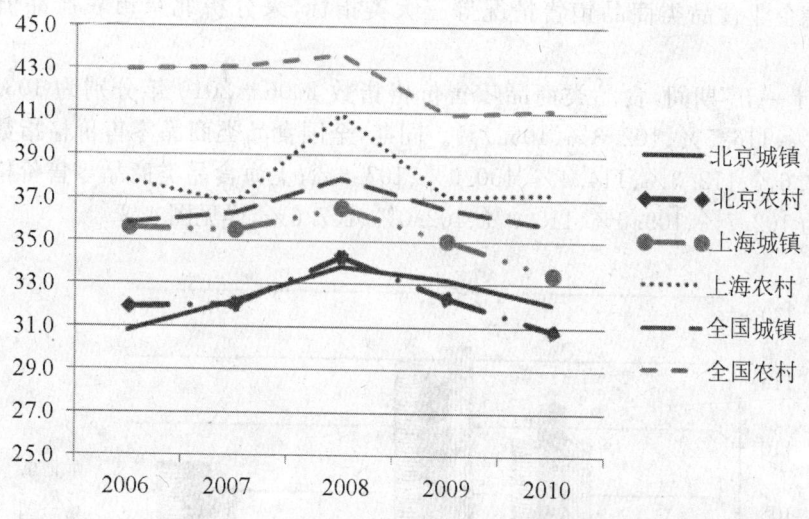

图 4.1　2006—2010 年北京、全国、上海城乡居民恩格尔系数

116.1%、102.4%、105.5%。同期,全国食品类居民消费价格指数分别为 102.3%、112.3%、114.3%、100.7%、107.2%;上海食品类居民消费价格指数分别为 102.5%、109.4%、115.3%、102.1%、107.7%,详见图 4.2。

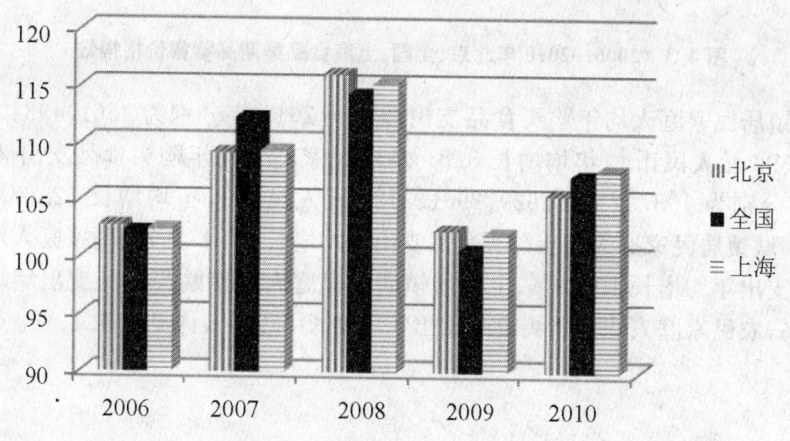

图 4.2　2006—2010 年北京、全国、上海食品类居民消费价格指数

二、北京农产品流通的现状

本章从食品类商品零售价格指数、城乡居民家庭人均年购买食品支出、批发

和零售企业食品类商品销售情况等三大类指标,来分析北京市农产品流通的现状。

"十一五"期间,食品类商品零售价格指数 2006—2010 年分别为 103.5%、109.6%、116.5%、102.3%、105.7%。同期,全国食品类商品零售价格指数分别为 102.6%、112.3%、114.4%、100.9%、107.6%;上海食品类商品零售价格指数分别为 102.7%、109.6%、115.3%、102.0%、107.6%,详见图 4.3。

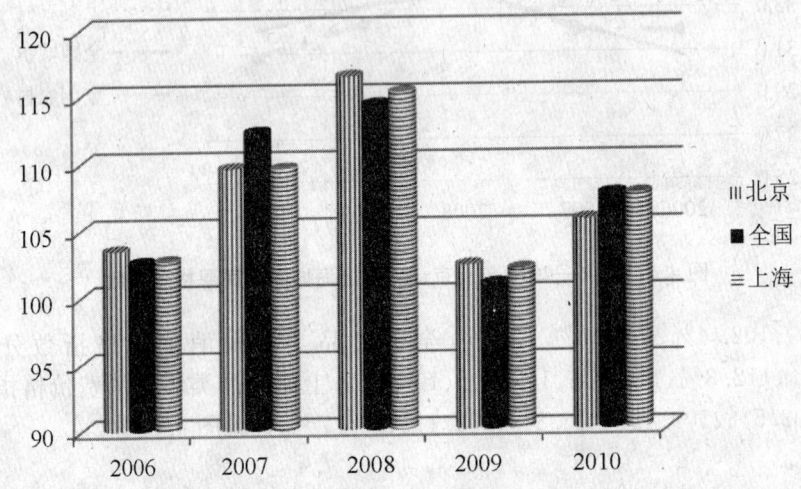

图 4.3　2006—2010 年北京、全国、上海食品类商品零售价格指数

城镇居民家庭人均年购买食品支出 2006—2010 年分别为 4561、4934、5562、5936、6393 元人民币①,年均增长 8.81%;农民家庭人均年购买食品支出 2006—2010 年分别为 1937、2190、2629、2961、3121 元人民币②,年均增长 12.67%。同期,全国城镇居民家庭人均年购买食品支出年均增长 11.47%,农民家庭人均年购买食品支出年均增长 10.29%;上海城镇居民家庭人均年购买食品支出年均增长 10.33%,农民家庭人均年购买食品支出年均增长 5.93%,详见表 4.4。

---

　　① 城镇居民家庭人均年购买食品支出的统计样本 2006 年为 2000 户,2007 年为 3000 户,2008—2010 年为 5000 户。
　　② 农民家庭人均年购买食品支出的统计样本 2006—2010 年为 3000 户。

表 4.4　2006—2010 年北京、全国、上海城乡居民人均年购买食品支出　　　单位:元

	年份	2006	2007	2008	2009	2010	年均增长率(%)
北京	城镇	4561	4934	5562	5936	6393	8.81
	农村	1937	2190	2629	2961	3121	12.67
全国	城镇	3112	3628	4260	4479	4805	11.47
	农村	1217	1389	1599	1636	1801	10.29
上海	城镇	5249	6125	7109	7345	7777	10.33
	农村	3024	3258	3732	3629	3807	5.93

资料来源:同表 4.1。

批发和零售企业食品类商品销售额 2006—2010 年分别为 7925290 万元(其中批发 5895912 万元、零售 2029378 万元)、8351602 万元(其中批发 6055749 万元、零售 2295853 万元)、11630747 万元(其中批发 8458672 万元、零售 3172075 万元)、11485139 万元(其中批发 8017267 万元、零售 3467872 万元)、16274987 万元(其中批发 12528299 万元、零售 3746688 万元)万元人民币。同期,上海批发和零售企业食品类商品销售额分别为 9607800 万元、11985200 万元、14715900 万元、16706600 万元、18306400 万元[①]人民币。

限额以上批发和零售企业食品类商品销售量 2006—2010 年分别为 106386079 万元(其中批发 99968359 万元、零售 6417720 万元)、133945304 万元(其中批发 126676455 万元、零售 7268849 万元)、171226796 万元(其中批发 162884178 万元、零售 8342618 万元)、191205273 万元(其中批发 181434421 万元、零售 9770852 万元)、252134476 万元(其中批发 241460460 万元、零售 10674016 万元)百万公斤[②]。2006—2010 年间,六类商品中粮食类销售量年均增长 20.53%,油脂类销售量年均增长 36.77%,肉禽蛋销售量年均增长 44.58%,水产品销售量年均增长 32.93%,鲜菜销售量年均增长 48.62%,鲜果销售量年均增长 38.98%。

可见,2006 年至 2010 年间居民食品消费结构发生了一定变化,食品结构呈现升级态势,其中鲜菜消费年均增长 48.62%,排名第一;肉禽蛋类、鲜瓜果类、食用油脂类消费年均增长均超过 35%;而粮食类、肉禽蛋类、食用油脂类消费年均增长在 2008—2010 年间起伏较大。数据表明,北京市城乡居民食品消费结构的转变在基本符合 Bennett 定律的前提下进一步发展。[③] 详见表 4.5,图 4.4。

---

① 由于统计数据变化原因,2010 年数据以社会消费品中食品类零售总额代替。
② 限额以上批发和零售企业是指批发业年主营业务收入 2000 万元及以上企业,零售业年主营业务收入 500 万元及以上企业。
③ Bennett 定律是指随着居民收入水平的提高,人们热量需要来源于动物源食品的比重趋于提高(Delgado et al.,1999)。在此基础上,随着城乡居民收入水平的提高,鲜菜类消费增长速度加快。

表 4.5　2006—2010 年北京市食品类销售量　　　　　　单位:百公斤

年　份	2006	2007	2008	2009	2010	年均增长率%
粮　食	88770552	113550501	147832139	91382207	187365929	20.53
食用油脂	13404050	15074763	17017172	89751098	46915088	36.78
肉禽蛋	2484853	3010258	3392173	4689494	10860579	44.59
水产品	306215	462360	540625	1220708	956270	32.93
鲜　菜	641662	748416	1045868	2185543	3130820	48.62
鲜瓜果	778747	1099006	1398819	1976223	2905790	38.98

资料来源:同 4.1。

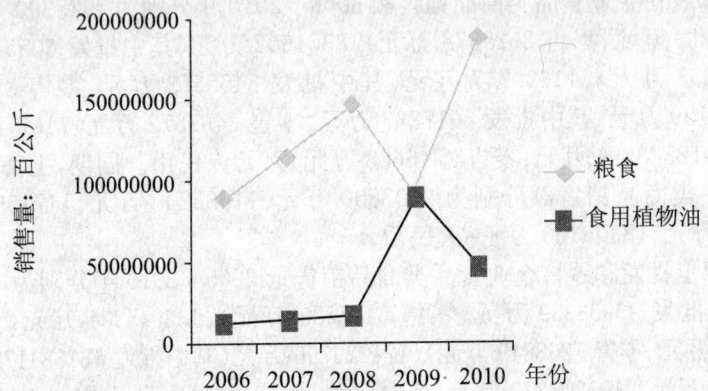

图 4.4(a)　2006—2010 年北京市粮食、食用油销售情况

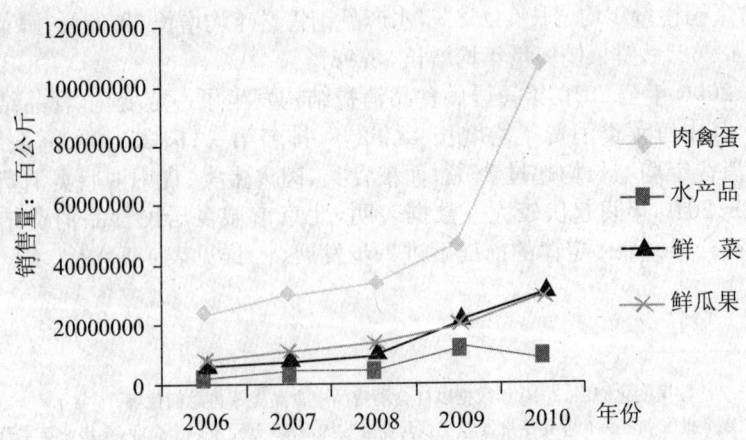

图 4.4(b) 2006—2010 年北京市肉禽蛋、水产品、鲜菜、鲜瓜果销售情况

三、北京农产品流通相关性分析

我们将上述人口、人均 GDP、人均可支配收入、恩格尔系数、居民消费价格指数等经济社会五项指标,与食品类商品零售价格指数、居民家庭人均年购买食品支出、批发和零售企业食品类商品销售额、限额以上批发和零售企业食品类商品销售量等农产品流通四项指标之间进行相关性分析,得出结果如表 4.6。

表 4.6 相关性分析

	RK	AGDP	CS	NS	CE	NE	SX
SL	−0.13865 (−0.2425)	0.05750 (0.0998)	−0.06036 (−0.1047)	−0.11666 (−0.2035)	0.56683 (1.1917)	0.73352 (1.8693)	0.99874 * (34.4362)
CZ	0.93864 ** (4.7137)	0.98228 * (9.0774)	0.99936 * (48.3855)	0.99558 * (18.3653)	0.52460 (1.0673)	−0.18699 (−0.3297)	−0.00355 (−0.0061)
NZ	0.90099 ** (3.5971)	0.9764 * (7.8306)	0.99248 * (14.0415)	0.98675 * (10.5320)	0.57221 (1.2085)	−0.14061 (−0.2460)	−0.02316 (−0.0401)
XE	0.97730 * (7.9896)	0.90720 ** (3.7350)	0.94410 ** (4.9605)	0.94601 ** (5.0549)	0.33280 (0.61128)	−0.28133 (−0.5078)	0.03359 (0.0582)
XL	0.98432 * (9.6649)	0.96450 * (6.3261)	0.98577 * (10.1571)	0.98848 * (11.3119)	0.39975 (0.7554)	−0.30506 (−0.5548)	−0.01789 (−0.0310)

注:括号中的数值是 t 值;* 和 ** 分别代表在 1% 和 5% 的显著性水平下,RK—人口、AGDP—人均 GDP、CS—城镇人均可支配收入、NS—农村人均可支配收入、CE—城镇恩格尔系数、NE—农村恩格尔系数、SX—居民消费价格指数、SL—食品类商品零售价格指数、CZ—城镇居民家庭人均年购买食品支出、NZ—农村居民家庭人均年购买食品支出、XE—批发和零售企业食品类商品销售额、XL—限额以上批发和零售企业食品类商品销量。

由上表可知,食品类商品零售价格指数与居民消费价格指数在 1% 的显著性水平下高度正相关,这不难理解,通常商品销售价格指数的上涨会带来居民消费价格指数的上升,这可以从近期促使 CPI 逐渐攀升的因素中得到验证。

城镇和农村居民家庭人均年购买食品支出与人口、人均 GDP、居民可支配收入高度正相关。显著性水平为 1% 时,居民家庭人均年购买食品支出与城镇居民可支配收入、农村居民可支配收入、人均 GDP 的相关性依次减小;显著性水平为 5% 时,人口亦表现出相关性。因此,概括说来,在我们所关注和分析的影响居民家庭人均年购买食品支出的因素中,收入和人均 GDP 因素最为突出,其次是人口。

食品类商品销售量与人口、人均GDP、城镇和农村居民可支配收入均呈现高度正相关。显著性水平为1%时,食品类商品销售量与人口正相关;显著性水平为5%时,食品类商品销售量与农村居民可支配收入、人均GDP、城镇居民可支配收入相关性依次减小正相关。

食品类商品销售额亦与人口、人均GDP、城镇和农村居民可支配收入均呈现高度正相关。且在显著性水平为1%的情况下,食品类商品销售额与农村居民可支配收入、城镇居民可支配收入、人口、人均GDP相关性依次减小。

另外,在整个相关性分析中,恩格尔系数并未表现出与任何变量的相关性。

第二节 北京农产品流通体系的现状

一、农产品流通体系基本满足流通需要和消费需求

到"十一五"时期末,北京市建立了以销地农产品批发市场为核心的农产品流通体系,多种渠道、多种方式地满足了农产品流通需要和居民生活消费需求,有效保障了首都城市平稳运行和经济社会发展,是我国北方地区农产品流通网络重要节点。2009年,全市主要农产品批发市场总交易量约2580万吨、总交易额约1120亿元;扣除25%过境集散量,供应本市的总交易量约1935万吨。其中9个大型农产品批发市场合计交易量约2000万吨、合计交易额约890亿元,分别占农产品批发市场总交易量和总交易额的77.5%、79.5%。

二、农产品批发市场体系多层次、多方位格局已经确立

从层次上看,已形成大型农产品批发市场(经营收入20亿元以上)为主要集散中心、区域型批发市场为重要节点的批发市场格局。全市综合型和区域综合型农产品批发市场成为整个农产品批发市场格局的重要组成部分;从方位上看,北京东、南、西、北方向均有分布,初步形成京西南、京东、京北三个大型农产品批发市场聚集区。9个大型农产品批发市场有5个在五环路内、4个在五环外。各类农产品批发市场互为补充,总体格局稳定。

三、农产品批发市场体系基础设施水平和功能明显提升

9个大型农产品批发市场合计建筑面积达到220万平方米,高温库、低温库和气调库库容约9万吨,分别占总建筑面积和总库容的68.8%、52.9%。农产品批

发市场的基础设施、交易设施、冷链仓储设施有了很大改善。9个大型农产品批发市场全部建成检测检疫中心、信息中心和安全监控中心,实现了对农产品主要品种的快速检测、价格和交易信息的及时发布。在全国率先建立了蔬菜政府储备和轮换机制,保证了应急条件下的市场供应。

四、城市东南方向是外埠农产品进京的主要通道

北京农产品绝大多数依靠外地生产。北京自产量最多的产品如鸡蛋、牛奶占40%—50%,蔬菜、粮食则低于20%。从农产品进京主要通道流量看,东南方向进京农产品占全市外埠进京农产品总量的四成以上(42.4%)。其它方向进京流量比重分别是:京南占15.3%;京东占13.5%;京西北占11.3%;京西南占10.2%;京北占7.3%。

五、多元化流通模式有效连接农产品生产和消费

流通模式主要有三种:一是农超对接、农餐对接流通新模式,约占市场交易总量的20%左右;二是运销专业户流通模式(农产品经纪人流通模式);三是公司加农户流通模式(产供销一体化流通模式)。后两种流通模式都经过批发市场环节,目前约占市场交易总量的80%左右。

六、多样化的零售终端满足了居民多层次的消费需求

早市、农贸市场、社区菜店、菜市场、生鲜连锁超市、网店、终端配送等多样化的综合零售终端体系初步形成,既满足了普通居民的基本需求,也适应了居民消费结构升级后的差别化需求,为不同消费层次的居民提供了多元化的选择。

第三节 北京农产品流通体系现存问题及成因

一、北京农产品流通体系现存的问题

(一)农产品供应对外依存度大

北京的城市发展定位和都市型农业的特征,造成本地地产农产品仅能满足北京部分消费需要。日常消费的农产品绝大多数依靠外地生产,北京自产量最多的产品如鸡蛋、牛奶占40%—50%,蔬菜、粮食则低于20%。外埠农产品产地和运输通道因天气或突发事件而对供应量产生的短期波动,都会给北京市场带来相应的波动影响。

(二)农产品批发市场空间布局与城市发展矛盾凸显

9个大型农产品批发市场中,位于五环内的市场有5个(新发地市场、大洋路市场、锦绣大地市场、农产品中央批发市场、岳各庄市场),位于通州国际新城的市场有1个(八里桥市场),合计占总数的67%,造成现有农产品物流组织对城市交通、区域环境、城市形象形成较大影响,市场布局与城市发展定位存在矛盾。

(三)批发市场公益性不明确,发展现状与现代农产品流通要求存在差距

由于农产品批发市场开办者投资能力有限,且在用地、建设、物流、检测等方面缺乏必要的支持,加之经营者的投资能力有限,导致造成市场冷链仓储基础不健全,检验检疫、信息传递、环境保护的公益性功能薄弱,尚未建立冷链物流体系和质量安全信息可追溯制度。批发市场流通效率较低,流通过程损耗高。

(四)管理体制和市场治理结构不完善,管理水平亟待提高

现行农产品批发市场多头管理体制下,条块管理极易使市场分割,使有限的投资不能集中使用,从而增加了交易成本,降低了流通效率。农产品批发市场的管理机构较少建立和转制成为现代企业主体,内部治理结构不完善;市场中高级管理人才缺乏,现有管理队伍素质亟需提高。

(五)零售终端建设发展受到制约

蔬菜零售终端如菜市场、菜店等缺乏建设用地,特别是在老旧居民区,几乎已无可挖掘资源。新建居民区的菜市场用地用房不能保证按规划性质使用。早市作为方便城镇居民购买农产品特别是蔬菜、水果的零售终端,其发展受到种种限制,不但给城镇居民生活带来不便,而且失去了繁荣市场和稳定物价的作用。

二、北京农产品流通体系现存问题的成因

(一)客观原因

1. 城市快速发展带来的问题制约着农产品流通体系的建设

近年来,北京市城市的快速发展带来的问题表现在:第一,人口增长过快。北京市人口从2006年的1581.0万人,增长到2010年底的1961.9万人,年均增长5.54%。高于同期全国人口年均增长5.04个百分点,低于同期上海市人口年均增长0.59个百分点。第二,人口分布失衡。北京市的面积是16400平方公里,每平方公里的人口密度是1195人。但是人口分布极不平衡,核心区人口密度达到每平方公里23407人,是拓展区的3.1倍、发展新区的24.4倍、生态涵养区的[1]

---

[1] 北京城市功能区划分:首都功能核心区(东城、西城)、城市功能拓展区(朝阳、海淀、丰台、石景山)、城市发展新区(房山、通州、顺义、大兴、昌平)、生态涵养发展区(平谷、怀柔、门头沟、密云、延庆)。

109.8倍；朝阳区、海淀区和丰台区集中了北京市45.6%的常住人口。第三，交通拥堵严重。据北京交通发展研究中心发布的交通拥堵指数①表明，2009—2010年期间，北京市交通拥堵指数平均在6—6.5之间，有从轻度拥堵向中度拥堵发展的趋势。第四，建设用地保障形势严峻。未来10年里，北京城市化水平每提高1%需要新增城市建设用地412平方千米，是过去30年的5.45倍。未来单位城市化水平所消耗的建设用地不但越来越大，而且批地难度更大。到2020年北京城市建设用地总量将达到2240平方千米，而可供建设用地量只有2400平方千米，其中包括农村建设用地842平方千米。两相比较，至少缺地682平方千米，城市化进程中面临的建设用地保障形势将日益严峻②。

以上北京城市的快速发展带来的问题对北京市农产品流通体系的建设提出了严峻的挑战，突出反映在四环以内的农产品批发市场迁址和功能调整、新老社区菜市场用地用房等问题上，这些问题严重地制约了农产品流通体系的建设。

2. 农产品流通体系建设滞后于城乡居民安全、绿色、多样化需求

近年来，北京市城乡居民对农产品安全、绿色的要求越来越高；不同收入居民对农产品产生了多样化的需求。第一，随着城乡居民的收入水平逐年增加，生活水平逐年提高，对优质、安全、营养、绿色农产品的需求不断增大，消费者对农产品质量安全要求越来越高，并且这种趋势由城镇不断向农村扩展。2010年，北京城镇居民人均可支配收入达到29073元，比上年增长8.7%；扣除价格因素后，实际增长6.2%。城镇居民恩格尔系数为32.1%，比上年下降1.1个百分点。北京农村居民人均纯收入13262元，比上年增长10.6%；扣除价格因素后，实际增长8.1%。农村居民恩格尔系数为30.9%，比上年下降1.5个百分点。根据本课题组2011年所作的问卷调查，北京市居民对优质农产品（蔬菜）的总体认知程度在中上等的人数约占总人数的1/2。第二，虽然北京市城乡居民可支配收入逐年缩小，城乡居民家庭人均年农产品消费支出逐年缩小，但是，城乡居民对农产品的消费需求仍呈现出层次性和多样性。2006—2010年，北京市城乡居民可支配收入之比由2.32倍缩小到2.19倍；城乡居民家庭人均年农产品消费支出之比由2.35倍缩小到2.05倍。但是，同期城镇居民高收入与低收入家庭人均年农产品消费支出之比由1.67倍扩大到1.83倍，农村居民高收入与低收入家庭人均年农产品消费支出之比由2.26倍缩小到2.18倍，城乡高低收入居民家庭对农产品消费需求的不同变化，说明城乡居民对农产品的消费需求的层次性和多样性将进一步

---

① 交通拥堵指数是指综合反映道路网畅通或拥堵的概念性指数值，它包括拥堵程度、拥堵持续时间、拥堵范围等指标，指数取值范围为0—10，分为五级。

② 方创琳.北京面临资源困境.中国国土资源报，2011—03—19.

发展。

以上北京市城乡居民对农产品安全、绿色、多样化需求对北京市农产品流通体系建设提出了更高的标准和要求,突出反映在批发市场设施不够完善和功能较弱,零售网络没有全覆盖,物流配送渠道不够通畅等问题上,这些问题严重地制约了农产品流通体系的提升。

(二)主观原因

1. 农产品流通主体的组织化程度较低

目前,北京市农产品流通主体包括:农民、经销户、合作社、公司、超市、餐馆、团体、居民等。其中,从事销售及配送的绝大多数是自然人或个体商户;也就是说,在农产品批发和零售环节,从业者数量众多,基本上属于完全竞争的市场结构,市场主体的组织化程度较低,缺乏大型农产品流通企业。据课题组调查,目前超过90%的批发商是个体经营,公司法人比例不超过10%;在现有28家大型批发市场中,主要蔬菜品种交易前五位批发商交易量占全部交易量平均为26%左右。

农产品流通主体的组织化程度较低直接影响到农产品流通体系的建设,特别是不利于降低交易成本、提高流通效率、统一电子结算、质量安全检验检疫、冷链物流体系等建设。进一步讲,农产品流通主体的组织化程度较低的深层原因,在于对农产品市场认识不足,往往把其看成是低端市场(脏乱差市场);对农产品市场及市场主体的培育和引导不够,往往只是任其发展。

2. 农产品流通中的公益性定位不清晰,政府的支持力度不够

农产品流通中哪些方面具有公益性,目前在国内往往定位不清晰,争论也时有发生。在农产品短缺特别是农产品大幅度涨价或发生农产品安全事件时,中央及省市两级政府往往将农产品及农产品市场看成是公益性或准公益性产品及其提供者,要求地方政府和农产品流通企业平抑价格或加强安全检验检疫,具体做法通常是降低农产品流通的摊位费、入场费或全批次检验检疫;甚至要求国有农产品流通企业采取措施来平抑物价,具体做法通常是增加市场上农产品的供给量,降低农产品的销售价格。

以上调控方式或政策措施最大的问题是没有将农产品流通中的公益性清晰定位,混淆了政府与企业(包括国有企业)的边界,政府对公益性的支持力度不够。也就是说,由于定位不清晰,政府在农产品流通中发挥作用的着力点产生偏离,直接影响着政府公共服务职能的有效性。特别要指出的是,农产品流通中企业(包括国有企业)的公益性不包括平抑物价的职能,也就是说,不能以企业(包括国有企业)减少利润甚至亏损来体现公益性。以不盈利甚至亏损来完成公益性任务的只能是非盈利组织而不是企业,同时,这种公益性是建立在政府补贴或政府购买公共服务基础上的。

第五章

北京农产品流通模式

第一节 批发市场主导模式

一、概述

农产品批发市场是农产品流通供应链管理模式的中心环节,起着农产品流通的中心枢纽作用。在农产品流通体制改革过程中,首先放开的是蔬菜、水果、禽蛋等农副产品,其次是肉类、水产品,最后是粮、油等主要粮食类农产品。从目前北京市农产品市场流通格局来看,形成了以农产品批发市场为中心,菜市场、集贸市场、生鲜超市和网络商店为零售终端的功能互补、城乡互通的格局。

从数量方面看,截至2008年,北京共有农产品批发市场23家,覆盖了13个远郊区县,占地面积8000多亩[①]。从批发市场的布局来看,批发市场主要集中在三环四环路附近,目前全市占地一万平方米以上、交易额超过1亿的农产品批发市场60%分布在这个区域,包括以新发地为首的丰台区的五个批发市场和以回龙观为首的海淀区的三个大型批发市场。从市场交易结构方面看,由原来的单一三级批发和单纯由商业企业直接经营,逐步发展成为由商业企业继续经营,或由工业企业直营和批发市场组织经营。从市场交易手段方面看,呈现多样化趋势,除了传统的交易商之间的直接交易外,还出现各种场外交易如展销会、推介会,以及通过发挥网络媒介的作用如采用电子交易,为批发商以及消费者提供更加便捷的交易平台,对实体市场交易产生巨大影响。

---

① 中国农产品批发市场发展报告. 中国农业大学出版社,2010年:23.

另外,这些批发市场着力建立多元化的信息发布渠道,主要通过互联网、杂志、广播电台、中央电视台七频道等大众传媒发布信息,扩大市场辐射面积以及市场知名度;通过新建、改建、扩建农产品批发市场,来完善市场的硬件设施进而改善市场的交易条件;通过完善市场管理以及服务,向管理规范化、服务多功能化的方向转变。也有一部分批发市场通过借鉴现代企业运作方式,改革产权制度,在市场建设和发展过程中,采用多渠道筹集资金方式,解决了自身发展的问题。

二、北京批发市场主导模式的发展现状

目前,北京市呈现新发地等八大农产品批发市场分布的格局,从满足城市需求的角度来看,这八大农产品批发市场为保证北京市农产品安全供应做出了重要贡献。

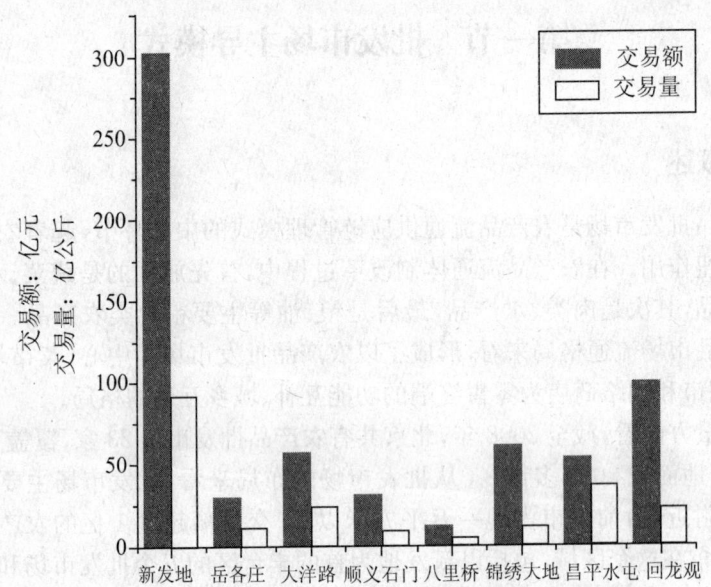

图 5.1 北京市各批发市场年平均交易额及交易量比较

根据上图可以看出,在这八大农产品批发市场中,新发地农产品批发市场一直雄踞霸主地位,是北京市最大的农产品批发市场,承担着北京市 70% 的蔬菜供应、85% 的水果供应和 100% 的进口水果供应[①]。市场占地面积 1520 多亩,总建筑

---

① http://epaper.rmzxb.com.cn/2010/20100304/t20100304_306545.htm

面积近30万平方米,有管理人员1736名,总资产11.8亿元。主要经营蔬菜、果品、肉类、粮油、水产、副食、调料、禽蛋等农副产品,是一处以蔬菜、果品、肉类批发市场为龙头的国家级农产品中心批发市场。

2008年,丰台区新发地农产品批发市场成交量达78亿公斤,成交额达260亿元[1]。2009年,该市场的农产品交易量达90.2亿公斤,交易额达302亿元[2],两项指标连续8年双居全国第一[3]。同时,市场业务还辐射全国各地及蒙古、俄罗斯等国家,是首都名副其实的"大菜篮子"和"大果盘子"。同年,在美国纽约发布的中国最有品牌价值的100个企业中,"新发地"榜上有名,名列中国最有品牌价值企业第81位,名列北京市最有品牌价值第16位,品牌价值达19.05亿元,市场被誉为最有发展潜质的朝阳企业[4]。

除此之外,还有其他七大批发市场,分别是岳各庄批发市场、大洋路批发市场、顺义石门批发市场、通州八里桥批发市场、锦绣大地批发市场、昌平水屯批发市场、回龙观批发市场。岳各庄批发市场主要经营水果、蔬菜、水产、茶叶、调料、酱油等。大洋路批发市场的经营品种已由最初的单一蔬菜,扩展到水果、鱼肉、水产、禽蛋、粮油、副食调料、服装百货及小商品等八大类万余种商品。其中,蔬菜交易量仅次于新发地批发市场。顺义石门批发市场划分为南北两大经营区域。北侧为蔬菜、水果、粮油、调料、日用品市场,南侧为水产、肉禽市场。通州八里桥批发市场有农副产品、建材、日用百货三个营业区,主要经营粮油、果菜、水产品、肉禽蛋、副食、酒水饮料、调料、建材、百货等10大类2万多个品种,每日进场交易的机动车流量达到5000多辆,商品主供北京并辐射全国20多个省、市、自治区。锦绣大地批发市场主营国内外名酒,高品质水果、纯天然无公害蔬菜、杂粮、橄榄油、海鲜、干菌、干果、茶叶、鲜花、玉石礼品等,11大类产品,几百个品种;设有大型保鲜库,公司与全国无公害水果蔬菜基地建立长期有效的合作关系。昌平水屯批发市场主要经营蔬菜、水果、粮油、肉蛋禽、副食调料、日用百货以及建材、装饰材料、家具等一百余大类上万个品种,日进场交易各种车辆近万辆次。市场水、电、停车场等基础设施齐备,建有监控中心、检测中心、信息中心、废弃物处理中心、银行、仓储、冷库、餐饮、运输等服务机构。回龙观批发市场是由北京新龙商贸集团投资兴建的以农副产品批发为主的综合性现代化交易市场。交易商品达20多个种

---

[1] 中国农产品批发市场发展报告. 中国农业大学出版社,2010年:24.
[2] http://www.dayoo.com/roll/201010/30/10000307_103800550.htm
[3] http://epaper.rmzxb.com.cn/2010/20100304/t20100304_306545.htm
[4] http://www.agri.gov.cn/webv05/places/beijing/zxl/snxw/201010/t20101011_1671395.htm

类,200多个品系,30000多个品种;日交易量5800吨左右,日交易额突破3000万元[①]。

三、批发市场为主导模式面临的挑战

(一)交易主体组织化程度低,交易方式落后

我国大部分(包括北京市)农产品从生产、加工到市场销售,均存在参与主体与组织众多,但规模小、离散性强、组织化程度低等问题,这势必造成流通过程的中间环节过多、流通成本高的问题。北京市农产品批发市场还存在经营粗放、服务功能差、辐射能力较弱等问题,许多市场仍停留在原始的"一手交钱,一手交货"的对手交易模式上,同种不同质的产品处于同一交易环境,根本形成不了竞争价格。现金结算仍然普遍存在,不但交易效率低下,而且也损害买卖双方之间的利益。

(二)政府对市场缺乏管理,制度不健全

目前,北京市缺少相应的法律法规对农产品批发市场进行监督管理,一些与批发市场建设和运行密切相关的政策迟迟不能出台,致使批发市场的市场准入以及运作不规范。在信用体系建设方面,往往由于企业资金紧缺而使有的交易合同没有履行,造成交易合同信用水平降低;批发市场有些交易和管理制度也不够完善,表现在结算制度、市场监督制度、交易价格双方协商制度等方面。交易价格双方协商制度存在缺陷主要是买卖双方的价格形成不是公开的、竞争的,而是封闭的、非竞争的,排挤了其它潜在的交易对象参与价格形成的可能性。

(三)农产品标准化程度低,品牌难以推广

从北京市来看,大部分批发市场的农产品除少数品牌化、包装化、标准化的商品外,基本都是不分等级、不分层次,产品质量也没有统一标准。这也是农产品批发市场交易难以规范化、标准化,及其难以走向电子商务等网络信息平台的关键问题所在。虽然一些大型批发市场已经开始筹建农产品加工配送体系,开始树立市场无公害安全产品的品牌,但由于北京是个多层次、高支出的巨型消费城市,单凭批发市场一己之力是难于支撑的,必须抓好生产、储存、加工、运输、销售的各个环节,并下大力气去推广农产品的品牌化、标准化生产。

(四)管理理念滞后,经营产业链有待加强

规范化的现代批发市场应具有商品集散、价格生成、信息发布、标准化建设、服务引导、产品促销、产业带动等七大功能。目前很多批发市场的服务功能仍停留在大集贸市场的初级阶段,即使引进诸如运输、保险、银行等服务机构,仍不具

---

① http://www.cnki.com.cn/Article/CJFDTotal-SCZG201032055.htm

备较为完善的配套功能。受环境及其体制的影响,农业专业化和产业化程度低,不能达到规模经济要求的有效需求。虽然一些市场正在积极引进人才,但是由于进程较慢以及经营理念滞后,未将经营服务的链条向批发市场的两头延伸,未实行产销一体化经营,导致农产品加工转换增值率低,经营效益低。

四、对批发市场主导模式发展对策及建议

（一）建设现代企业,创新运营机制

按照现代企业产权明晰、权责明确、政企分开、科学管理的原则,对批发市场进行股份制改造,从而使其成为自主经营、自负盈亏、自我约束、自我发展的产权组织。着眼于大市场与大流通的经营目标,将农产品批发市场发展成为多功能纵向一体化的营运体系。

（二）创新营销方式,加强信用体系的建设

鉴于我国农业生产规模小、合作经济组织不发达、利用期货交易回避风险较困难的现实,发展远期远程合约交易尤为重要,鲜活农产品和具有特殊需要的农产品更应普遍采用。此外,妥善推行销售代理制、配送制以及电子商务,可以大大节省买卖双方的交易费用,有利于建立比较稳定的产销关系。而这一切都要有个良好的信用体系作为保障,这就需要政府的介入,加强对交易主体交易行为的管理与监督,使批发市场走向健康发展的轨道。

（三）加强政府政策扶持力度,拓展批发市场的产业链。

政府应在批发市场的建设方面,加大扶持力度,特别是对批发市场常温保管设施、冷风冷藏设施、配送设施、深加工设施和包装加工设施等方面的基础性建设。批发市场应不失时机地全方位拓展自身的业务:一是向农村延伸,发展产供销一体化经营。通过与农民联合兴办商品基地,发展"订单农业",稳定掌握符合市场需求的优质农产品货源。二是在开发先进的现代物流系统的基础上建立农副产品配送中心,与大型连锁超市、仓储式商场和便利店等现代商业业态实行联合,为其配送商品;三是积极发展仓储和加工业,实现产品的保鲜和加工增值。这样可促进我国具有竞争力的优质农产品走向国际市场,并吸引国外土地集约化程度高的价廉质优的农产品进入中国,从而实现农产品批发市场企业的国际化发展。

（四）提升管理水平,加强企业品牌建设

农产品批发市场应该在健全管理制度、营造竞争有序的公平交易环境、提升管理层次、运作手段全面现代化的基础上,通过收购、兼并等方式,购并产业关联性强、资产状况优良的批发企业,以较少的存量资本与外部资本进行整合,从而形成跨行业、跨部门、跨区域乃至建立全国性的巨型农产品批发市场企业集团,塑造

农产品批发市场企业的品牌。

第二节 龙头企业主导模式

一、概述

龙头企业主导型模式即所谓的"公司+农户"模式,它是指在龙头企业的带动下,企业与农户以某种方式签订合约,进行特定形式的合作,从而缓解了农户小生产和国内外大市场的矛盾,消除买难卖难、产销分割的局面,形成规模生产,稳定农民收入的模式。该模式主要有以下几点优势:

(一)风险低,农民受益。公司+农户模式下,规模化的生产降低了成本,并且有效地规避了市场风险,公司作为农产品交易的主体有效地缓解因信息的不对称性而带来的农民受骗的风险。这种模式有利于农民增加收入。

(二)分工明确,效率高。公司+农户模式,农民只是充当了农业劳动者的角色,而公司则承担起了指导和销售的工作,这样就在一定程度上实现了分工明晰,各司其职,有效地提高了生产效率和经济效益。个体农民的知识水平有限,对于市场变化没有较好的观察力、分析力和预见性,而公司经营者则不同,他们对市场有着较为敏锐的洞察力,因而会减少"跟风种地"等尴尬局面。

(三)机械化程度高,产品质量好。公司+农户模式下,有专门的技术指导,而且有利于机械化的生产,这样就使得农产品生产得到了技术保证,减少了因不懂技术而减产甚至绝收的现象,较大程度上提高了农产品产量和品质,为解决食品安全问题提供了一定的保证。

公司主导型模式是市场经济条件下的理性选择,是以农产品加工、储藏、运销为主线,以企业与农户两个不同利益主体各自追求自身的利益最大化为目标,实现了对"利益共享、风险共担"的产供销一体化、农工商一条龙等经营联结形式的探索。

二、北京龙头企业主导型模式的发展现状

2000年,北京市农产品加工企业的产值达到185亿元,年销售收入超亿元的有44家,超5亿元的有6家,利税达到40多亿元,在全市工业经济中处于第2位,仅次于信息产业[1]。到2002年,北京市农产品加工企业中有11家企业被农业部

---

[1] http://www.agri.ac.cn/JingJiaoDT/Zonghe/200601/1415.html.

授予农业产业化经营国家重点龙头企业。2004年,京郊乡镇农产品加工企业共有668家,销售收入500万元以上的有296家,其中有50家是龙头企业,资产总额达到65.94亿元[①]。截止到目前,北京市农产品加工企业有1000多家,固定资产500万元以上的有340多家[②]。

近年来,北京市顺义区以农产品加工带动农业生产基地发展和农村劳动力转移的农业产业化进程不断加快,并取得了长足的发展。2007年农产品加工业实现销售收入88亿元,利税3亿元。带动本地农户发展种养业1.5万户,安置本地劳动力8981人。培育了顺鑫农业、北京金路易速冻食品有限公司、汇源果汁等一批知名企业,2007年顺义区荣获全国食品百强市县荣誉称号[③]。顺义区拥有国家级农业产业化龙头企业3个,北京市农业产业化龙头企业16个[④]。其中,顺鑫农业一枝独秀实现产值50亿元,占整个区总数的一半以上[⑤]。部分龙头企业的发展情况见表5.1。

北京市密云县农产品原料丰富,近年来,通过政策扶持、资金奖励,在盘活闲置企业基础上,一大批农业龙头企业,形成了10余条生态农业产业链。截至目前,全县共有农产品加工企业72家,其中规模以上龙头企业36家,涉及猪肉、葡萄、板栗、蜂蜜、小杂粮等几十种农副产品,年加工产值20亿元。从企业数量可以看出,该县的农产品加工企业群已形成了多元化所有制结构,并且在市场竞争中显现了生机和活力。

表5.1 北京市2011年部分龙头企业年产量与销售量

企业名称	年份	产品名称	年产量	年销售量
北京顺鑫农业股份有限公司	2011	牛栏山白酒	94490千升	70549千升
	2011	鹏程肉食品	186844吨	184123吨
北京御食园食品有限公司	2011	散小甘薯	1800吨	1500吨
	2011	果脯	3000吨	2500吨
	2011	冰糖葫芦	3600吨	2900吨
北京顺通虹鳟鱼养殖中心	2011	鲑鳟鱼卵	1000万粒	800万粒
	2011	鲑鳟鱼苗	150万尾	100万尾

① http://www.agri.ac.cn/NCEconomy/ZH/200602/180.html。
② http://www.agri.ac.cn/JingJiaoDT/Zonghe/200601/1415.html。
③ http://www.csh.gov.cn/article_196415.html。
④ http://nc.mofcom.gov.cn/news/5488821.html。
⑤ http://istock.jrj.com.cn/article,000860,177531.html。

续表 5.1

企业名称	年份	产品名称	年产量	年销售量
北京顺通虹鳟鱼养殖中心	2011	鲑鳟鱼加工产品	20万公斤	20万公斤
北京利民恒华农业科技有限公司	2011	干果类	190吨	90万
	2011	蔬菜、野菜	480吨	200万
	2011	蜂蜜类	20万公斤	20万公斤
北京金路易速冻食品有限公司	2011	水饺	4120吨	4080吨
	2011	馄饨	700吨	700吨
	2011	鸡柳	2800吨	2700吨
	2011	肉串	500吨	450吨
北京千喜鹤食品有限公司	2011	白条猪	30381吨	30683吨
	2011	副产鲜品	12462吨	12461吨
	2011	分割鲜品	11706吨	11445吨
	2011	分割冻品	6097吨	6146吨

另外,怀柔区、房山区、平谷区的几家龙头企业也取得了可喜的成就。比如位于怀柔区的北京御食园食品有限公司是一家民营股份制企业,经过7年的发展历程,公司从最初的注册资金300万元的小工厂,发展到年产值2亿元,年销售额达到3亿元以上的特产行业的著名品牌。御食园公司依托怀柔山区环境无污染、水质清纯、日照充足、昼夜温差大、果品质量高的优越条件,摸索出一条"农户+企业+基地"的创新经营模式,通过对产业源头的整合创建了御食园公司"产供销一体化"的绿色经济通道。北京顺通虹鳟鱼养殖中心是"国家级鲑鳟鱼良种场"、全国水产原良种开发利用协作组成员单位、国家星火计划龙头企业技术创新中心、北京市农业产业化"重点龙头企业"、国家农业标准化生产示范区、标准化良好行为企业、北京市高新技术企业、鲑鳟鱼科普示范基地。位于房山区的北京利民恒华农业科技有限公司一直致力于开发房山区农产品的流通渠道,利用直销、代销、配送、网络销售等方式建立起了现代化营销网络,使该区农产品走上了良性循环的道路。位于平谷区的北京千喜鹤食品有限公司先后被评为"全国农产品加工业示范企业"、"北京市农业产业化重点龙头企业"、"全国猪肉安全生产与消费行动计划示范企业"、"中国名牌产品生产企业"、"第29届奥运会冷鲜猪肉及猪肉制品独家供应商",并且已与四川新希望农业股份有限公司实现了强强联合,打通了农牧产业链,正在向世界级农牧企业阔步前进。

三、龙头企业主导型模式面临的挑战

(一)龙头企业与农户之间的利益趋向不一致

在市场经济条件下,龙头企业和农户是两个独立的经济主体。龙头企业提供农业生产资料、技术服务、负责农产品的收购、加工和销售。农户主要负责初级农产品的生产经营,龙头企业和农户之间通过签订合同的方式进行合作,彼此之间形成松散的联合体。这种联合体中龙头企业与农户之间缺乏紧密的利益关系,不可能形成"风险共担、利益共享"的经营体制,其合作关系具有很大的不稳定性。

当农产品的市场价格高于合同收购价格时,就可能出现有的农户将农产品按市场价格卖给其他收购者,以实现自己的利益最大化;当农产品的市场价格低于合同收购价格时,就可能出现龙头企业直接从市场上收购农产品,实现自己的利益最大化。这种龙头企业和农户的短期利益行为,随时可能造成龙头企业与农户之间通过合同结成的联合体的解体。

(二)农民法制化意识薄弱,企业缺乏信托责任

在现实运作中,为了维持自身利益的最大化,公司利用自己的优势,有意控制市场信息、销售渠道,使处于产业链末段的农民利益受损。在签订协议过程中,农户一般没有太多的商讨余地,大多数农户只能在龙头企业印制好的文本上签字同意。因此,在风险承担、违约责任等方面缺乏应有的公平性和有效的制约机制。

另外,由于农产品价格受诸多因素的影响而多变,因而出现了在履行交易合约时总会有一方采取机会主义的违约行为的现象,致使农业市场价格失真,导致农产品价格的大起大落。有调查显示,中国订单农业的履约率仅为 $20\%-30\%$[①]。许多公司利用各种借口违约,使处于弱势的分散农户无力承担,造成某地农产品相对过剩,失去销路,频频出现农户的倒菜事件、倒瓜事件、倒奶事件。这些都在相当程度上恶化了公司与农户之间的关系,严重阻碍了"公司+农户"模式健康的发展。

(三)政府支持力度不够,服务不到位

政府在龙头企业的组织、建设、扶持,市场的管理,保护农户的利益等方面,还不尽如人意,有些地方存在着混乱和无序的问题。既对龙头企来从事农产品生产、经营活动融资、税收、技术创新等方面的支持不够;也对广大农户与龙头企业的合作模式缺少政策引导、机制构建和利益保障。

(四)龙头企业没有起带头作用,小农经济继续维持

目前,北京大多数龙头企业规模小、档次低、市场竞争力弱,带动和活跃当地

---

① http://www.cfachina.org/news.php?id=13778.

主导产业发展的能力十分有限。虽然各区县对龙头企业的建设比较重视，也积极响应政府号召兴办了不少农产品加工企业，希望以此带动当地主导产业的发展，但是大多数企业受资金、市场等因素的制约，公司面对大量廉价的农村劳动力，不愿投入过多的资金进行农业技术的革新，所以龙头企业并没有带动农业生产技术的进步，推动农业生产力的发展。特别是规模大、起点高、技术新的外向龙头骨干型企业较少，不能形成集团优势，缺乏整体开拓国内与国际市场的能力。

公司＋农户模式，在理论上可以促进集约化生产、规模化经营，但在实践中公司除了在产前向农民高价提供种子、农资，产后销售农产品，在农业的生产过程中提供少量的技术服务，并没有对农业技术的改进有更多的投入。公司＋农户模式下的农民照样是在家庭联产承包责任制基础上分散、独立地进行生产，这使农民依然无力进行农业工具的改进，使他们负担不起改良农具和良种的高昂成本。

四、龙头企业主导型模式发展对策及建议

（一）通过法律规范公司与农户的经济行为

在公司和农户之间通过健全章程，用法规、合约规范各方的经济行为，使承担责任、履行义务、利益分配以及违约处罚，都有法可依，有章可循，完善公司和农户之间有效的利益联结机制，引导其向紧密型发展，实现利益均沾、风险共担原则。使两者在市场高涨期，都能够得到均衡合理的利益分配；在市场低谷期，能够共同承担市场风险和利益损失，从而使产业化体系持久稳定地运行下去，逐步把公司＋农户模式纳入依法管理的轨道。

（二）积极发展连接公司与农户的合作经济组织

应鼓励农户组织起来，成立相应的专业合作社，由合作社代表农户与公司签订合同，并组织农民发展生产。双方一旦发生矛盾或需要协商，公司可以直接找合作社；同样，农民也可以找合作社。由合作社来代表农民的利益，在公司与农户中间充当中介组织，有利于保护单个农户的利益，同时也有利于提高公司与农户之间的履约率，更有利于公司与农户之间各类合作长期有效的进行。

（三）借助金融机构发挥政府的作用

为了保证农户和龙头企业能通过正规渠道贷到合理的所需资金，以增强他们应对市场风险的能力，政府要建立健全向龙头企业和农户倾斜的优惠贷款政策，放宽农业贷款的条件，给予贷款利率优惠和较长的贷款期限，以确保他们及时、足额获取农业发展所需的资金。建立政府主导的农业保险公司，专门经营农业保险，扩大农业保险覆盖范围，以降低企业和农户面临的风险，促进"龙头企业＋农户"模式的发展。

(四)继续做强做大龙头企业

培育壮大国际国内知名大企业,发展龙头企业集群,形成大、中、小龙头企业共同发展的新格局。引导龙头企业由初级加工向深加工拓展,由数量、价格竞争向品牌竞争转变,由粗放经营管理向科学质量管理提升。鼓励和支持龙头企业自建研发机构,或与北京市各级各类高等院校、科研院所合作,开展技术开发和技术创新,提高自主创新能力和核心竞争力。支持龙头企业实行标准化生产,对生产基地、产品加工、包装销售等各个环节实行严格的全过程质量安全控制,严格实行农产品质量安全市场准入制度,从而加快与国际接轨步伐。

第三节 物流企业主导模式

一、概述

以物流企业为核心的流通模式,是指通过建立农产品物流配送中心,由该物流企业通过专业化运营,把农民生产的分散的农产品集中到物流中心,然后由物流中心再统一配送到各农产品零售企业,为农产品交易主体提供综合物流服务,以实现流通系统的整合。

较早的物流企业是传统仓储和运输企业转型而来的,目前,随着市场经济体制的完善和企业改革的深入,企业自我约束机制增强,外购物流服务的需求日益增大。特别是随着外资企业的进入和市场竞争的加剧,企业对物流重要性的认识逐渐深化,对专业化、多功能的第三方物流需求日渐增加。该模式主要有以下几点优势:

(一)管理便利,配送效率高。在物流企业为主导的流通模式下,通过物流配送中心可以对农产品的数量、质量、品质进行专业化管理,特别对于生鲜农产品来说,构建加工物流一体化的企业尤为重要,有利于减少流通环节,保障供应的及时性,提高产品的新鲜度及质量,从而实现农产品的高效配送。

(二)成本低,竞争力强。在该流通模式下,物流企业也可以充分发挥自己的专业优势,将供应链的信息流、物流充分整合,进行优化配送,不但能增加农产品的产后价值,而且可以减少物流环节损耗,节约大量的交易成本,可以提升企业的竞争力。

(三)专业性强,组织化程度高。物流中心一般可以同时为多个上游环节及下游环节提供物流服务,降低了这些企业的平均物流成本。通过发展运输服务、仓储服务、货运代理服务和批发配送业务的企业,以提高农产品物流的组织化、专业化程度,从而为规模化的农产品物流体系形成提供良好的条件。通过大力发展农产品物流企业,有利于扩大农产品的流通半径和流通量,从而扩大了流通规模,可以使多元化的投资主体进入农产品物流服务领域。

二、北京物流企业为主导模式的发展现状

目前,北京市农产品物流配送模式主要包括自营配送模式、第三方物流公司和自营与第三方物流共同配送三种模式。北京是世界上最大、最密集的农产品消费市场之一,据相关统计资料显示,北京每年消费总额达 2000 多亿元,其中生鲜食品消费 600 多亿元,约占 30%[①]。为了满足多样化的需求,北京配送方式也呈现多品种、多类型的特点,且日均配送数量巨大。由于生鲜容易腐烂、存放时间短,北京大部分蔬菜类商品主要采用通过配送方式,即商品从生产基地到达配送中心后,迅速进行分拣,不进行存储直接出库的方式,既降低了储存成本又提高了配送效率。

根据北京市的实际情况进行分析,部分农产品物流产业已积极采取以综合物流代理为主的第三方物流运作模式,如图 5.2 所示。

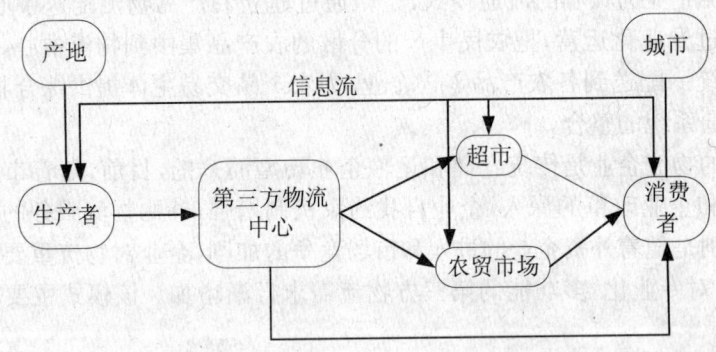

图 5.2 基于第三方物流的农产品运作模式[②]

一些大型连锁超市与第三方物流配送中心已形成一定规模,大型生鲜农产品配送中心面积达上万平方米。这些大型配送中心在海鲜肉类食品配送方面已实现了全程冷链化管理。然而对大部分生鲜农产品配送企业而言,冷链物流硬件设施依然陈旧落后,冷藏运输效率低。目前发达国家蔬菜、水果冷藏运输率为 95%

---

① http://www.syau.edu.cn/gjyjs/article/show.asp?id=420.
② 陈善晓. 基于第三方物流的农产品流通模式研究[J]. 浙江理工大学学报. 第 22 卷,第 1 期,2005(3).

而北京市不到20％的生鲜农产品运输车辆采用制冷车辆,市区蔬菜、水果短途配送,冷藏运输率不足10％[①]。

目前,北京物流企业为主导模式发展比较好的是顺义区。2007年顺义全年完成农产品配送量3.4亿公斤,实现销售收入21.2亿元[②]。农产品物流配送体系日趋完善,配送能力增强。涌现出创新食品、百果神农、康一品等多家农产品物流配送企业,2008年北京奥运会核心区使用的猪肉的100％,鲜果的100％,鲜切菜的65％,均由顺义区供应[③]。顺义区农产品物流配送业的迅速发展得益于顺义区发挥了紧邻国际机场及六环穿境而过的区位优势,大力建设北京市重要的农产品物流配送中心。截至目前,顺义现有农产品加工、配送企业共计67家,配送产品涵盖了顺义区生产的所有优质农产品。北京鑫竺绿园食品配送公司作为龙头配送公司,帮助农民打破了在北京发展都市农业却挣不到钱的怪圈,使农民生产的果蔬附加值得到了提高,从食品产业链中增加了收入。

三、物流企业为主导模式面临的挑战

(一)配送企业专业化水平参差不齐,物流市场不成熟

北京市物流企业大多数规模较小,缺乏覆盖面较广的物流配送服务,且社会化、组织化、专业化程度不高。现有的生鲜农产品配送企业,除少数依托大型超市的配送公司外,全北京市在工商局注册的名称中有"果蔬配送"或"农产品配送"的注册公司不到30家,已形成品牌化的专业化生鲜农产品配送企业只有大运河农产品配送中心、顺鑫绿色物流和小汤山特色农产品配送三家。而大部分从事配送活动的企业是蔬菜批发个体户或经纪人等,他们对如何保证配送的安全意识不足,有效的温度控制设施投入有限,训练有素的冷藏物流供应链管理人员和操作人员稀缺。

(二)信息化经营管理水平较低,服务质量不高

物流管理系统并不是物流设施的简单投入,物流系统功能的发挥与完善,需要有丰富的信息流作为支撑,需要有先进的物流管理理念作为保障,这样才能保障有最大量的资金回流。而当前,中小物流企业在发展中遇到的主要问题是内部管理的低效率、不规范和高成本。为了解决此问题,实现企业管理的规范化,提高企业运作效率和降低成本,信息化建设和信息系统的引进和实施迫在眉睫。

另外,多数从事物流服务的企业只能简单地提供运输和仓储服务,物流功能

[①] http://www.lunwenh.com/Item/Show.asp?m=1&d=1856。
[②] http://www.foods1.com/content/635915/。
[③] http://www.lnsnc.gov.cn/reportnews/2008/content_4889.shtml。

主要停留在储存、运输和城市配送上，相关的包装、加工、配货等增值服务不多，不能形成完整的物流供应链，对物流信息、库存管理、物流方案设计等增值服务还没有全面展开，服务方式和手段比较原始和单一。

（三）物流专业人才匮乏，发展相对落后

目前，物流业整体还处在起步阶段，高等教育和职业教育尚未跟上，物流企业工作人员缺乏业务素质、专业技术水平。为了使物流业朝着信息化、自动化、网络化的方向发展，它要求物流工作人员掌握计算机知识、网络知识、自动化技术，掌握物流优化管理理论与方法。但目前物流企业工作人员的知识技术水平较低，难以达到物流企业的要求。很多企业还停留在经验管理、粗放管理阶段，未能解决好先进管理思想、管理方法、管理技术的实际应用问题，再加上技术、设备等条件的落后，致使管理水平难以上台阶。

（四）第三方物流企业整体落后于国际领先第三方物流企业

尽管第三方物流企业经过多年发展，积累了一定的经营实力和管理经验，具有做强做大的基本条件，但目前北京甚至全国还没有一家物流企业进入全球第三方物流企业20强，与世界领先第三方物流企业还存在较大差距，目前第三方物流企业提供一体化物流解决方案和供应链解决方案上还存在较大不足。很多物流企业甚至只能是跨国知名物流企业在中国的物流分包方，国际领先物流企业在获取物流总包高额利润的同时，使得中国物流企业成为国际领先物流企业在中国市场上的物流操作方，在满足苛刻服务要求而付出辛苦劳动的同时只能获取低额利润。

四、物流企业为主导模式发展对策及建议

（一）制定物流产业发展政策，引导物流产业的发展

北京市政府可以借鉴其他国家的经验，通过建立健全适应物流产业发展需要的相关制度规范，发展和完善包括各种基础设施在内的农产品物流系统，建立起基本适应北京市经济发展需要的社会化、专业化的农产品物流服务体系，培育和发展一批具有市场竞争能力、经营规模合理、技术装备水平较高的优势物流企业。

同时，要加强政府部门的协调，为农产品物流产业发展营造良好的制度环境，积极引导工商企业优化企业物流管理，为物流产业发展培育坚实的市场需求基础。

（二）积极建设大型农产品物流中心

北京市已有9个大型农产品批发市场，但至今仍缺少一个以农产品物流配送中心为主业的大型农产品批发市场，北京市建设大型农产品物流中心的条件正在逐渐成熟，已初步具备在国内率先建成和建好一个能立足北京、服务全国"三农"、辐射海内外的国际农产品流通中心。

大型农产品物流中心建设应依托现有大型农产品批发市场进行改扩建，不仅有利于降低建设成本，也有利于降低运营成本。与现有的多个大型农产品批发市场形成必要的分工，形成错位竞争和高效合作，尽可能地淡化纯粹的农产品批发交易功能，侧重于弥补大型农产品批发市场功能缺失和相对薄弱的环节，如仓储、运输、质检、标准制定、深加工、信息处理以及各种专业服务，而不应该再与现有农产品批发市场形成重复建设和低水平竞争，并尽可能使大型农产品物流中心建设与农产品一级批发职能相结合。

（三）重视物流人才的培养，实施人才战略

与发达国家相比，我国物流业与发达国家的差距甚远。不仅仅是技术、资金上的差距，更重要的是观念和专业知识的差距，所以发展现代农产品物流，必须借鉴发达国家的经验。通过加强物流企业与科研院所的合作，使理论研究和实际应用相结合，加快物流专业技术人才和管理人才的培养，造就一大批熟悉物流运作规律、并有开拓精神的人才队伍。鼓励社会化物流管理培训工作的开展与推进，学习国际先进的物流管理经验和方法，行业协会可以组织国内大型物流配送企业、商业连锁企业的有关人员进行集中培训和实地考察等。

（四）加快农产品物流系统的信息化建设

发达国家的农产品物流发展迅速，一个重要的原因就是农产品物流信息化程度高，而我们目前农产品物流信息系统建设相对匮乏，严重影响了现代农产品物流的发展进程。从国际商业物流配送中心的信息化程度来看，以美国为代表的商业配送中心普遍采用了机械化、自动化配合信息系统的整合作业模式，例如电动叉车、传送带、吊车等机械设施配合各种信息系统使用，大大提高了管理效率、节约了人员成本。美国一体化的商业物流中心很多都建有专业通讯网，货物的入库、移动、配装等都通过计算机控制托盘、货架铲车和吊车进行。另外，加快农产品物流信息化建设，需要推广网上订单、拍卖、配送等物流方式，实现信息共享、资源共用，整合农产品物流分散运作资源，对农产品物流各环节进行实时跟踪、有效控制与全程管理，进而提高网络信息的质量，建立现代化的农产品物流信息体系。

第四节 "农超对接"模式

一、概述

"农超对接"，指农户和以超市为主的农产品经营单位签订合同或协议，由农户向超市直供农产品。农超对接是一种鲜活农产品"超市+基地"的流通模式,大型连锁超市与农产品专业合作社直接对接,建立农产品直接采购基地,实现大型连锁超市与鲜活农产品产地的农民或专业合作社产销对接。农超对接模式主要有以下三个优点:

(一)流通环节少。农户和超市签订购销合同,解除了农户为农产品找销路的忧虑,为农产品提供了良好的销售平台,使农产品以最快的速度进入千家万户。同时,农超对接减少了批发、零售等中间环节,实现了产地与消费直接见面,降低了运输成本,减少了运输过程中不确定性的风险,销售价格当然也就便宜,对农民安心搞好农产品生产、保障增收具有积极意义。

(二)监管方便,安全性高。采用农超对接模式,企业每一批蔬菜进入超市,都要提供检测报告和质量承诺书,超市本着对消费者负责、对本企业声誉负责的态度,会要求农户提供优质、无公害农产品,还可对某些基地果蔬的农药、化肥使用情况进行直接监管,农产品安全性大大提高,从而使消费者更加买的放心,吃的安心。

(三)新鲜度高,销路好。通过农超对接有利于蔬菜新鲜度的提高,过去从产地到批发市场、到零售商、再到超市最少要半天到一天时间,现在一两个小时就到了超市。蔬菜新鲜了,营养价值自然也提高了,这种新型流通方式搭建起了优质农产品快速进入超市的畅通而又相对稳定的平台,从而有利于构建市场经济条件下的产销一体化链条,实现商家、农民、消费者的共赢。

二、北京"农超对接"模式的发展现状

农超对接是国外普遍采用的一种农产品生产销售模式,目前,亚太地区农产品经超市销售的比重达70%以上,美国达80%;而在中国,从全国范围来看,农超对接这种渠道仅占到农产品销售的15%。[1] 随着大型连锁超市和产地农民专业合作社的快速发展,我国部分地区已经具备了鲜活农产品从产地直接进入超市的基本条件,可以开展鲜活农产品"农超对接"试点,实现农产品从农田到餐桌的全过程质量控制。2008年,最早由北京超市发与张家口蔬菜基地对接,此后,物美、家乐福、沃尔玛、京客隆、华冠等连锁超市相继与农产品基地对接。

2009年北京市"农超对接"销售量超过10万吨,果蔬销售额9.06亿元,其中直采果蔬销售额超过80%[2]。2010年,北京"农超对接"果蔬销售量达到15万吨,

---

[1] http://baike.baidu.com/view/2263948.htm#sub2263948。
[2] http://biz.cn.yahoo.com/10-07-/174/xq1e.html。

销售额超过 9 亿元,通过"农超对接"渠道直接采购额占果蔬总采购额的 45%,降低果蔬经营成本 10% 到 15%。① 2010 年 6 月底,北京市已有 8 家大型连锁超市与全国 90 多家农业合作社建立了合作关系,其中,京郊农业合作社 46 家。8 家大型连锁企业在京拥有门店约 1200 个,2010 年前 5 个月 8 家连锁超市蔬菜销售量达 8 万吨,销售额 4 亿元;前十个月,销售量达 12 万吨,销售额达 7.9 亿元。2010 年 1 至 6 月,果蔬销售量达到 14 万吨,8 家大型连锁超市的果蔬销售量同比增长 50%,约占北京市场果蔬供应量的 20%;销售额达到 6 亿元,其中,与农业合作社合作、直采果蔬销售额超过 80%②。2011 年年底前北京市还将有华堂超市、永辉等 8 家连锁超市共 100 多个超市实现农超对接。届时,市民从超市购买的蔬菜将比现有价格便宜至少 20%。

家乐福是在中国最早推行农超对接的外资超市,目前,家乐福已与全国 27 个省市,超过 300 家的农民合作社建立直采合作,北京与上海一样,家乐福直采农产品均占生鲜采购比例一半以上。"农超对接"项目由商务部、农业部联合发起,是"十二五"重点工作之一,预计"十二五"期间大中型城市生鲜产品经超市销售的比重有望提升至 30%。

沃尔玛设在北京密云县的蔬菜直采基地是全球第一大零售商在北京启动的首个农超对接项目。该项目将为北京和周边地区的沃尔玛商场提供新鲜、安全、优质以及实惠的绿色蔬菜。沃尔玛通过与北京密之山水果菜有限公司合作,从 3 万亩蔬菜、水果基地中精选 13000 亩基地作为农超对接基地。通过为当地农民提供专业的种植技术指导和销售保障,沃尔玛将进一步推动密云等郊县农副产业的发展,增加农民收入,预计直接或间接带动超过 12000 个菜农增加收益③。

三、北京发展"农超对接"模式面临的挑战

(一)农产品生产和流通企业组织化程度和经营规模的历史性约束

到 20 世纪末,即使在美国这样一个农业高度现代化的国家,经由合同农业和农工商一体化企业来生产的农产品产出占全部农产品的比重仍然不到 40%。其中一个很重要的原因,在于大公司与小规模农户的交易成本太高。目前中国虽然已经产生一些规模化的连锁超市,但大部分超市规模依然有限,同时还要面对绝大部分农产品市场主体个体小规模经营的现状。因此,农超对接模式在现阶段以至未来一个时期,虽然具有前瞻性和示范意义,仍然只能是其他模式的补充。

---

① http://www.youth.cn/ms/zxxx/201101/t20110119_1465522.htm。
② http://www.cfqn.com.cn/Article/2010/1900q/1900b/19011979720841.htm。
③ http://www.bjld.gov.cn/xwzx/zxdt/bjdt/201001/t20100120_12209.html。

(二)缺乏完善的物流体系

农超对接过程要求建立覆盖农产品生产、加工、运输、销售全过程的物流配送体系,为顾客提供充足、低价、有质量保障的鲜活农产品。与国外相比,我国大部分农产品流通领域发展存在滞后的一个重要因素是农村基础设施薄弱。由于小额信贷与微型金融服务在农村还不普遍,使农村基础设施建设缺乏资金支持,从而导致农村基础设施投入严重不足。如一些需要低温冷藏储存运输的农产品必需冷链运输,而冷链运输对温度要求很高,现行超市在对冷冻鸡鸭半成品的收货,一般都会要求其收货时温度不可高于-10℃。这就要求产品在加工完出厂后到送抵超市的过程中,一直保持在-10℃的环境下,这样的冷藏车市场价格在10万元左右,冷链运输的投入往往很大。设施建设需要资金,流通企业存在资金不足等困难,但目前尚无通畅的渠道来提供金融贷款服务。就目前大部分超市的实际情况而言,同样缺乏完善的物流体系支撑农超对接模式发展。

(三)传统的交易方式影响对接效率

由于传统的小规模农户缺乏商品化意识,与现代化零售业的产品标准存在矛盾。农民长期以来习惯与传统农产品供应链(经纪人、批发商)打交道,以量取胜,"良品莠品"都能卖钱。当超市要求他们按照标准对产品分等级的时候,往往做得不彻底,唯恐剔除次品会影响到自己收入,导致产品验货时达不到超市的要求和标准,造成农超双方不必要的损失。

超市的结算方式一般采用银行结算支付方式,即使对超市来说是很短的帐期,往往难以被农民接受,农民习惯现金交易。在流通中间环节,尽管政府鼓励电子结算,但电子结算的使用率仍然偏低,即使一些拥有现代化信息系统与结算系统的大型连锁超市,在产地有时也不得不采用现金结算。同时,连锁超市普遍采用30—60天账期,导致农产品供应商资金周转速度下降,盈利能力降低。超市从农民合作社手里拿走农产品后要过一段时间才能支付货款,这已经成为影响农超对接发展的一个主要障碍因素。

四、"农超对接"模式发展对策及建议

建设都市型现代农业是北京市农业今后发展的基本方向。如何抓住机遇、克服困难,实现"农超"顺利和高效对接,需要农民和超市双方共同努力,以及政府部门支持。如果找出解决问题的方法与途径,不仅可以降低交易成本,提升农产品的安全性,增加农民收入,而且也会加快京郊农业和农民走向现代化。

(一)正确认识"农超对接"模式的现实意义和作用

顺应农产品流通体系建设、产销模式的演化趋势,准确定位"农超对接"模式的发展方向,尤其不能盲目夸大通过该模式达到减少环节、降低成本的作用。

(二)增加对农民专业合作社的扶持力度,提高农产品生产的组织化和规模化

政府要大力扶持和支持农业合作社的跨区域联合与协作,尤其在共同销售和深加工方面,充分体现大农业产业化、现代化的特点。另外,政府需要对农民合作社给与指导和各类培训,并且在资金方面给予必要的补贴,尤其对设备设施的添置,如选果机、冷库等设备设施方面给予支持。最后,政府可以设立激励机制,对获得国家级、省级、市级示范点的合作社给予必要的物质奖励并授予荣誉称号,激励合作社巩固提高。

(三)建立超市和农民之间的长效激励、监督机制

超市通过沟通信息、技术指导、监督检验等手段,加强对农民专业合作社的监督,促进农民专业合作社提高产品质量和服务水平;超市可以对有实力且完全按市场化运作的优秀农民专业合作社进行价格激励、订单激励、信息激励和股权赠送激励。通过对农民专业合作社的监督与激励,可密切超市与农民专业合作社的合作伙伴关系,以期实现共赢。

(四)加强农产品信息化建设

通过借鉴国外成功经验,超市应广泛推广无线射频识别技术(RFID)、管理信息系统(MIS)、电子订货系统(EOS)、电子商务(EC)等,为农民专业合作社的生产和经营提供灵敏的市场信号。超市应该建立总部、门店、配送中心之间的管理信息网络系统。使订货、采购、验收、配送、结算等通过网络系统来进行,以达到总部统一对外结算,资金统一运用,统一经营运作。使连锁管理得以标准化、专业化,精确、实时地反映和处理超市的业务活动。超市通过建立鲜活农产品质量安全可追溯体系,在店铺内设置"电子触摸查询屏",让消费者了解鲜活农产品的质量和安全,真正体验"从农田到餐桌"的安全保障。

(五)引进先进的技术设备,提高农产品的价值水平

为了避免鲜活农产品在运输过程中出现变质、损耗、降低质量和安全等现象,在保证低投入的前提下,引进先进技术设备,更好的建立鲜活农产品冷藏、保鲜供应链。根据不同农产品的生物特性,设定适合其保存的合理温度和湿度,使易腐烂的鲜活农产品从产地采购、加工贮存、运输、销售,直到消费的各个环节都处在适当的低温环境之中。通过对技术设备的应用,可以提高农产品的质量及价值水平,以及超市的营业利润。

第六章

北京农产品批发市场建设

第一节 农产品批发市场的结构布局

一、北京农产品批发市场发展简况

北京市农产品批发市场的发展可以追溯到 1980 年代。1984 年,全国第一家农产品批发市场成立,1985 年,北京大钟寺农副产品批发市场随即创建。经过 7 年的艰辛努力,1992 年,大钟寺市场以良好的经济效益和社会效益跻身全国十大集贸市场之列,1993 年又被国家统计局和北京市评为 1992 年行业经济百强和经济百强企业。市场成交量由 1986 年的 1667 万公斤,其中蔬菜 1333 万公斤、成交金额 551 万元,猛增到 1992 年的 5.2 亿公斤,其中蔬菜 4.4 亿公斤、成交金额 5.8 亿元。仅蔬菜成交量 1992 年即比 1986 年增长了 38 倍。

1986 年、1988 年,岳各庄市场和新发地市场相继设立。截止到 2003 年 2 月大钟寺市场拆除,大钟寺市场、岳各庄市场和新发地市场,被誉为北京市的三大菜篮子。1990 年代之前是北京市农产品批发市场的早期发展阶段,三大菜篮子成为这个时期北京市大型农产品批发市场的同义语,虽然与其他中小批发市场一样,设施简陋、管理粗放,但对解决农民卖菜难和居民买菜难的矛盾,起到了举足轻重的作用。

二十世纪 90 年代是北京市农产品批发市场的大发展阶段。石门市场、中央批发市场、水屯市场、大洋路市场和八里桥市场均在此时设立。随着这些大型农产品批发市场的设立,以及北京市政府对原有农产品批发市场的全面整治,再加上农产品经营大户的涌现和超市作为新兴农产品销售终端的出现,北京市大型农产品批发市场也由现代集市向现代农产品交易中心转变。而且,上述五大市场的设立,使北京市大型农产品批发市场的格局基本定型。

2000年代是北京市农产品批发市场的调整阶段。从市场数量看,减少了大钟寺市场,增加了回龙观市场和锦绣大地市场。从市场建设角度看,是各市场纷纷升级改造、完善管理和转变功能。

二、北京农产品批发市场总体情况

北京市的农产品批发市场经过多年的发展,目前已经形成了相对完善的市场体系。即综合市场与专业市场相配合,产地市场和销地市场相分工,全市性市场、区域性市场相补充的农产品批发市场体系。全市范围内全市性综合型农产品批发市场和主要区域性综合型农产品批发市场、产地性批发市场、专业型批发市场总计29家,总占地面积8578.76亩,总建筑面积约330.2万平方米。2009年总交易额约1200亿元,总交易量约2570万吨(表6.1)。其中,作为全市主要农产品集散中心的9个大型农产品批发市场共交易农产品2060万吨,其中蔬菜1068.65万吨,占51.88%;水果交易813.37万吨(因存在农产品跨市场交易,因此交易数据存在重复计算)。

9个大型农产品批发市场中,新发地、中央市场、大洋路、八里桥、石门、回龙观、锦绣大地市场是全市性综合批发市场,水屯、岳各庄市场是区域性综合批发市场,构成北京农产品流通的主体结构。农产品通过这九大批发市场流向其他农批市场、菜市场、超级市场、餐饮企业、各种单位。

初步形成三个大型农产品批发市场聚集区:

——以新发地、岳各庄、中央批发市场和锦绣大地等大型农产品批发市场构成的京西南农副产品批发市场聚集区;

——以朝阳区的大洋路农产品批发市场和通州八里桥等大型农产品批发市场为核心构成的京东农产品批发市场聚集区;

——以顺鑫石门农产品批发市场和昌平水屯、回龙观等农产品批发市场为核心构成的京北农产品批发市场聚集区。

表 6.1 2009 年北京市农产品批发市场的分类交易情况

市场名称	经营类别	实际占地(亩)	建筑面积(㎡)	年交易量(万吨)	年交易额(亿元)
全市主要农产品集散中心(9 个)					
全市性综合型农批市场					
1 新发地市场(销地)	综合类	1520.00	230000	902(蔬菜 440.1,占 48.79%;水果 477.2)	302
2 大洋路市场(销地)	综合类	495.00	120000	239(蔬菜 169.0,占 70.71%;水果 38.72)	114
3 顺鑫石门市场(销地)	综合类	726.00	150000	160(蔬菜 52.53,占 32.83%;水果 42.75)	70
4 回龙观市场(销地)	综合类	1050.00	350000	260(蔬菜 45.0,占 17.3%;水果 15.5)	115
5 锦绣大地市场(销地)	综合类	1000.00	390000	138(蔬菜 8.52,占 6.17%;水果 0.55)	115
6 农产品中央批发市场(销地)	综合类	150.00	50000	77(蔬菜 27.0,占 35.06%)	33.58

续表 6.1

	市场名称	经营类别	实际占地（亩）	建筑面积（㎡）	年交易量（万吨）	年交易额（亿元）
7	八里桥市场(销地)	综合类	600.00	140000	437（蔬菜230.0,占52.63%；水果180）	40.5
区域性综合型农批市场						
8	岳各庄市场(销地)	综合类	74.99	116379	60（蔬菜27.29,占45.48%；水果5.25）	52
9	水屯市场(销地)	综合类	600.00	300000	144.85（蔬菜69.18,占47.76%；水果53.4）	54.41
	小计		6215.99	1846379	2059.85（蔬菜1068.65,占51.88%；水果813.37）	896.91
其他区域性市场、产地市场及专业市场(20个)						
区域性市场						
1	海淀清河市场(销地)	综合类	97.50	11000	58.5	9.06
2	门头沟鑫源聚鑫丰市场(销地)	综合类	20.00	10000	2	1
3	延庆日上市场(销地)	综合类	83.80	40000	9.57	6.3
4	朝阳东郊市场(销地)	综合类	90.00	37100	38.39	9.089

续表 6.1

	市场名称	经营类别	实际占地（亩）	建筑面积（m²）	年交易量（万吨）	年交易额（亿元）
5	密云华远市场（销地）	综合类	165.00	70000	12.57	7
6	平谷东寺渠市场（销地）	综合类	210.00	30000	21	2.51
7	房山城东市场（销地）	综合类	18.00	7000	1.9	1.39
8	大兴蓝丰五色土市场（销地）	综合类	100.00	14000	18	25
9	通州合美渔都市场（销地）	综合类	170.00	40000	2	
10	怀柔天毅裕隆（原南华市场）（销地）	综合类	165	70000	21.3	13.29
产地批发市场						
11	大兴西沙窝市场（产地）	蔬菜、果品类	180.00	32900	112.04	10.69
12	延庆八达岭市场（产地）	蔬菜、果品类	60.00	10500	37	2.93
13	顺义北务市场（产地）	蔬菜、果品类	110.00	8690	4.84	0.698
14	平谷大桃市场（产地）	蔬菜、果品类	286.00	23000	17	2.8
专业型批发市场						
15	朝阳坤江市场（销地）	粮油类	160.00	58000	12.7	0.56
16	朝阳盛华宏林市场（销地）	粮油类	214.00	49000	91.78	101.66
17	丰台北水嘉伦市场（销地）	水产类	130.00	30000	6	5

续表6.1

市场名称		经营类别	实际占地（亩）	建筑面积（㎡）	年交易量（万吨）	年交易额（亿元）
18	丰台京深市场（销地）	水产类	88.00	42000	11.8	67.68
19	丰台西南郊肉类水产品批发市场（销地）	水产类	3.50	8500	15	20
20	锦绣大地粮油批发市场（销地）	粮油类	110.00	40000	56	19.56
总计			8578.76	3302129	2572.03	1205.86

三、北京农产品批发市场结构布局特点

（一）多层次、多方位、多功能的农产品批发市场格局已经形成

按照《北京市农产品流通体系发展规划（2002—2008年）》的要求，三环路内原有的交易量和影响力较大的农产品批发市场，如大钟寺——四道口农产品批发市场、左安门农批市场等，均已退出农产品批发经营。四道口区域依托二商西郊冷冻厂的冷库资源，列入《北京市"十一五"时期物流业发展规划》，进一步被调整为冷链专业物流区。

目前全市已形成9个经营收入20亿元以上的大型农产品批发市场，分别是全市性综合型：新发地、大洋路、八里桥、顺鑫石门、城北回龙观、锦绣大地、农产品中央市场；以及区域性综合型：岳各庄市场、水屯市场。9个市场中，2个在近四环的里侧，3个在四环至五环之间，其余4个在五环以外。四环外市场比例为78%。从方位上看，北京东、南、西、北方位上均有分布，较好地覆盖了北京各个区域上的农产品交易流通的需要，各有侧重，各有分工，市场格局稳定，相互支撑和互为补充作用明显。

同时，在没有全市性大型农产品批发市场的郊区县，也都具备了一定规模的区域性综合型市场，实现了10个郊区县农产品批发市场的全覆盖。

在区县分布方面，29个农产品批发市场中13个位于近郊区的朝阳、海淀、丰台，16个位于远郊区县（见表6.2）。批发市场布局如图6.1所示。

表6.2　农产品批发市场在各区县的分布　　　　　　　　　　单位:个

区位	区县名称	批发市场数量	全市性综合型市场	区域性综合型市场	产地型市场	专业型市场	市场数合计
近郊区	朝阳区	4	1	1		2	13
	海淀区	3	1	1		1	
	丰台区	6	2	1		3	
	石景山区	0					
远郊区县	房山区	1		1			16
	通州区	2	1	1			
	顺义区	2	1		1		
	大兴区	2		1	1		
	昌平区	2	1	1			
	平谷区	2		1	1		
	怀柔区	1		1			
	门头沟区	1		1			
	密云县	1		1			
	延庆县	2		1	1		

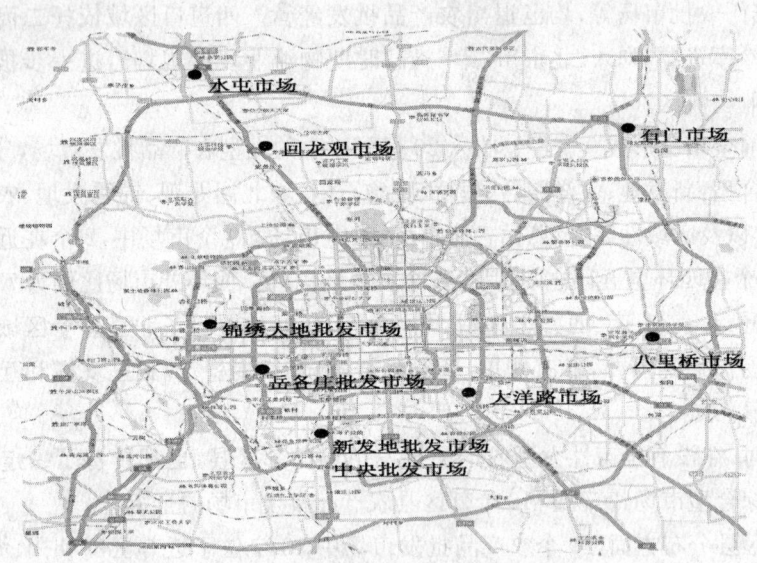

图6.1　九个大型农产品批发市场布局图

(二)农产品批发市场主要集中在近郊区

北京市的16个区县可分为三种类型,2个城区、4个近郊区、10个远郊区县。其中两个城区内没有批发市场。由表6.2可知,四个近郊区有13家,十个远郊区县16家。从分布密度上看,农产品批发市场主要集中在近郊区,尤其是丰台区,一个区集中了6家农产品批发市场。

(三)近郊区全部为销地市场

从农产品批发市场的类型分布表6.3来看,四个近郊区全部为销地批发市场,4家产地批发市场全部位于远郊区县。

表6.3 产地市场和销地市场的地域分布

	区县名称	批发市场总数	销地市场	产地市场
近郊区	朝阳区	4	4	
	海淀区	3	3	
	丰台区	6	6	
	石景山区			
远郊区县	房山区	1	1	
	通州区	2	2	
	顺义区	2	1	1
	大兴区	2	1	1
	昌平区	2	2	
	平谷区	2	1	1
	怀柔区	1	1	
	门头沟区	1	1	
	密云县	1	1	
	延庆县	2	1	1

(四)骨干批发市场分布较均匀,部分骨干市场外迁压力不断增长

批发市场分为综合市场和专业市场,根据销售额、交易量可从综合市场中筛选出九大骨干批发市场,即新发地、中央市场、大洋路、八里桥、石门、水屯、回龙观、锦绣大地、岳各庄。四个近郊区分布有5家骨干市场,其余4家骨干市场分布在远郊区县(表6.4),丰台区一个区拥有3家骨干市场。骨干批发市场空间分布较均匀。

九大市场中,位于四环路内的有2家,位于四环外五环内的有3家,五环外六环内的有2家,六环外的有2家。从目前的市场运行情况看,由于近年来城市的扩张和房地产业的高速发展,部分骨干市场对城市交通和环境的影响日益凸显,这些市场外迁的压力不断增长。

表6.4 综合市场和专业市场的地域分布

区县名称		批发市场总数	综合市场		专业市场
			总数	其中:骨干市场	
近郊区	朝阳区	4	2	1	2
	海淀区	3	2	1	1
	丰台区	6	3	3	3
	石景山区				
远郊区县	房山区	1	1		
	通州区	2	2	1	
	顺义区	2	2	1	
	大兴区	2	2		
	昌平区	2	2	2	
	平谷区	2	1		1
	怀柔区	1	1		
	门头沟区	1	1		
	密云县	1	1		
	延庆县	2	1		1

(五)综合型农产品批发市场是主导经营类型

经营类型分为综合型和专业型,其中有19个综合型批发市场,3个粮油专业市场,3个水产品专业市场,4个果菜市场。交易类别可分为四种类型:综合类、蔬菜果品类、粮油类、水产品类。四种类别农产品批发市场的交易量见图6.2。

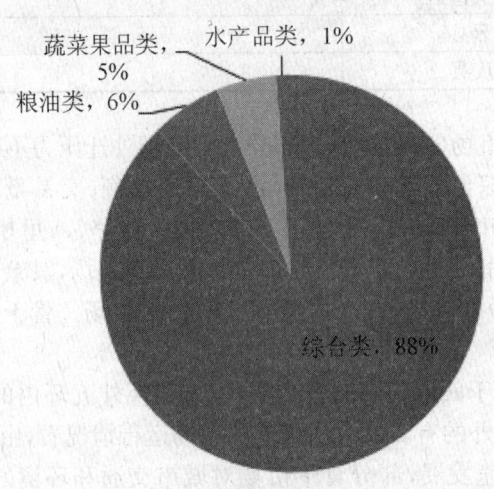

图6.2 各交易类别农产品批发市场的交易量占比

第二节 农产品批发市场的流通效率

一、满足市场总量需求并辐射全国

在全市蔬菜每年约73亿公斤的上市量中,转运流向周边省市的约占30%;由配送企业配送到社会单位和超市的约占25%;客户自行采购的约占10%;进入零售终端市场的约占35%。

从批发市场农产品的销售区域来看,多数批发市场以北京市内销售为主,如新发地市场市内销售所占比重为80%,大洋路农副产品批发市场市内销售占85%,锦绣大地批发市场全部为市内销售,岳各庄批发市场市内销售占94%,顺鑫石门农产品批发市场市内销售占90%,盛华宏林粮油批发市场市内销售占90%。但也有少数批发市场市外销售所占比重较高,如八达岭蔬菜交易市场70%为市外销售,销往广州、深圳、厦门、马来西亚等地;中央批发市场60%为市外销售,销往山东省、山西省、辽宁省、吉林省、黑龙江省、河北省、四川省等。据24个批发市场的统计,有30.3%的农产品销售给了北京市外。可以看出,北京市的大型农产品批发市场除了满足北京本地居民的需求,还在全国农产品流通中占有一定的地位。

从批发市场市内销售对象来看,农贸市场是批发市场农产品销售的主要对象,大量的农产品通过农贸市场销售给最终消费者。据24个批发市场的统计,有15.65%的农产品销售给了其他批发市场,20.85%的农产品销售给了农贸市场,6.85%的农产品销售给了超级市场,9.95%的农产品销售给了餐饮企业,7.78%的农产品销售给了各单位(政府、部队、企事业单位等)。

二、大型批发市场设施水平、交易承载能力和公共服务功能大幅提高

9个大型农产品批发市场的建筑面积从2005年113万平方米上升至2009年约220万平方米,高温库(约2.3万吨)、低温库(约4.1万吨)和气调库(约2.85万吨)的库容约9.25万吨,其中石门市场、回龙观市场、八里桥市场、农产品中央批发市场及岳各庄市场已基本实现以厅棚取代露天交易。

9个大型农产品批发市场"五个中心"(检测检疫中心、安全监控中心、信息中心、电子结算中心、废弃物和废水处理中心)通过建设改造,取得阶段性成果。

第一,配置完整的安全监控系统。基本实现了对市场100%区域的治安、交通、交易秩序进行24小时实时安全监控,并配置有自动录像设备。

第二，具备农产品定性、定量检测能力。9个市场均建有一定规模的检测检疫中心。检测设备检测能力含盖了市场主要销售农产品类别，绝大部分市场具备农产品速测和定量检测的设备水平。

第三，已形成较完整的信息管理和发布功能。9个市场均建有自己的门户网站，提供包括市场概况、交易价格、交易客商、网上营销等较为全面的栏目；在市场内交易区设立大型显示屏，滚动播放交易、检测以及产地等综合信息；在内部管理方面，普遍建设有局域网，设立了市场内部各经营区信息采集终端，并开始应用OA系统。值得注意的是，随着电子商务的兴起，农产品大宗现货交易也开始出现在农产品批发市场，例如：新发地市场正在联合阿里巴巴网站，帮助商户在网上开设网店，发展电子商务。

第四，农产品交易电子结算在高值农产品交易中得到应用。电子结算中心的设立改变了传统交易方式，实现交易电子化，通过IC卡等账户管理和交易数据管理，建立商品质量安全追溯系统，便于商品供销渠道管理和客户管理，提高批发市场的综合交易效率和管理水平。

目前全市共有6家大型农产品批发市场建有农产品交易电子结算系统，分别是：大洋路市场、八里桥市场、城北回龙观市场、农产品中央批发市场以及岳各庄市场、水屯市场。从应用电子结算的交易品种上看，主要集中于猪肉交易及水果蔬菜交易，应用于猪肉交易的市场有：大洋路市场、八里桥市场、城北回龙观市场、岳各庄市场、水屯市场；应用于水果交易的市场有：大洋路市场；应用于蔬菜交易的市场有：岳各庄市场；应用于食用菌交易的市场有：农产品中央批发市场。从电子结算交易量及占总交易量的比例上看，大洋路市场、八里桥市场、城北回龙观市场、岳各庄市场等4家农产品批发市场内猪肉批发交易100%使用电子结算方式，日交易量约5300头。大洋路市场水果批发经由电子结算的日交易量超过17万公斤，占交易总量的70%。岳各庄市场蔬菜批发经由电子结算的日交易量约14万公斤，占交易总量的13%。

第五，市场环保意识和废弃物处理设施水平大幅提高。新发地市场、大洋路市场、八里桥市场、顺鑫石门市场、锦绣大地市场、回龙观市场、中央农产品批发市场以及水屯市场等8个具备场地条件的农产品批发市场已全部建成固体废弃物处理中心，实现了垃圾的分类收集、自动压缩打包及运输的综合功能，垃圾减量化效果明显。八里桥市场、水屯市场还建设完成了污水处理站，污水经过净化处理后回收利用。新发地市场则在固体废弃物处理中心的基础上配套建成了1个发酵处理场，对果菜等有机物进行粉碎、挤压和发酵，生成有机肥料。

表 6.5 大型农产品批发市场"五个中心"建设情况表

市场名称	检验检测中心	信息中心	电子结算中心	安全监控中心	废弃物及污水处理中心
新发地市场	建设有多功能中心检测室，可进行蔬菜、果品、畜禽、水产、调料的有毒有害物质的定性、定量检测	内部信息系统主要负责对市场上农产品交易信息进行采集、加工、包装、整理。建设有对外供需、价格信息等信息发布的网站	猪肉交易统一结算。新建交易大厅尝试建立果菜类农产品电子结算	设有专门安全监控室，安监设施配套齐全	建有150吨有机垃圾分拣处理站，并可对果菜废弃物进行肥料化再处理
大洋路市场	建设有检测中心检，可进行蔬菜、果品、畜禽、水产、调料的有毒有害物质的定性、定量检测	内部信息系统主要负责对市场上农产品交易信息进行采集、加工、包装、整理。建设有对外供需、价格信息等信息发布的网站	猪肉交易、水果交易实现电子结算	设有专门安全监控室，安监设施配套齐全	建有垃圾处理站配置了垃圾挤压机，减量处理果菜垃圾，日处理能力20吨
锦绣大地市场	建设有检测中心检测室，可进行蔬菜、果品、畜禽、水产、调料的有毒有害物质的定性、定量检测	建立企业信息门户网站，包括市场概况、市场服务、最新动态、网上营销等子项	无	设有专门安全监控室，安监设施配套齐全	无
回龙观市场	建有检测中心楼蔬菜、果品、畜禽、水产的有毒有害物质进行定性、定量检测	内部建有完整的计算机管理系统，进行商户管理、信息采集等。建有对外供需、价格信息等信息发布的网站	猪肉交易实现电子结算	设有专门安全监控室，安监设施配套齐全	建有垃圾处理中心，实现垃圾自动压缩打包，日处理能力为40吨

续表6.5

市场名称	检验检测中心	信息中心	电子结算中心	安全监控中心	废弃物及污水处理中心
八里桥市场	建有检测室,可进行蔬菜、果品、畜禽、水产、熟食、调料的有毒有害物质的定性、定量检测	建设有对外供需、价格信息等信息发布的网站	猪肉交易实现电子结算	设有专门安全监控室,安监设施配套齐全	建有污水处理站,日处理污水330吨回收利用;垃圾处理站配置了垃圾挤压机,日处理能力:菜叶、果皮等20吨
中央批发市场	建有小型检测中心,实现对蔬菜、粮油的定性检测(速测)	正在建设对外信息发布的网站	食用菌交易电子结算	设有专门安全监控室,安监设施配套齐全	两台自动化垃圾处理系统
岳市各庄市场	建有检测室,可进行蔬菜、果品、畜禽、水产、豆制品、熟食、调料的有毒有害物质的定性定量检测	建设有综合信息管理中心,实现财务核算、行政管理电子化;建设有对外供需、价格信息等信息发布的网站	建有鲜肉电子结算系统、蔬菜电子结算系统	设有专门安全监控室,安监设施配套齐全	无
水屯市场	建有小型检测中心,实现对蔬菜、肉类、水产的定性检测(速测)	建有市场管理系统,配置了200个商户信息终端;建设有对外供需、价格信息等信息发布的网站	建有鲜肉电子结算系统	设有专门安全监控室,安监设施配套齐全	建有废弃物和废水处理中心,果菜废弃物日处理能力20吨,生化污水日处理能力400吨

三、区域性综合型、产地型、专业型批发市场设施、功能整体水平不高

在除岳各庄市场、水屯市场外的10个区域性综合型农产品批发市场建筑面

积约 44 万平方米。仓储设施规模和技术水平较低,10 个市场总计高温库约 1 万吨,低温库约 1.2 万吨,无气调库。在"五个中心"功能方面,各市场差异较大,仅有 3 个市场同时可进行农产品定性和定量检测;有 1 个建有规范的信息中心,具备对内对外的信息发布能力;有 1 个具备电子结算系统,有 1 个具有废弃物减量处理能力。

表 6.6 区域性综合型农产品批发市场"五个中心"建设情况表

市场名称	"五个中心"功能				
	安全监控	检验检疫	信息中心	电子结算	废弃物处理
海淀清河市场(销地)	基本监控功能	速测	无	无	无
门头沟鑫源聚鑫丰市场(销地)	基本监控功能	速测	无	无	无
延庆日上市场(销地)	监控面覆盖全市场	速测、具备对果蔬、肉类、水产、熟食定量检测能力	设有信息中心,建有市场网站	建有猪肉交易电子结算系统	建有压缩式垃圾站
朝阳东郊市场(销地)	基本监控功能	速测、具备对果蔬、肉类、水产、熟食定量检测能力	建有内部域网络系统	无	无
密云华远市场(销地)	基本监控功能	速测、具备对果蔬、肉类、水产、熟食定量检测能力	建有内部域网络系统	无	无
平谷东寺渠市场(销地)	基本监控功能	速测	无	无	无
房山城东市场(销地)	基本监控功能	速测	无	无	无
大兴蓝丰五色土市场(销地)	基本监控功能	速测	无	无	无
通州合美渔都市场(销地)	基本监控功能	速测	无	无	无
怀柔天毅裕隆(原南华市场)(销地)	基本监控功能	速测	无市场网站,但通过行业网站发布价格信息	无	无

大兴西沙窝市场、顺义北务市场、平谷大桃市场、延庆八达岭市场等4个产地批发市场各类设施建筑面积约8.6万平方米,交易设施约4.6万平方米,高温库0.6万吨(八达岭市场),低温库0.1万吨(西沙窝市场),气调库0.06万吨(大桃市场)。仓储设施规模和水平都比较低。市场"五个中心"建设滞后,除具有较完整的安全监控功能外,仅北务市场建设有市场与产地的信息采集和发布平台。各市场没有完整的检验、信息、电子结算及废弃物处理功能,均没有电子结算和废弃物处理能力。

坤江粮油市场、盛华宏林粮油市场、北水嘉伦水产市场、京深水产市场、西南郊肉类水产市场、锦绣大地粮油市场等6个专业型市场作为进入门槛较高的专业化运作市场,设施规模较大,各类设施建筑面积32.7万平方米。具备温度调节功能的仓储设施主要集中于低温库,高温库0.3万吨(西南郊肉类水产市场),低温库约7.4万吨,无气调库。

第三节　农产品批发市场的运行和监管

一、市场的组织与运营方式现状

我国农产品批发市场是由于计划体制对农产品流通管制品种的缩减而自行产生的,由于国家财力有限以及政府职能的时代特点,始终采取"谁投资、谁管理、谁受益"的行业政策。因此,虽然我国农产品批发市场的投资主体呈多元化性质,有地方政府、村集体和各类企事业机构,但真正公益性质的交易平台却很少见。

北京现有九大农产品批发市场,属于国有企业两家,集体企业两家,有限公司五家。目前北京市大型农产品批发市场已经形成以企业投资为主、政府积极扶持的多元化投资、经营模式,在政府积极引导和调控下,企业的积极性得到激发,有效地推动了农产品流通体系建设。同时北京的市场优势和畅通的流通渠道又为外地农产品进京创造了有利环境,北京大规模的市场容量和开放的市场环境对外地农产品商户具有巨大的吸引力。

二、市场农产品经营主体多元化,交易方式单一

(一)多元化的经营主体

农产品批发市场只是流通平台,其本身并不是商品经营者。批发市场开办方为农产品交易、仓储以及其他一些增值环节提供场地、监管和各种服务,而批发市

场中的商户是运营主体。农产品在市场流通都要依靠商户来完成。在大型农产品批发市场中商户主要可分为四大类：第一类为产供销一体化、贸工农一条龙的公司，他们在市场供应中占25%；第二类为农产品运销大户，也叫运销专业户或农产品经纪人，他们是不种地的农民，这些大户下面都带有好几十个小户，他们在市场供应中占30%；第三类是农产品运销专业合作组织，他们将资金捆绑起来，增强抵御市场风险的能力，他们在市场供应中占的比例最大约35%；第四类是自产自销的农民，由于生产和经营的规模都很小，抵御市场风险的能力弱，所以他们在市场供应中只占10%的比例。

值得注意的是，由于法人企业和个体经营在税费上的差异，造成批发市场的商户很多都同时具有公司执照和个体执照。

(二)传统对手交易是市场农产品交易的主要方式

北京市农产品批发市场的交易方式特点可概括为，以对手交易为主体，以网络交易、拍卖交易、委托代理交易为补充的多元化交易体系。对手交易的比重接近100%。仅在新发地经营姜蒜、水产、哈密瓜的4个商户采取过竞价拍卖交易。电子商务模式仍然处于起步阶段。据调查，新发地市场网上交易额最大的商户，其网上交易额占营业额比例也不超过3%。

课题组在新发地农产品批发市场共调研188家大户，他们绝大多少都采用了对手交易方式。在188份调研问卷中，仅有5家使用了网上交易，并且比重也不高，仅占其总交易量的10%左右。在新发地市场中，已有几十家商户在阿里巴巴网站上开设了网店，最大一家商户去年营业额的3%是通过电子商务完成的。

188个大户中，有16家曾在其他交易场所参与使用了竞价拍卖交易；并且有四家100%依靠这种方式，交易品种为姜蒜、水产、哈密瓜。使用委托代理交易的也较多，有48家，委托代理交易在商户所有交易中所占的比重介于10%-80%之间，其中多数集中在30%-60%之间。

三、农产品批发市场在农产品供应保障体系中具有重要作用

(一)农产品来源呈现多元化特征

北京农产品供应主要来自外埠省市，其来源地表现出明显的多元化特点。以北京市场上的蔬菜供应为例，本地蔬菜不到年均供应量10%，其中5-6月和9-10月比例最高，达到10%左右。外埠蔬菜又分为南方蔬菜和北方蔬菜。以长江为界，北方蔬菜主要产自河北、辽宁、内蒙、甘肃和山东等地；南方蔬菜主要产自广西、广东、海南、云南、四川、江西、福建、江苏和浙江等地。多元化的农产品供应来源保证了首都巨大的日常消费需要，也分散了因天气、突发事件的影响，造成某一货源地无法正常供应对于首都社会经济正常运行的风险。

(二)农产品批发市场是城市储备和应急保障的重要一环

北京市已建立生活必需品储备体系,构筑了"日常供给、安全供给、应急供给"三道货源防线。建立了与周边省市和农产品主产区的联动机制,保证了正常稳定供应。新发地、石门、农产品中央市场等批发市场在保供应、保稳定工作中与市政府形成了良好的响应机制,承担着政府蔬菜储备的重要职能。在重大活动和特殊时期,农批市场及时采取了如取消进场费、派出农产品经销商大规模订购等措施,扩展了货源,稳定了供应。

表6.7 全市性综合型农产品批发市场主要蔬菜来源地

批发市场	主要经营农产品(蔬菜)的来源地
新发地市场	(1)大白菜:河北、天津 (2)土豆:甘肃、河北、内蒙 (3)胡萝卜:山东 (4)白萝卜:湖北、四川 (5)青椒:山东、海南、辽宁、广东 (6)圆白菜:河北、山西、上海 (7)茄子:山东、甘肃 (8)油菜:上海 (9)黄瓜:山东、辽宁 (10)洋葱:甘肃、山东 (11)海南、广东、广西、云南 (12)西红柿:山东、甘肃、辽宁
大洋路市场	(1)大白菜:河北、天津、辽宁、内蒙 (2)洋白菜:河北、辽宁、河南、四川、山东 (3)黄瓜:河北、山东、辽宁 (4)番茄:河北、山东 (5)茄子:河北、天津、辽宁 (6)小辣椒:河北、山东、海南、辽宁、内蒙、山西
石门市场	(1)黄瓜:河北、山东 (2)柿子椒:山东、海南、河北、辽宁
回龙观市场	山东、河北
锦绣大地	(1)大白菜:河北、山东、天津、海南 (2)小辣椒:河北、山东、天津 (3)番茄:河北、山东、天津、广西

续表6.7

批发市场	主要经营农产品(蔬菜)的来源地
中央批发市场	(1)娃娃菜:云南 (2)西兰花:浙江 (3)香葱:云南 (4)西芹:河北 (5)金针菇:韩国 (6)茶树菇:福建
八里桥市场	(1)大白菜:河北、天津、辽宁 (2)土豆:内蒙、河北、天津 (3)西红柿:山东、河北、安徽 (4)萝卜:山东、天津、河北、河南 (5)豆角:山东、河南、湖北

四、批发市场管理机构内部治理结构不完善,管理缺乏规范化

由于绝大部分市场管理机构内部治理结构不完善,市场管理人才缺乏,现有管理队伍素质亟需提高。有些管理者缺乏对农产品卫生、防疫、安全等有效监控,对农产品供应、安全消费和城市环境造成不良影响。部分商品交易市场的经营者对经营规章制度的理解和执行上存在一定的认识偏差,未意识到科学的经营理念和方法对经营的促进作用,导致经营方式不规范、诚信缺失和经营业绩不佳等一系列问题,进而危及到市场的品牌建设和诚信经营,阻碍了市场业态升级和经营水平的提升。

五、市场公益性定位不明晰,政府投入相对不足

农产品批发市场是具有社会公益性质的城市基础设施。北京农产品批发市场建设的市场化路线在市场的成长期激发了企业的积极性,有效地推动了批发市场建设和建立农产品流通体系。但由于批发市场在用地、建设、流通、检测等部分缺乏必要的支持,加之经营者的投资能力有限,导致造成市场冷链仓储基础偏弱,检验检疫、信息传递、环境保护的公益性功能薄弱等方面的问题。由于缺乏完善的批发市场法律制度及政府支持政策,批发市场尚未实现现代化,产品流通成本和损耗较高,冷链物流和质量信息可追溯制度尚未建立,消费安全也难以充分保障。

第七章

北京农产品零售终端

农产品零售终端是整个农产品流通中的一个重要组成部分,是农产品流通体系的最末端,此端口直接面对消费者,完成交易,是农产品市场竞争最激烈的具有决定性作用的环节。

第一节 北京农产品零售终端的发展现状

一、北京农产品零售终端发展的基本情况

1990年后,北京市农产品市场零售终端经历了一个从自由发展到规范发展的过程。1995年以前,北京市农产品零售终端形式主要是集贸市场、早市和社区菜店,管理相对滞后,大多数在购物环境和卫生条件上不尽如人意,存在比较严重的商品质量隐患;1995年以后,随着北京市建设现代化国际大都市的需要,农产品零售终端进入规范发展的阶段。目前,北京市已形成了以农贸市场、社区菜点和超市为零售主体,以早市、流动菜商为重要补充,网络直销为新生力量的传统业态和现代化业态并存、互相补充、共同发展的农产品零售终端格局。据统计,北京市2010年共有社区菜市场298家,社区便民菜店230家,生鲜超市连锁店铺809家,直配企业及商户超过2500家。[①] 既满足了普通居民的基本

[①] 新华网2011-04-12:北京市商务委回应质疑:从未提出取消农贸市场。http://news.xinhuanet.com/local/2011-04/12/c_121295555.htm。

需求,也适应了居民消费结构升级后的差别化需求,为不同消费层次的居民提供了多元化的选择。

(一)社区菜市场——居民消费的主要渠道

社区菜市场(农贸市场)是指在居民居住区内以摊位、专间形式零售主副食品的经营场所,主要经营蔬菜、水果、肉禽蛋及其制品、水产品、乳制品、豆制品、干货食品、调味品、粮油及其制品等。[①]

社区菜市场因设在社区内,购买便捷,且菜色新鲜、价格便宜,一直以来是大多数北京市民消费主副食品的首选渠道。社区菜市场的交易经营者主要是个体经营户,经营方式主要是一对一的现货交易。个体经营户们基本上是按天或按次进行摊位租用,同时也可以租用一些销售的设备,如车辆、磅秤等,减少了经营销售业务的前期固定资产投入。对于临时性零售摊位的经营户,其经营证照办理的要求也很简单,大部分是由经营户向市场管理者支付一定的费用,即可由社区菜市场统一办理。可见,对于社区菜市场的经营者来说,进入和退出的壁垒都很低,经营成本也很低。因而社区菜市场的菜价相对超市存在较大的优势。

不可否认的是,一些社区菜市场存在设施陈旧、管理服务水平低、购物环境和卫生条件差的不足,不适应首都城市建设与人民生活水平不断提高的总体要求。农贸市场的卫生问题还表现在交易方式上。目前农贸市场都是采用现金交易方式,现金交易频繁,而在农贸市场特定的环境中,交换中的现金细菌多,极容易传染病毒,特别是熟食类,直接影响人们身体健康,存在健康隐患。

(二)超市——未来发展的有生力量

在食品安全意识逐步深入人心,农产品质量问题日益受到关注的今天,很多北京市民,尤其是高收入群体,已转向对绿色、无公害、有机食品的追求,体现出高质量的生活水准。可以预见,随着生活水平的提高,人们到质量品牌和卫生条件都比较好的超市购买农产品将会逐渐成为一种趋势。

目前,北京市超市的农产品经营模式主要分为两种:一种是超市自营农产品销售,另一种是超市与农产品供应商联营销售。自营部分的蔬菜主要来自新发地等农产品批发市场的农产品配送中心和批发商。而新发地等农产品批发市场的农产品配送中心和批发商的蔬菜主要来自北京、河北和山东等邻近直辖市和省份。有人认为,超市也许可以看作是农贸市场的未来形态。但超市的菜价明显高于农贸市场,首先,零售商进入超市经营农产品,在固定资产投入和制度方面都比

[①] 定义来源于北京市质量技术监督局2005年7月22日发布的《社区菜市场(农贸市场)设置与管理规范》。

农贸市场的壁垒要高;此外,以蔬菜为例,批发市场给超市供货的价格,就比给农贸市场供货高。这主要由于超市的损耗明显高于农贸市场,首先,超市要求蔬菜必须好看,干净新鲜,这样供货商在给超市供菜时,就先要筛选一遍,就形成过高的超市供货价格。此外,在蔬菜上架前,还要被超市人员再筛选一次,这又增加了损耗;供货商还要向超市缴纳进场费等相关费用,这些费用的总和大约占到供货商每日流水的一成左右。此类费用,会体现在供货商给超市开出的菜价上。这样使得超市的菜价明显高于农贸市场。是要更整洁的购物环境还是要更低廉的价格,就目前而言,选择后者的不在少数[①]。

(三)早市——被忽视却发挥重大作用的零售终端

早市是北京很多社区最重要的零售终端之一,其重要作用,至少不在超市之下。课题组曾经对北京不少社区做过深度访谈,能够发现一个最基本的规律:凡是附近早市比较繁荣的社区,其农贸市场和超市的菜价也会比较便宜;而凡是周边缺乏早市的社区,其农贸市场和超市的菜价一般都比较高。而且,周边早市繁荣的社区,其农贸市场的摊位费也相对较低。课题组曾经调查过海淀区羊坊店街道会城门社区的某农贸市场,与商贩访谈发现,这个地理位置非常好的农贸市场,每个摊位的月均收费仅500元,而与此面积相当的昌平区回龙观鑫地市场的收费则高达1500元。其中一个非常重要的原因在于,会城门社区附近有三个非常有活力的早市,以至于该农贸市场的管理方要求市政府规范早市,以缓解早市的竞争对农贸市场造成的"冲击"。在这个市场可以发现,菜价显著低于可比地区的农贸市场。

当前,低成本、低价格、新鲜、多元化的早市,不仅一直是北京蔬果等重要农产品价格稳定的重要力量,而且也发挥了其他零售终端所难以发挥的功能。根据课题组的访谈结果,初步总结出早市的如下优点或功能:交易方式最灵活,交易费用最低;是最受消费者欢迎的交易方式。这里虽然拥挤,条件虽然差一些,也多少会影响所谓"市容市貌",却能够使购物者获得很多乐趣,比如可以买到其他零售终端买不到的农产品,可以买到更新鲜的农产品,可以有更多讨价还价的乐趣;更重要的是,可以满足不同阶层消费者的需求。

(四)社区菜店——便民的零售终端

社区菜店一般是指开设在社区内,由外埠和本地蔬菜生产基地、农村生产合作组织或大型农产品批发市场建立的连锁化、公司化经营的直营菜店。

---

① 目前,一些超市也经营一部分平价或低价蔬菜。其亏损的弥补来源,一是企业自身的交叉补贴;二是政府的财政补贴。

以北京新发地连锁便民菜店为例,菜店是由新发地农产品批发市场与北京市各社区街道合作,以"减少流通环节,减少经营成本"为原则开设在社区居民家门口的便民菜店。社区便民菜店不仅提供24小时贴心服务,还以其新鲜和低廉的价格吸引着社区居民。便民菜店里销售的蔬菜水果等农产品是从全国各地运送到新发地批发市场后,在第一时间直接由市场配送到社区的。便民菜店在经营上采取"五统一",即统一采购、统一配送(统一配货、统一运输)、统一标准、统一品牌、统一销售形式。"五统一"既保证了质量,又规范了进货渠道,同时还能够对产品进行农药残留的统一检测,合格产品才能进入菜店,保证了食品安全。不仅如此,"五统一"还大幅降低了销售终端价格,再加上当地街道居委会协调在小区公用面积上盖菜店,省了场地租金,能够真正把便宜的新鲜蔬菜搬到市民家门口。

据课题组的调研数据来看,便民菜店内销售的蔬菜和水果价格平均比超市便宜40%左右,比小门市便宜20%左右,比早市便宜10%左右。这些便民菜店运用新发地等批发市场的货源、品牌和价格等方面的优势,再加上自身的优质高效的服务,直接冲击着"马路游商大军",许多已经设立了便民菜店周边的马路游商直接退出了市场,城管部门的压力骤然减轻,城市管理成本逐步下降。推广社区便民菜店,不仅解决了社区居民买菜难的问题,而且还营造了良好的城市环境秩序,可谓一举双得。

(五)网络直销——新兴的农产品零售终端形式

近年来,随着电子商务的飞速发展,淘宝、拍拍等网络销售平台越来越走进普通老百姓的生活。农产品网上销售即是利用此类交易平台进行网上销售。其优势主要体现在以下几点。(1)不受地域和时空的限制。传统的农产品销售受地域因素影响较大,各地优质的土特产品经常因信息不畅、交通不便利而造成滞销。想买的人买不到,想卖的人卖不出去,购物网站的出现则为农户经营农产品提供了极大的便利和可能性;购物网络是个不夜城,只要你愿意,可以24小时全天候营业。买家和卖家都可以视自己的时间和其它条件来进行买卖。(2)宣传范围广。可以使更多的客商了解农产品生产地区的农产品供给情况,为大幅提高销售量提供了可能。(3)节约交易费用。网上销售不需要传统门面店铺的选址装修,不需要传统铺货渠道的建设,不需要有谙熟的经营技能,不需要具备较强的商业手腕,不仅可以节约成本,还能够有效地规避市场风险,便于个人运作。购销双方信息在网上即可了解,简化了信息搜集环节,节约了销售成本。

但从大范围来看,现阶段网络销售还存在如下困难。(1)网络基础薄弱。至今很多地区没有一家具有影响力的农产品信息网站。(2)网络商务知识普及率低。在一些地区很多农民经纪人根本就没见过电脑。(3)我国电子和网络销售处于起步阶段,缺乏完善的法律、法规来约束和规范网上交易行为。

二、北京规范化菜市场改造建设情况

社区菜市场是北京市居民消费的主要渠道,社区菜市场改造建设是解决百姓最关心、最直接、最现实利益问题的具体实践,是改善城市蔬菜等农产品流通的重要举措,是一项"民生工程",也是一项"民心工程"。2005年北京市编制的《北京市商业服务业迎奥运三年行动计划》,将规范化社区菜市场的建设改造列为"改善社区商业服务环境"的主要组成部分,正式启动了规范化社区菜市场的建设和改造。2008年奥运会后,规范化菜市场建设改造作为民生工程持续推动,形成了常态化机制。

(一)以资金引导,以标准规范,在全市范围内发展规范化菜市场

1. 确立标准、有的放矢。2005年,发布了《社区菜市场(农贸市场)设置与管理规范》(地方标准),内容包括"场地选址、设施设备、场内布局、商品管理、卫生管理、公共服务、证照管理、人员培训、基础管理制度"9个方面,113项具体要求,为菜市场、农贸市场的改造和管理提供技术标准。

2. 补助扶持、有效动员。2006年,制定并印发了《北京市发展规范化社区菜市场补助资金管理实施办法》,对通过验收的规范化菜市场依经营面积标准给予资金补助,引导社会资金投入市场的建设改造。

3. 突出重点、贴近民意。为全面解决蔬菜零售终端在城市发展过程中与城市建设的矛盾,对城六区菜市场现状进行了摸底,调查了全市菜市场发展过程中存在的突出问题,针对城六区菜市场网点少、市场环境差等问题,将城六区社区菜市场改造建设作为年度任务和资金预算安排的重点,优先考虑城六区项目,确保老城区的项目。对于郊区县的项目则优先安排城市化水平较高的乡镇,侧重项目的示范作用。

(二)稳步推进规范化社区菜市场的建设和改造,做实民生工程

2005—2010年上半年,北京市累计改造建设社区菜市场298家(新建79家),建筑面积达55.29万平方米,营业面积达39.69万平方米,售菜面积17.78万平方米。其中城六区完成改造建设212家,占71%。各区县规范化社区菜市场改造和新建情况详见表7.1。东城区、西城区具备改造条件的菜市场已基本改造完成。完成2006年市政府折子工程、2007年和2008年"为民办实事"工程以及2009年全国"标准化菜市场"示范工程。市级财政共安排补助资金1.364亿元,与带动社会力量投入的比例约为1:5。规范化社区菜市场为市民提供了购物环境优、商品品质好、管理服务佳的日常购物场所,在一定程度上解决了市民买菜不便的问题。

表 7.1　2005－2010 年上半年北京市规范化社区菜市场改造和新建情况

区县	改造/家	新建/家	小计	占改造总量的比例
城六区			212	71.1%
东城区	23	11	34	11.4%
西城区	30	4	34	11.4%
朝阳区	30	12	42	14.1%
海淀区	35	4	39	13.1%
丰台区	29	13	42	14.1%
石景山区	17	4	21	7.0%
十郊区县及亦庄开发区			86	28.9%
门头沟区	3	2	5	1.7%
房山区	11	2	13	4.4%
顺义区	5	5	10	3.4%
通州区	4	5	9	3.0%
大兴区	6	1	7	2.3%
昌平区	20	10	30	10.1%
平谷区	2	0	2	0.7%
怀柔区	1	4	5	1.7%
密云县	2	1	3	1.0%
延庆县	1	0	1	0.3%
亦庄开发区	0	1	1	0.3%
总计	219	79	298	100%

数据来源：北京市商务委员会。

改造后的社区菜市场除市场环境和面貌焕然一新外，还做到了以下三个方面：一是强化了市场公共安全和服务。如场内按规定配置了消防设施和设备、安全通道、疏散标志；统一配置废弃物收集容器等。二是强化了食品安全。为确保鲜肉、冷冻肉品和水产品冷链不断，市场足量配置了冷藏柜、冰柜、冰台等设施；并实行了入市食品快速检测和索证索票制度等。三是强化监督，统一标识。改造后的市场统一加强了功能性标识，标识以形似菜篮子的"C"（也是"菜"的字头拼音）字母和微笑的拟人蔬菜组成，象征着健康、新鲜、快乐，便于识别，同时便于社会、市民对其进行监督。

(三)规范化菜市场建设中存在的问题

1. 社区菜市场的物流成本偏高。随着经济的快速发展,北京市区人口急剧增多,城市规模也随之扩大。然而农产品生产前端和零售末端组织化、规模化却还停留在较低水平,大多数社区菜市场还处于一家一户的零售摊商小规模分散进货的模式,直接导致了农产品物流配送比例较低,配送耗时较长,蔬菜鲜果的折损度较高,从而致使社区菜市场的物流成本过高。

2. 农贸市场网点资源紧缺。近年来北京地区实行旧城区改造,农贸市场拆多建少,旧市场拆除后没有及时建设新市场,中心城区菜市场网点资源紧缺,大大增加了农贸网点紧缺的压力。此外,新建住宅小区配套商业网点的面积、结构均不适合建设农贸市场,房产开发商也更倾向于将配套商业设施移做他用,导致现有的菜市场网点数量不断减少。仅存的农贸市场显然难以满足群众生活及菜农、商贩的需求,城区蔬菜零售市场大多呈现拥挤态势。

3. 商贩经营的稳定性较差。目前,社区菜市场多为市场化运营,公共服务的属性明显弱化。商贩进入社区菜市场所缴纳的入场费和管理费一直居高不下,严重影响商贩经营的积极性,导致经营的稳定性不高。而且,社区菜市场由于产权和经营权的分离,增加了商贩经营中的不确定性,也直接影响经营的稳定性。

4. 社区菜市场条件简陋。北京城区相当部分的菜市场档次不高,场内硬件设施较简陋陈旧,服务功能不全,购物环境脏乱差,周边交通极其拥堵。并且,社区菜市场呈粗放型管理状态,市场管理主体不明确,管理观念陈旧,专业化水平较低,企业改善设施环境的意愿并不强烈,也缺乏改善市场设施和环境的能力和手段。

5. 马路摊贩影响市场秩序。北京农贸市场周边的马路摊贩没有得到有效控制,影响了场内稳定性经营。马路摊贩不用缴纳入场费的违规经营行为打击了正规商贩的运营积极性,起到了不良的示范作用。同时,马路摊贩所售食品的质量安全性无法得到保障,对消费者的身心健康造成不同程度的影响。此外,马路摊贩占道经营的行为也影响市容环境和交通畅通,给周边居民出行带来了诸多不便。

6. 社区菜市场的布局还不尽合理。目前北京的社区菜市场多分布在老式居民区周边,而新建的住宅区周边则很少出现与之配套的社区市场。因此,多数市民对于买菜不便这一问题反映力度较大。

第二节 北京农产品零售终端的实证研究

北京是世界上规模最大、密集程度最高的农产品消费市场之一。北京市每年消费总额达 2000 多亿元,其中食品消费 600 多亿元,约占 30%。北京还具有消费群体规模大、消费结构层次多、消费需求变化快、消费质量高、消费点多、消费多元化等特点,农产品的流通状况也呈现多元化的趋势。

国内对于农产品零售业的研究较多。大多数的研究从供给方的角度,比较农贸市场与超市的优势和劣势;也有少量研究从消费者的角度,研究消费者在某一市场形态中的购买行为。周应恒,卢凌霄和耿献辉[1](2003)对南京 200 居民进行了问卷调查,利用描述统计方法分析了南京消费者在超市购买生鲜食品的态度和行为。胡定寰、俞海峰和 T. Reardon[2](2003)对超市和农贸市场进行了比较研究,利用 Logit 模型分析了影响生鲜购买者地点选择的因素。基于其他学者的研究,本研究拟通过问卷调查,搜集样本数据,从业态差异和消费者行为两个维度对北京市农产品零售终端进行实证分析。

一、问卷的设计

实证数据来源于 2011 年 10 月对北京市居民的调查。共发放调查问卷 200 份,获得有效问卷 178 份,有效问卷回收率为 89%。调查小组对调查对象采取面对面的问卷式调查,样本单位为单个居民,样本全部选自北京地区。调查问卷对消费者的个人特征包括性别、年龄、婚姻状况、受教育程度、收入以及居民基于不同品种对零售终端的选择差异,居民对超市、市场各要素的满意程度等诸多因素进行调查。样本的统计结果表明,调查范围覆盖面广,可以用于分析。本次《北京农产品流通调查:居民问卷》的内容主要分为三个部分:

第一部分,问题 1 至问题 5。主要调查被访者的行为特征情况,包括购买农产品的家庭分工,基于不同品种农产品的终端选择、频率,对超市这种先进业态的单独调研,以及被访者对"超市"和"市场"[3]这两种零售业态的各种要素的满意程度,包括农产品的价格水平、新鲜度、安全卫生状况、质量、种类等。

第二部分,问题 6.1 至问题 8。被访者对农产品销售终端的主观评价与意见,主要包括被访者对农产品价格和质量安全的总体评价以及对农产品价格、质量安全等政策的建议。

第三部分,问题 9。被访者的个体特征,包括性别、年龄、婚姻状况、受教育程度、家庭人口、家庭月收入。

---

[1] 周应恒,卢凌霄,耿献辉. 生鲜食品购买渠道的变迁及其发展趋势——南京市消费者为什么选择超市的调查分析. 2003.

[2] 胡定寰,俞海峰,T. Reardon. 中国超市生鲜农副产品经营与消费者购买行为. 2003.

[3] 这里的市场指农贸/集贸市场。

二、调查数据的初步统计结果

针对收回的178份有效调查问卷,主要使用excel对调查内容进行数据处理。

(一)被访者特征的初步统计分析

调查样本的不同特征对调查研究目的和数据分析具有较强的影响,因而调查问卷主要基于调查样性别、年龄,文化程度、家庭人口、家庭月收入方面的特征进行区别和比较。具体如表7.2所示。从表7.2可以看出:

第一,在178份问卷中,被调查对象为男性的66份,占37.1%;女性为112份,占62.9%。即在日常生活中购买农产品的群体多以女性为主,但随着城市女性生活方式和观念的改变,女性作为家庭主妇的角色正在发生改变。

第二,从年龄结构上分析,34岁以下的有71人,占40.4%,这个年龄段的受访者一般在家庭中担当了农产品采购者的角色;35—49岁的有41人,占23.0%;50—59岁的39人,占21.9%;60岁及以上的有27人,占14.7%;26—60岁的消费者总计为79.14%。这表明:购买群体主要集中在中间年龄层次,这主要是因为农产品的消费以家庭为基础,一旦人们组成了正式家庭,就开始了自己购买农产品的生活。

第三,从受教育程度分析,66.8%的受访者接受过本科及以上学历教育,低学历层次的人数较少。北京市居民的教育水平普遍比较高,平均学历也相对较高,因此调查样本在文化程度上十分符合北京市民特征,主要集中在中高学历层次。

第四,从家庭结构来看,家庭规模属三口之家的占了一半以上(50.6%)。

表7.2 被访者特征统计表

特征	类型	人数/人	占比/%
性别	男	66	37.1
	女	112	62.9
年龄	18岁以下	0	0.0
	19—34岁	71	40.4
	35—49岁	41	23.0
	50—59岁	39	21.9
	60岁以上	27	14.7

续表7.2

特征	类型	人数/人	占比/%
受教育程度	初中及以下	16	9.0
	高中	21	11.8
	中专	3	1.7
	大专	19	10.7
受教育程度	本科	82	46.1
	研究生及以上	37	20.7
家庭人口	1个人	4	2.2
	2个人	30	16.9
	3个人	90	50.6
	4个人	33	18.5
	5个人及以上	21	11.8
家庭月收入	3000元以下	20	11.4
	3001—5000元	39	22.2
	5001—8000元	62	35.2
	8001—10000元	21	11.9
	10001—20000元	26	14.8
	20000元以上	8	4.5

此外，从收入来看，家庭月收入为3000元以下的，占11.4%；3001—5000元的有39人，占22.2%；5001—8000元的有62人，占35.2%；8001—10000元的有26人，占14.8%；20000元以上的有8人，占4.5%。大部分被访者的家庭月收入在3000—8000元之间，占样本总量的57.4%。可见，调查样本特征与调查现实特征总体上是比较一致的。

本次调查样本分布在不同年龄、不同性别、不同家庭构成、不同的家庭收入和不同文化程度的消费者范围内，并且女性作为家庭中农产品的主要采购者在本次调查中占有较大比重。样本数据的分布特征与现实特征总体上基本一致，可以认为样本有较好的代表性，可为下一步的统计分析提供可靠支持。

(二)被访者购买农产品的终端选择

被访者在购买不同农产品时选择的场所如表7.3所示。

表7.3 被访者农产品购买场所选择分布表

农产品种类	总人数	A类人数	A类占比/%	B类人数	B类占比/%	C类人数	C类占比/%
蔬菜	177	95	53.67	45	25.42	37	20.91
水果	177	80	45.20	61	34.46	36	20.34
干果	175	37	21.14	116	66.29	22	12.57
肉类	177	45	25.42	120	67.80	12	6.78
蛋类	176	49	27.84	102	57.95	25	14.21
奶类	176	25	14.20	143	81.25	8	4.55
鲜活水产品	173	71	41.04	88	50.87	14	8.09
冷冻水产品	173	36	20.81	126	72.83	11	6.36
米、面	177	35	19.77	123	69.49	19	10.74
食用植物油	175	21	12.00	140	80.00	14	8.00
绿色农产品	157	30	19.11	103	65.61	24	15.28
品牌农产品	160	23	14.38	111	69.38	26	16.24
产地农产品	153	43	28.10	58	37.91	52	33.99

注：1. A类：主要在农贸/集贸市场购买农产品的人员；B类：主要在超市购买农产品的人员；C类：在其他市场人数(主要为社区菜店)购买农产品的人员。2. 产地农产品指特定产地生产的农产品，带有显著区域特征，如山东大葱。

表7.3中数据显示：

1. 66.29%的消费者选择在超市购买干果，而仅有21.14%的消费者选择在集贸/农贸市场购买干果；67.8%的居民购买肉类时主要选择在超市，只有25.42%的消费者主要在农贸/集贸市场购买肉类；同样的，57.95%的居民主要在超市购买蛋类，只有27.84%的居民选择在农贸/集贸市场购买；奶类更加突出，81.25%的居民主要在超市购买，仅有14.20%的居民选择农贸/集贸市场。

2. 在蔬菜、水果等农产品方面，超市吸引了一部分消费者，但多数消费者依然在农贸/集贸市场购买这些农产品。如：53.67%的居民选择在农贸/集贸市场购买蔬菜，仅有25.42%的居民主要在超市购买；45.20%的居民主要在农贸/集贸市场购买水果，只有34.46%的居民主要选择在超市购买。

3. 其他农产品零售终端，主要是社区菜店，也扮演着重要的流通角色。消费者主要通过其他零售终端购买水果和蔬菜的比例约为20%，也占据重要比例。因此，超市在肉、奶、蛋、冷冻水产品、食用植物油等方面具有优势，而在蔬菜、水果方面较传统的农贸/集贸市场存在劣势，社区菜店等其他形式的零售终端在某些农产品(如蔬菜、水果、产地农产品)流通中也扮演着不可或缺的角色。

(三)被访者每周购买农产品的频次

经过调查得到的消费者每周购买农产品的频次如表7.4所示。

表7.4 被访者每周购买农产品频次分布表

每周购买频次	农贸/集贸市场		超市	
	人数	占比/%	人数	占比/%
几乎不去	21	11.86	13	7.30
1—2	78	44.07	98	55.06
3—4	58	32.77	46	25.84
>5	15	8.47	13	7.30
不定	5	2.83	8	4.50
合计	177	100	178	100

表7.4中数据显示,44.07%的消费者每周去农贸/集贸市场的购买次数为1—2次;32.77的消费者每周去农贸/集贸市场购买农产品3—4次;每周到农贸市场的1—4次的有136人,占总数的76.84%。而去超市购买农产品的,每周去1—2次的占55.06%,3—4次的占25.84%,购买次数为1—4次的消费者占了总人数的80.90%,这表明绝大多数的消费者每周去超市购买农产品的频次是1—4次。

(四)消费者购买农产品的超市选择情况

调查得知被访者经常光顾的超市如图7.1所示。

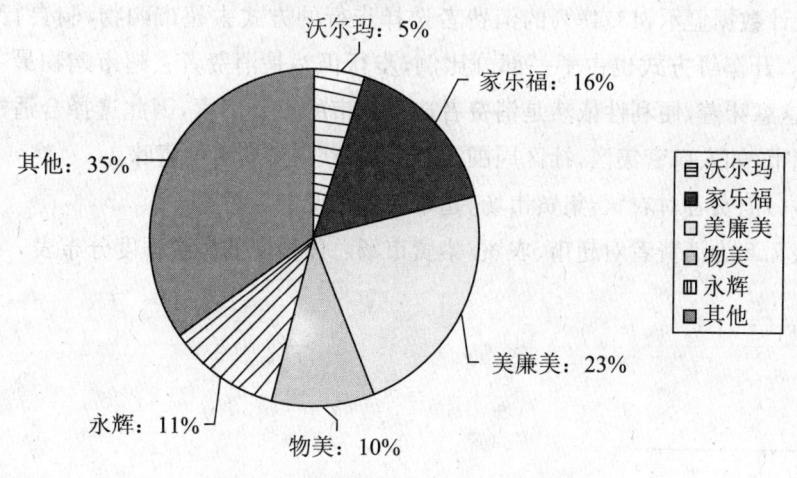

图7.1 被访者最经常光顾的超市图

从图 7.1 可知,在受访者最经常光顾的超市中,美廉美以 23%(39 人)的比例位居第一,家乐福以 16%(27 人)的比例排在第二,接下来依次是永辉、物美等[①]。数据显示,内资超市在北京依然占据主流市场地位,而外资超市中,家乐福超市是最吸引中国消费者的外资超市,虽然总是"纠纷不断",其顾客群体依然外资超市中最大的。

(五)被访者去超市最常用的交通方式

消费者去超市常用的交通方式如图 7.2 所示。

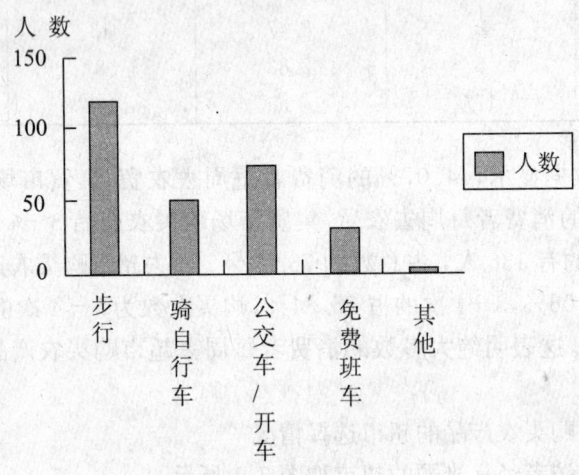

图 7.2　被访者去超市购买农产品时使用的交通方式分布图

统计数据显示,43.48% 的消费者选择步行的方式去超市购物,骑自行车、乘公交车、开车等方式也占了一部分比例,步行仍然是消费者去超市购物最主要的方式,这意味着,便利性依然是消费者选择超市的重要因素,因此选择合适的地点设置超市,如人口密集区,社区周围等,更容易获得消费者的青睐。

(六)消费者对农贸/集贸市场、超市总体情况的满意度

表 7.5 为消费者对超市、农贸/集贸市场总体情况的满意程度分布表。

---

① 这里的其他主要是指超市发、大润发、欧尚、京客隆等超市

表 7.5 被访者对超市、市场各因素的满意度分布表

	因素	非常满意/%	满意/%	没意见/%	不满意/%	强烈不满/%	平均满意度/%
超市	价格水平	3.39	37.85	28.25	27.68	2.83	20.75
	新鲜度	6.21	43.50	27.68	22.03	0.58	22.18
	安全卫生状况	8.47	50.28	28.25	11.86	1.14	23.54
	质量	6.78	43.50	34.46	14.49	0.58	22.72
	种类多少	5.08	48.02	22.03	24.29	0.58	22.18
	购物环境	8.47	50.85	23.16	17.51	0.00	23.35
	总营业面积	6.78	48.59	28.25	16.38	0.00	23.05
	生鲜区的面积	3.98	43.18	32.39	19.89	0.56	22.01
	服务态度	5.65	43.50	33.90	15.82	1.13	22.45
	结账时间	2.26	23.73	21.47	45.76	6.78	17.93
	离家庭的距离	10.23	47.73	25.57	15.91	0.56	23.41
	信誉	5.65	48.59	36.16	7.91	1.69	23.24
	促销打折	4.52	42.37	33.90	18.08	1.13	22.07
市场	价格水平	6.25	42.04	26.70	21.02	3.99	21.70
	新鲜度	10.80	47.73	30.11	11.36	0.00	23.86
	安全卫生状况	1.14	19.89	36.36	40.34	2.27	18.49
	质量	1.71	39.43	38.86	20.00	0.00	21.52
	种类多少	10.23	50.00	27.27	12.50	0.00	23.86
	购物环境	1.14	15.34	35.23	46.59	1.70	17.84
	总营业面积	4.54	35.23	39.20	20.45	0.58	21.51
	生鲜区面积	2.84	32.39	42.61	21.59	0.57	21.02
	服务态度	4.57	28.00	41.14	24.57	1.72	20.61
	结账时间	10.23	47.73	29.54	10.23	2.27	23.56
	离家距离	8.52	43.18	28.98	17.04	2.28	22.57
	商户信誉	2.84	24.43	43.18	27.27	2.28	19.88

注:将满意程度按照非常满意、满意、没意见、不满意、强烈不满依次赋值为 5、4、3、2、1,进行加权平均,得出平均满意度。

表7.5中数据显示：

1.消费者对超市各要素的平均满意度从高到低依次是安全卫生状况、离家距离、购物环境、信誉、总营业面积、质量、服务态度、种类多少、新鲜度、促销打折、生鲜区面积、价格水平、结账时间。

消费者对农贸/集贸市场各要素的平均满意度从高到低依次是种类多少、新鲜度、结账时间、离家距离、价格水平、质量、总营业面积、生鲜区面积、服务态度、商户信誉、安全卫生状况、购物环境。

2.对比超市与市场两种业态的满意度可以发现，超市的安全卫生状况、质量、购物环境、总营业面积、生鲜区面积、服务态度、信誉等要素的消费者平均满意度高于农贸/集贸市场，而农贸/集贸市场的价格水平、新鲜度、种类多少、结账时间等要素的消费者平均满意度则高于超市。

(七)消费者对农产品价格和质量安全的评价及建议

调研结果显示，53.93%的消费者对目前的农产品价格不满意，觉得高或者偏高；45.26%的消费者认为农产品的质量还可以，39.18%的消费者认为农产品质量没保障，不放心。这与表7.5中消费者对两种业态价格和质量的满意程度评价有一定差异[1]，造成这种差异的原因可能是被访者被问卷的设计思路诱导，着重考量了价格与质量、新鲜度等要素之间的横向比较，从而弱化了农产品价格水平作为独立要素时的重要程度。但这不影响本研究的分析，表7.5中的价格数据侧重分析各要素之间以及两种业态之间的满意度比较，这一部分则侧重分析总体的价格评价。

在对农产品价格、质量安全、购买便利性等方面的政府政策建议方面，大部分的消费者认为，政府应当控制通货膨胀，在保持蔬菜价格的稳定的同时努力降低蔬菜的零售价格；加强对农产品质量安全的监督力度，严惩不法商贩；加强社区周边、人口密集区的农产品零售终端配套设施建设，增设社区菜店。

三、消费者人口特征与农产品零售终端选择分析

(一)消费者人口特征与零售终端的选择

截取表7.2中的年龄、家庭收入与表7.3中蔬菜、水果两种消费最多的农产品数据，考量它们之间的关系，得到消费者人口特征与零售终端业态选择关系表(表7.6)。

---

[1] 表7.5中，被访者对超市价格水平的满意度为41.24%，不满意度为30.51%；对市场价格水平的满意度为48.29%，不满意度为25.01%。被访者对超市和市场价格水平的满意度高于不满意度，这与主观题部分53.93%的被访者对总体价格水平不满意度有一定的差异。

由表 7.6 可以看出：

1. 年龄因素对零售终端业态选择的影响已经弱化。从蔬菜和水果两个消费品种来看，不同年龄层次的零售终端业态选择基本一致，对超市的选择比例较稳定；而在前几年的研究中，普遍发现随着消费者年龄的增长，其更倾向于到农贸市场购买农产品，相反，年轻的消费者更喜欢到新兴零售业态如超市购买农产品。这说明，随着近些年超市的大力发展，超市已经成为城市居民尤其是北京地区居民购买农产品的主流方式，不同年龄层次的人群都普遍认可并接受这种零售业态。

2. 从蔬菜购买来看，家庭收入对于消费者零售终端业态选择依然具有较大影响，家庭收入越高的消费者，越倾向于在超市购买蔬菜。超市的蔬菜价格普遍比农贸市场贵，因此价格成为不同收入群体零售终端业态选择的主要考量因素。而从水果购买来看，由于超市会经常做促销，且对于消费者而言，水果不像蔬菜，不是生活必需品，因此，家庭收入对其影响很小。

3. 学历对于农产品零售终端业态选择的影响也在弱化，这也说明超市作为主流的零售终端业态已经成为市民消费较稳定的一种形式。

4. 对比蔬菜和水果两种品种可知，消费者在超市购买水果的频次要高于蔬菜。这一方面是由于蔬菜价格在不同零售终端的差异较大，而水果在不同终端的差异不明显；另一方面，受传统习惯的影响，中老年人依然习惯在农贸市场和街边小摊等购买蔬菜。

表 7.6　消费者人口特征与终端选择关系表

统计特征及分类指标		蔬菜购买地点		水果购买地点	
		主要在超市/%	其他终端/%	主要在超市/%	其他终端/%
年龄	18 岁以下	0	0	0	0
	19—34 岁	24.64%	75.36%	36.23%	63.77%
	35—49 岁	25.00%	75.00%	40.00%	60.00%
	50—59 岁	28.95%	71.05%	28.95%	71.05%
	60 岁以上	26.92%	73.08%	39.47%	60.53%
家庭平均月收入	3000 元以下	21.05%	78.95%	36.84%	63.16%
	3001—5000 元	23.68%	76.32%	34.21%	65.79%
	5001—8000 元	31.15%	68.85%	34.43%	65.57%
	8001—10000 元	35.00%	65.00%	45.00%	55.00%
	10001—20000 元	36.67%	63.33%	37.50%	62.50%
	20000 元以上	33.33%	66.67%	37.50%	62.50%

续表 7.6

统计特征及分类指标		蔬菜购买地点		水果购买地点	
		主要在超市/%	其他终端/%	主要在超市/%	其他终端/%
学历	大专以下	25.64%	74.36%	33.33%	66.67%
	大专及本科	26.00%	74.00%	34.00%	66.00%
	研究生及以上	25.71%	74.39%	40.00%	60.00%

(二)人口特征与终端选择的模型估计

下面以最具代表性的消费者购买蔬菜行为为例,采用计量经济学中的分类选择模型进一步分析消费者个体特征、购买行为对农产品零售终端不同业态[①]选择的影响。

1. 模型的选择和变量的定义

根据调查问卷的设计,作为解释变量消费者个体特征以及购买行为的回答都是分为几类的,多个选择变量都是在几个有限的选择项里选取;作为被解释变量的消费者农产品购买场所的选择分为超市和其他两类。对具有这种特征的数据进行分析,需要构造一种解释变量包含有虚拟变量的二元选择模型。

在回归模型中当因变量只取两个不同的值时,该模型就是一个二元选择模型,即假设每一个体都面临二者挑一的选择,并且其选择依赖于可分辨的特征。如果对这种选择运用线性概率模型进行研究,模型的回归形式为:

$$Y_i = A + BX_i + E_i \tag{7-1}$$

其中,X_i 表示第 i 个个体特征的取值,比如:收入,年龄,受教育程度等;

$$Y_i = \begin{cases} 1 & \text{如果是第一种选择(去超市购买蔬菜)} \\ 0 & \text{如果是第二种选择(去其他终端购买)} \end{cases}$$

E_i 为相互独立且均值为零的随机变量。

对该模型不论是采用普通最小二乘法还是加权最小二乘法进行估计,都违背统计的无偏性和一致性。因为因变量不遵循统计学上要求的正态分布,由最小二乘法和加权最小二乘法估计出的系数的标准差和 t 检验值不适于统计学的假设检验。因此,本研究采用 Logit 模型进行回归分析。Logit 模型采用的是逻辑概率分布函数,其具体形式为:

$$P_i = F(Z_i) = (\alpha + \beta x_i) = \frac{1}{1+e^{-z}} = \frac{1}{1+e^{-(\alpha+\beta x_i)}} \tag{7-2}$$

---

① 零售终端不同业态简化为超市和其他终端,其他终端主要包括农贸市场和社区菜店等。

经过变换,可得:

$$\log \frac{P_i}{1-P_i} = Z_i = \alpha + \beta x_i \qquad (7-3)$$

可以看出在公式(7-3)中 $\log \frac{P_i}{1-P_i}$ 与解释交量为线性关系。Logistic 模型的一个重要优点就在于把(0,1)上预测概率的问题转化为在$(-\infty,+\infty)$上预测一个事件发生的机会比,Logistic 模型采用极大似然估计法对模型参数进行估计。

$$P_i = F\left(\alpha + \sum_{i=1}^{n} \beta_i X_i\right) = 1 / \left\{1 + \exp\left[-\alpha - \sum_{i=1}^{n} \beta_i X_i\right]\right\} \qquad (7-4)$$

根据消费者的蔬菜购买习惯选择,要么在超市要么在其他终端。因此,在进行回归处理时,将消费者其他终端购买的定义为0,在超市购买的取值为1,这样就构建了一个二元选择变量。分类选择模型的目的是决定具有给定特征的个体做这样的,而不是其他的选择。因此要寻找描述个体的一组特征与该个体做某一特定选择的概率之间的关系。模型中的解释变量包括性别、年龄、家庭人口、受教育程度、购买频次,具体见表7.7。

表7.7 模型中自变量的定义

变量名	取值	定义
性 别	0,1	女=0,男=1
年 龄	1-5	18岁以下=1,19-34岁=2,35-49岁=3,50-59岁=4,60以上=5
家庭人口	1-5	1一个人=1,2个人=2,3个人=3,4个人=4,5个及以上=5
受教育程度	1-6	初中及以下=1,高中=2,中专=3,大专=4,本科=5,研究生及以上=6
家庭月收入	1-6	3000以下=1,3001-5000=2,5001-8000=3,8001-10000=4,10001-20000=5,20000以上=6
购买频次	1-5	几乎不去=1,一周1-2次=2,一周3-4次=3,一周5次以上=4,不定=5

2. 模型的估计结果

运用 SPSS19.0 进行分析和相应的参数估计,模型的估计结果如表7.8所示。当回归系数的符号为正时,因变量概率随着自变量值(等级)的增加而增加;当回归系数符号为负时,概率随着自变量值(等级)的增加而减少。

表 7.8　回归模型的参数估计

变量名	B	S.E.	Wals	df	Sig.	Exp（B）
家庭人口	−0.024	0.178	0.018	1	0.045	0.977
家庭月收入	0.094	0.137	0.470	1	0.003	1.099
年龄	−.005	0.175	0.001	1	0.976	0.995
购买频率	0.134	0.195	0.472	1	0.022	1.143
受教育程度	−.056	0.133	0.178	1	0.673	0.946
性别	0.657	0.359	3.343	1	0.067	1.928
交通方式	−.016	0.140	0.012	1	0.011	0.985
常量	−1.578	1.276	1.529	1	0.216	0.206

3. 模型估计结果的解释

第一，从表 7.8 的回归系数 B 可以看出，模型估计结果呈正相关的变量有：家庭月收入、购买频率、性别；负相关的变量有：家庭人口、年龄、受教育程度、交通方式。变量呈正相关，说明随着该变量取值（所定义等级）的提高，到超市购买农产品的概率要大于到其他终端购买的概率；反之，负相关变量说明，随着该变量取值（所定义变量等级）的提高，到超市购买农产品的概率要小于到其他终端购买的概率。

第二，表中 Sig 表示某变量与到超市购买农产品的概率的关系是否显著，在显著性水平 0.05 下，小于 0.05 表示该变量影响显著，大于 0.05 表示影响不显著，其中不显著的变量有年龄、受教育程度、性别。这与前文的分析结果一致，即随着超市的大力发展，年龄和受教育程度等因素对农产品零售终端选择的影响已经弱化。

第三，家庭月收入对消费者在超市购买蔬菜与否的影响方向为正。家庭月收入每增加一个单位①，在超市购买蔬菜行为的发生比为原来的 1.099 倍。消费者的家庭月收入越高，对蔬菜价格的反应越不敏感，选择超市概率越大。

第四，购买频次对消费者在超市购买蔬菜与否的影响最大且方向为正。购买频次每增加一个单位②，在超市购买蔬菜行为的发生比为原来的 1.143 倍。消费者的购物频次越高，越倾向于选择购物环境好的终端，选择超市的可能性越大。

---

① 这里的一单位指家庭月收入提高一个等级，如从 3001—5000 元提高到 5001—8000 元，具体见表 7.7。

② 这里的增加一单位指频次提高一等级，如从每周 1—2 次提高到每周 3—4 次，具体见表 7.7

第五,家庭人口对选择超市这一行为的影响方向为负,人口越多的家庭,越倾向于选择其他终端。由于人口多的家庭一般较为传统,因此选择农贸市场等传统零售终端的概率更大。

四、零售终端业态、农产品品种与农产品零售终端选择分析

(一)零售终端业态差异

1.从不同业态的市场结构看二者的差异。

农贸/集贸市场具有如下特征:(1)存在着大量的买者和卖者,经营者经营分散、规模小,每一个经营户只占极其微小的市场份额,市场影响力有限。农贸市场一般采取的是建场招商、摊位出租的管理方式,经营户都是个体小商贩,数量众多,进货、销售都由经营户自主经营、自负盈亏,除了相对固定的个体商贩以外,大多数农贸市场还聚集着为数不少的流动小贩。由于分散经营,客观上形成了进货渠道广而杂的混乱局面。(2)经营大致相同的产品,在同一地区范围,市场上的商品基本是同质的。农贸/集贸市场同类产品经营者所售农产品,来源渠道相同,购进价格、产品质量、新鲜度几乎没有差别,多是常规的时令蔬菜水果。(3)由于不需要专门的技术和较大的投资,经营成本很低,经营风险不大,几乎不存在进入壁垒,每个商贩可以依照自己的意愿自由地选择进入或退出该行业。(4)市场内部交易信息透明,所出售商品的价格相差无几。由于农贸市场同类商品品质无差异,而且摊位密集,每个经营者所出售的商品价格不可能与其他人有较大差别。

超市具有如下特征:(1)农产品超市市场集中度高。超市从目前市场结构的组成成分看,集中度较高,经营者既有规模庞大、实力雄厚的外资连锁超市,在北京,有家乐福、沃尔玛、乐购等;也有大型国有商业集团所属的零售超市,如美廉美超市和永辉超市,以及其他的小型私营超市。由于外资超市和国有大型综合超市拥有雄厚的资金支持,不论从销售额、利润额,还是客流量上都表现出比较明显的高集中度倾向。(2)进入壁垒和退出成本高。这是指新的零售企业要进入农产品超市零售市场,则面临和现存企业的竞争,在竞争上存在一些阻止新企业进入的不利因素。农产品零售超市经营相对于农贸/集贸市场,存在规模经济壁垒和技术壁垒。(3)实行产品(服务)的差别化策略。一些大型连锁超市根据零售业的经营特点,在提供的产品实体要素上,或在提供产品过程的诸条件上,形成与其他产品不同的、足以吸引买者的特殊性,从而使买者将该企业与其他企业经营同类产品的企业相区别。在竞争中,也实行产品(服务)的差别化,其经营特点是:主要经营高档无公害、绿色有机农产品,这些产品都是带有自己的品牌或条形码。

2.从不同业态的经营状况看二者的差异。(1)购物环境方面,超市明显优于农贸/集贸市场,也是超市的最大优势。(2)商品价格方面,超市与农贸/集贸市场

互有高低,如肉类和蛋类,超市价格相对低于农贸/集贸市场,但蔬菜、水果价格却明显高于农贸/集贸市场;而且,农贸/集贸市场可以议价,而超市却是明码标价。总体上说,超市价格是相对高于农贸/集贸市场价格的。(3)质量和称重方面,超市比农贸/集贸市场更让人放心。超市的采购渠道比较正规,而农贸/集贸市场某些商品让人感到不放心,以次充好、缺斤短两等现象经常发生。(4)品种与数量方面,超市由于场地有限,果蔬品种没有农贸/集贸市场多,但基本品种一般也能满足消费者的需求。农贸/集贸市场的蔬菜水果数量、品种相当丰富,但很多摊位经营着雷同的蔬菜和水果。(5)产品新鲜程度方面,许多超市和农贸/集贸市场进货时的新鲜度已相差不几,但由于超市的水果、净菜比农贸/集贸市场的贵,销量低于农贸/集贸市场,商品周转慢,造成新鲜度降低,因此也处于一定的劣势。(6)付款方式方面,这方面超市与农贸/集贸市场各有利弊。超市是在自由选购之后统一在收款台前一次结账付款,而农贸/集贸市场是每次消费完毕就付款一次,但是超市付款排队的现象时有发生,高峰时经营经常等候十几分钟甚至更长,这也是消费者对超市不满意的主要因素之一,表7.5中17.93%的平均满意度很好地反映了这一点。

3.从消费者对不同业态的满意度看二者的差异。超市的安全卫生状况、质量、购物环境、总营业面积、生鲜区面积、服务态度、信誉等要素的消费者总满意度高于市场,而农贸/集贸市场的价格水平、新鲜度、种类多少、结账时间等要素的消费者总满意度高于超市。

(二)农产品品种与农产品零售终端选择

由于农产品不同品种的价值、新鲜程度、安全卫生状况等方面的差异,以及不同零售终端业态对其差异的影响程度的大小。因此,消费者对农产品品种的选择直接影响着消费者对零售终端业态的选择。

1.对于冷冻水产品、肉、奶、蛋类等品种,由于超市走货量大,成本相对较低,价格也相对低于农贸市场,因此在超市销售最具优势。而超市的蔬菜、水果价格明显高于农贸市场,而且,在农贸市场可以讨价还价,而在超市却是"不二价",因此在超市销售不具有优势。对于蔬菜、水果、产地农产品等种类的农产品,以社区菜店为代表的其他零售终端也具有相当的竞争力,消费者在选择此类零售终端时主要考虑便利性原则,离家比较近,方便购买。

2.由于不同的农产品的自然属性不同,消费者购买时所关注的重点也不同。消费者在购买蔬菜和水果时主要考虑的因素是新鲜度和农产品种类的多少,从而具有较大的农贸/集贸市场选择倾向。在购买粮油、奶制品时,主要考虑的是其品质和安全、卫生的保障程度,因而具有较大的超市选择倾向。对于冷冻水产品,经营者需要严格的冷冻和其他的配套设施,因此超市比农贸/集贸市场具有更大的优势和吸引力。而超市和农贸/集贸市场的鲜活水产品、产地农产品的终端价格差异不大,此时消费者购买则主要以便利性原则为主。但农贸市场在经营活鸡、活鸭等种类方面相对于超市而言具有绝对的优势,这主要是由于农贸市场更易于经营这类产品。社区菜店一般经营规模小,品种少,主要经营蔬菜、水果、肉、蛋类等农产品,但由于其贴近社区,且价格与其他终端零售价格差异不大,因此消费者在购买蔬菜、水果等农产品时,考虑到便利性原则,会选择在社区菜店进行消费。

第三节 北京蔬菜"最后一公里"问题解析

蔬菜从田间采摘到百姓餐桌,可能会经历上千公里的旅程,其中由销地批发市场到零售终端的最后环节,被人们形象地称为"最后一公里"。菜价在"最后一公里"会上涨很多,即批零差价过高问题,被称为"最后一公里"问题。目前,对于蔬菜"最后一公里"问题的讨论已经很多。如王小洁(2011)[1]提出,城市人口的扩张与农贸市场的萎缩之间的矛盾导致了蔬菜以及相关鲜活农产品产生了"最后一公里"的流通瓶颈,使蔬菜在最终销售环节的交易成本大大提高。耿丽萍(2011)[2]认为,"最后一公里"问题是由高运输成本造成的。张晓林、罗永泰(2011)[3]认为,高昂的成本和曲折的路径是造成"最后一公里"问题的主要原因。"最后一公里"的流通环节多且层层加码,各种税费、管理费、摊位费、批发市场车位费、损耗等负担重,运输、包装、人工等成本增加推涨了农产品的终端。郎咸平(2011)[4]认为,"最后一公里"内,各种名目的入场费、摊位费、场地租金、运费管理费、清洁费、水电人工费、市场管理费、城市公共交通、卫生、工商、税务、环卫、街道、社区等一系列的费用构成了高昂的"广义的租金",总计占到菜价的80%左右,这使得农蔬产品价格由"伤农"的收购价变成了"伤民"的零售价。但这些文章主要是基于较简单的数据进行的分析,数据说服力不够,而针对北京市的实证调研分析就更少了。因而,课题组对2011年北京市一些典型的蔬菜批发市场和零售终端进行了调研,获得了大量真实数据,以期能够反映北京市蔬菜批零差价的现状,以及蔬菜二级批发商和蔬菜零售商的加价和收益水平,为准确分析北京市蔬菜"最后一公里"问

---

[1] 王小洁. 我国蔬菜价格及流通渠道问题探析[J]. 价格理论与实践,2011(6).
[2] 耿丽萍. 城市菜价的高流通成本分析及解决途径[J]. 北京工商大学学报(社会科学版),2011(4).
[3] 张晓林,罗永泰. 农产品物流体系重构与优化研究——基于"两头诉苦、中间喊冤"现象的分析[J]. 商业经济与管理,2011(11).
[4] 郎咸平. 菜贱伤农谁之过[J]. 理财周刊,2011(19).

题提供依据和基础。

一、调研设计与实施

(一)调研设计

调研选取了北京市典型的批发市场和零售终端进行研究,蔬菜价格时间跨度为2011年第1周—第52周连续一年的周价格数据,价格以"元/斤"为计量单位。主要通过深度访谈形式,对蔬菜流通过程中的批发商、零售商和批发市场管理人员进行深度访谈,获得一手数据数据。主要访谈对象包括新发地农产品批发市场的一级蔬菜批发商(包括不同类型的批发商,如大批发商、小批发商、经营不同品种蔬菜的批发商)、新发地批发市场蔬菜区的经理及管理人员、市场统计部的工作人员;岳各庄农产品批发市场的二级蔬菜批发商、蔬菜零售商,岳各庄市场办公室主任及工作人员,岳各庄市场的信息中心主任及数据采集员;西郊伟伟农贸市场的蔬菜商贩、市场经理及市场管理人员;丰台北路早市里的菜贩;华联超市马家堡店蔬菜区的经理与工作人员;岳各庄附近的华润超市蔬菜区的经理;西城区白堆子口菜市场的菜贩;西二旗农贸市场的办公室主任、数据统计员及蔬菜零售商;丰台区方群园一区社区菜店的蔬菜零售商。这些人员在蔬菜的流通过程中扮演着不同的角色。调研数据中,蔬菜的一级批发价格、二级批发价格以及农贸市场的零售价格全部来自蔬菜经营商的台账,每一份台账上都记载了当天内经营商的蔬菜交易价格和交易量。

(二)调研实施

调研人员对蔬菜批发零售环节的各流通主体进行了深度访谈,目的在于收集蔬菜各流通环节的价格及费用,以期准确地反映蔬菜的价差构成。采用了抽样调查和典型调查相结合的调查方法。其中,对蔬菜一级批发商和二级批发商的选取运用了任意和判断抽样技术,对华联超市、丰台北路早市和华润超市的蔬菜零售商的调研属于典型调查。调研工作分三次完成,第一次于2011年2—4月进行,包括参加北京市农产品流通的座谈会,了解农产品流通的基本情况,同时对大型批发市场进行走访,采集价格和成本数据等。第二次于2011年6—8月进行,主要对农贸市场、超市、社区菜店进行了调研。第三次于2011年12月—2012年2月进行,收集了2011年全年蔬菜的相关数据。图7.3是调研设计图,调研工作围绕着设计图开展和实施。

按照总体设计,对蔬菜一级批发商和二级批发商的调研数量均为15个以上。其中,对新发地农产品批发市场的18个一级批发商、岳各庄农产品批发市场的15个二级批发商进行了访谈,平均访谈时间为20分钟。30位零售商分别来自华联超市、京客隆超市、华润超市、岳各庄农贸市场、西二旗益民市场、西郊伟伟市场和白堆子

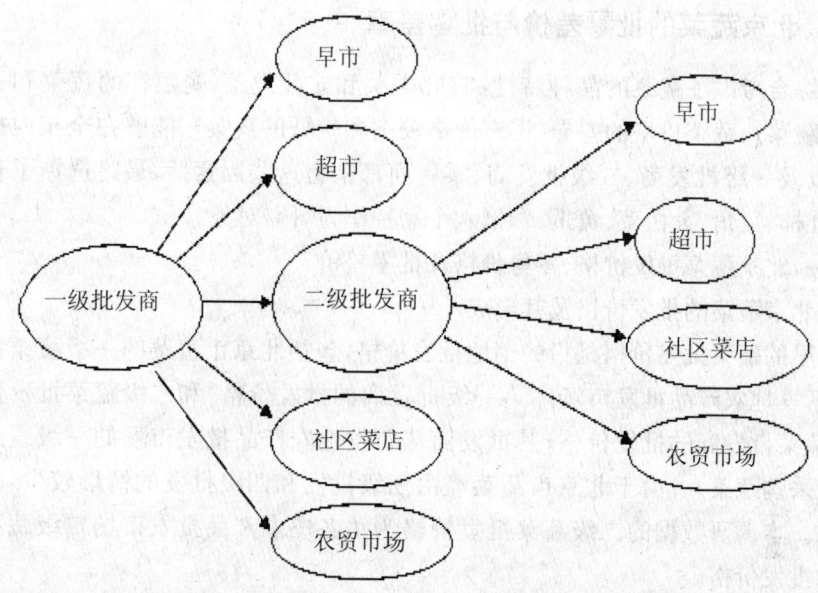

图 7.3 调研设计图

农贸市场,平均访谈时间为 10 分钟。接受访谈的样本的基本情况如表 7.9 所示。

表 7.9 样本访谈简表

访谈对象	一级批发商	二级批发商	零售商
样本数量	18 人	15 人	30 人
平均访谈时间	20 分钟	20 分钟	10 分钟
最长访问时间	40 分钟	2 小时	1 小时
样本分布	新发地农产品批发市场	岳各庄农产品批发市场	华联超市、华润超市、京客隆超市、岳各庄农贸市场、西二旗益民市场、西郊伟伟市场和白堆子农贸市场
抽样方法	任意抽样和判断抽样	任意抽样和判断抽样	典型调查和任意抽样
主要数据	蔬菜来源,采购量,采购方式和时间,批发价格及销售渠道	蔬菜来源,采购量,采购方式和时间,批发价格和成本	蔬菜来源,采购量,采购方式和时间,批发价格和零售价格,成本

109

二、北京蔬菜的批零差价与批零差率

在综合考虑了蔬菜的品种特性(有叶类菜和非叶类菜,耐贮存的蔬菜和不耐贮存的蔬菜)、蔬菜价格的差异(零售价格较高和较低的蔬菜)、能够在全年内持续供应,以及一级批发商、二级批发商、零售商都销售这些因素后,最终选择了长茄子、西红柿、豆角、大白菜、黄瓜、青椒六个品种作为研究对象。

(一)北京蔬菜批发价格、零售价格及批零差价

1. 北京蔬菜的批发价格及其形成

这里的蔬菜批发价格是指的销地批发价格,包括北京市蔬菜的一级蔬菜批发价格(新发地农产品批发市场蔬菜一级批发商的批发价格)和二级蔬菜批发价格(二级蔬菜批发商的批发价格,其批发商从新发地农产品批发市场的一级蔬菜批发商处采购蔬菜)。由于北京市蔬菜经由三级批发和四级批发的情形较少,故不予考虑。本调研数据的二级蔬菜批发价格为岳各庄农产品批发市场二级蔬菜批发商的批发价格。

对蔬菜批发市场的深入调查发现,北京市蔬菜的批发价格有多种表现形式。蔬菜批发价格的形成与蔬菜经过的流通环节和蔬菜的批发量关系密切。从蔬菜流通环节的角度分析,蔬菜可以经过一级批发过程、二级批发过程甚至三级批发过程到达零售终端,因此在批发的过程中形成了一级批发价格、二级批发价格和三级批发价格。另一方面,蔬菜批发价格的形成与蔬菜批发量相关,批发量大小的不同导致蔬菜的批发价格也不相同。通常情况下,蔬菜的批发量越大,蔬菜的批发价格越低;蔬菜批发量越小,蔬菜的批发价格越高。

由于蔬菜价格的形成同时受需求、市场、质量、天气和时间等多种因素的影响,难以对蔬菜的批发价格进行准确的定位。通过对一级蔬菜批发市场和二级蔬菜批发市场的调研,以及对一级蔬菜批发商和二级蔬菜批发商的深入访谈,根据批发商定价习惯,从经验的角度对蔬菜批发价格的形成进行了解析,见图7.4。

图中 P 和 W 分别代表蔬菜的价格和蔬菜交易量的比重。大批量的一级批发价格(P_1)指的是蔬菜批发量在5吨左右时的蔬菜一级批发价格,此时的销售对象多是华联、京客隆等大型超市。大型超市都设有专门的采购部门,单次的蔬菜采购量非常大,因为采购部门要完成全市所有超市网点的蔬菜配送和分销;中等批量的一级批发价格(P_2)一般指的是蔬菜批发量在2吨左右时的蔬菜一级批发价格,一般二级蔬菜批发商和大型企事业单位、政府等团体机构的单次批发量在1

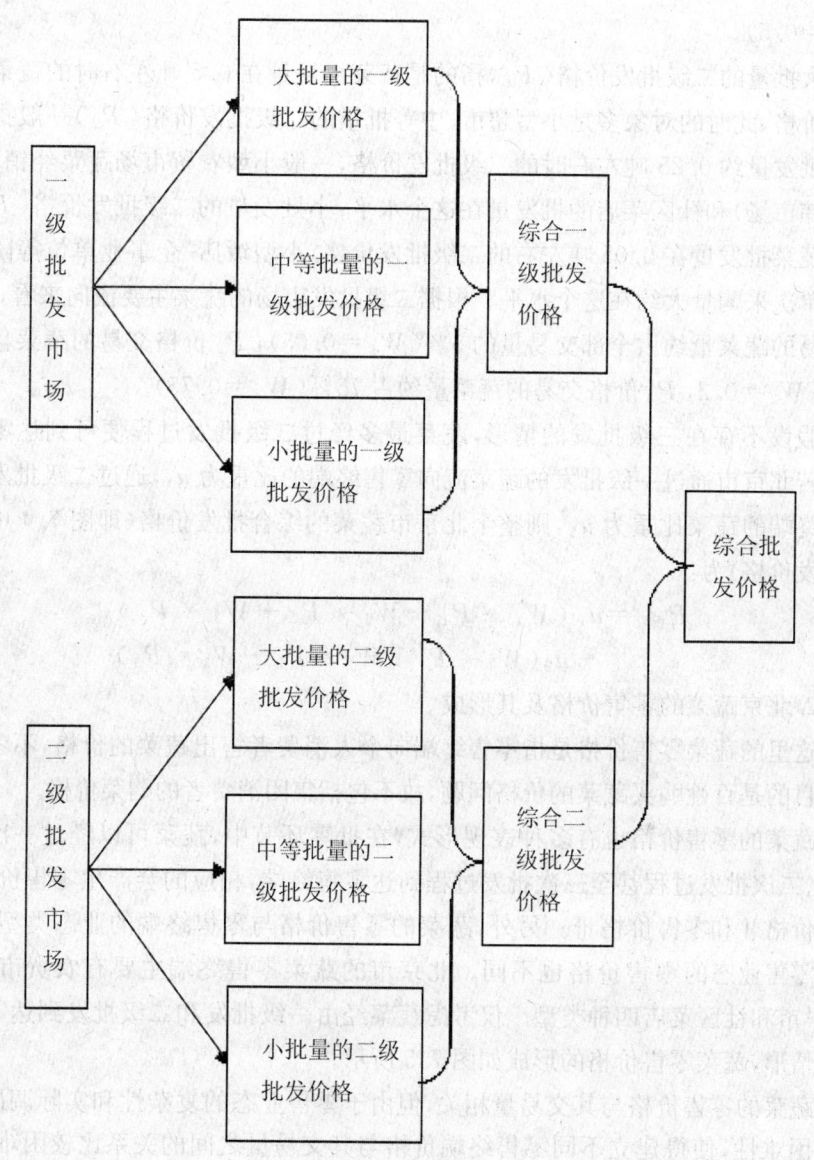

图 7.4 蔬菜批发价格的构成图

吨左右;小批发量的一级批发价格(P_3)指的是蔬菜批发量在 0.25 吨左右的一级批发价格,大型农贸市场蔬菜零售商和大型饭店的采购量大约在这个水平。根据一级批发市场的蔬菜流向来看,以 P_1 交易的蔬菜量约占全部交易量的 10%(W_1

=0.1),以 P_2 交易的蔬菜量约占 40%(W_2=0.4),以 P_3 交易的蔬菜量约占 50%(W_3=0.5)。

大批量的二级批发价格($P_1`$)指的是蔬菜批发量在 0.5 吨左右时的蔬菜一级批发价格,此时的对象多是小型超市;中等批量的二级批发价格($P_2`$)一般指的是蔬菜批发量约 0.25 吨左右时的二级批发价格,一般小型农贸市场蔬菜经销商(西郊伟伟市场)和社区菜店的批发量在这个水平;小批发量的二级批发价格($P_3`$)指的是蔬菜批发量在 0.05 吨左右的二级批发价格,小型饭店、企事业单位等团体机构的单次采购量大约在这个水平。根据二级批发市场的蔬菜主要流向来看,$P_1`$价格交易的蔬菜量约占全部交易量的 5%($W_1`$=0.05),$P_2`$价格交易的蔬菜量约占 20%($W_2`$=0.2,$P_3`$价格交易的蔬菜量约占 75%($W_3`$=0.75)。

假设不存在三级批发的情形,蔬菜最多经过二级批发过程便可到达零售终端。若北京市通过一级批发的蔬菜流向零售终端的比重为 u_1,通过二级批发流向零售终端的蔬菜比重为 u_2,则整个北京市蔬菜的综合批发价格(即图 7.4 中的综合批发价格)为:

$$P_{批发}=u_1(W_1*P_1+W_2*P_2+W_3*P_3)\\+u_2(W_1`*P_1`+W_2`*P_2`+W_3`*P_3`)$$

2. 北京蔬菜的零售价格及其形成

这里的蔬菜零售价格是指零售终端向个人消费者售出蔬菜的价格,不考虑到研究目的是百姓购买蔬菜的价格问题,故不包括集团消费者的购菜价格。

蔬菜的零售价格也有多种表现形式,在批零环节中,蔬菜可以经过一次批发过程、二次批发过程甚至三次批发过程到达零售终端,相应的会产生零售价格Ⅰ、零售价格Ⅱ和零售价格Ⅲ。另外,蔬菜的零售价格与零售终端的业态类型有关,不同零售业态的零售价格也不同。北京市的蔬菜零售终端主要有农贸市场、超市、早市和社区菜店四种类型。仅考虑蔬菜经由一级批发和二级批发到达零售终端的情形,蔬菜零售价格的形成如图 7.5 所示。

蔬菜的零售价格与其交易量相关,但由于零售业态的复杂性和实际调研操作上的困难性,使得建立不同零售终端价格与其交易量之间的关系比较困难,因而可选择用平均零售价格衡量北京市蔬菜的零售价格。第一类蔬菜零售价格是指蔬菜只经过一次批发过程产生的零售价格,其中 Z_1、Z_2、Z_3、Z_4 分别为直接从一级批发市场购菜的农贸市场、超市、早市和社区菜店的蔬菜零售价格。第二类蔬菜零售价格是指蔬菜经过二次批发过程产生的零售价格,其中 $Z_1`$、$Z_2`$、$Z_3`$、$Z_4`$ 分别为从二级批发市场购菜的农贸市场、超市、早市和社区菜店的蔬菜零售价格。

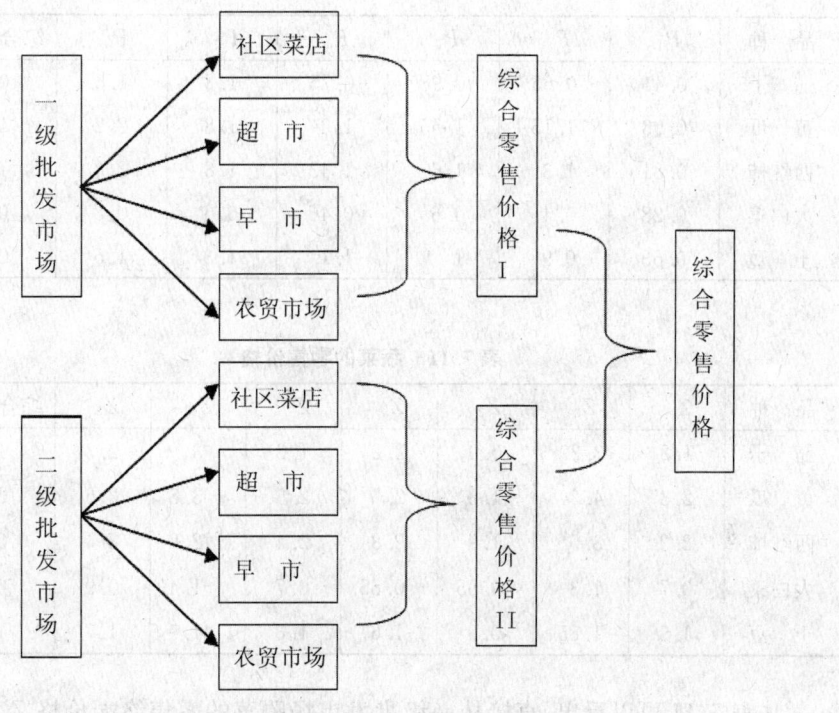

图 7.5 蔬菜零售价格的构成图

则整个北京市的蔬菜综合零售价格为：
$$P_{零售}=1/8(Z_1+Z_2+Z_3+Z_4+Z_1`+Z_2`+Z_3`+Z_4`)$$

3.北京蔬菜的批零差价与批零差率

由于调研的时间限制,只对 2011 年 8 月份北京市的 5 种蔬菜的批零差价进行了计算。根据批发价格和零售价格的计算公式,同时实际中没有调研到从二级批发市场采购蔬菜的早市的数据,则：

蔬菜批零差价 $S=P_{零售}-P_{批发}=1/7(Z_1+Z_2+Z_3+Z_4+Z_1`+Z_2`+Z_4`)$
$-u_1*(W_1*P_1+W_2*P_2+W_3*P_3)+u_2*(W_1`$
$*P_1`+W_2`*P_2`+P_3`*W_3`)$

根据调研数据计算整理的五种蔬菜的综合批发价格如表 7.10 所示,综合零售价格如表 7.11 所示。

113

表 7.10 蔬菜的批发价格　　　　　　　　　　　　　　　　（元/斤）

品　种	P_1	P_2	P_3	$P_1`$	$P_2`$	$P_3`$	综合批发价格
茄　子	0.41	0.65	0.98	0.75	1.3	1.5	0.7444
黄　瓜	0.93	1.15	1.55	1.3	1.8	2.2	1.2848
西红柿	0.81	1.3	1.6	1.43	1.8	2.3	1.3068
大白菜	0.28	0.4	0.6	0.46	0.6	0.8	0.4432
土　豆	0.63	0.9	1	1.1	1.3	1.5	0.9108

表 7.11 蔬菜的零售价格　　　　　　　　　　　　　　　　（元/斤）

品　种	Z_1	Z_2	Z_3	Z_4	$Z_1`$	$Z_2`$	$Z_3`$	综合零售价格
茄　子	1.2	3.29	0.9	2.2	1.3	3	2.3	1.9571
黄　瓜	2.3	4.2	1.8	2.5	2.5	3.8	2.6	2.7857
西红柿	2.2	3.5	1.9	2.8	2.4	2.8	3	2.6571
大白菜	0.7	1.3	0.55	0.85	0.7	1.49	0.9	0.9271
土　豆	1.5	1.85	0.9	1.6	1.3	1.9	1.7	1.5357

从表 7.11 可以看出,直接从一级批发市场购菜的零售终端价格 Z 与从二级批发市场购菜的零售终端价格 Z' 基本相当;而对于茄子、黄瓜和西红柿,直接从一级批发市场购菜的超市的售价甚至超过了经由二级批发的超市的售价。这表明蔬菜零售价格的高低与"最后一公里"流通环节的多少无关,而与蔬菜零售终端的类型相关。

根据蔬菜的综合批发价格和综合零售价格计算的批零价差及批零差率如表 7.12 所示。

表 7.12 蔬菜的批零价差及批零差率

品　种	综合批发价格（元/斤）	综合零售价格（元/斤）	批零价差（元/斤）	批零差率
茄　子	0.7444	1.9571	1.2127	1.6291
黄　瓜	1.2848	2.7857	1.5009	1.1682
西红柿	1.3068	2.6571	1.3503	1.0333
大白菜	0.4432	0.9271	0.4839	1.0919
土　豆	0.9108	1.5357	0.6249	0.6861

从表7.12可知,2011年8月份,在五种蔬菜中,黄瓜、茄子和西红柿的批零价差较大,大白菜和土豆的批零价差较小。茄子的加价率最高,达到1.6左右;仅土豆的加价率小于1,约为0.7。从整体来看,北京市蔬菜市场的蔬菜批零差价较大,蔬菜流通的确存在着问题。

由于批发价格在不同批量上的变化很大,因而有必要比较不同批量对批零差价的影响。为简单起见,以大批量(批量为5吨)时的批发价格和综合零售价格计算五种蔬菜的批零差价及批零差价率,结果见表7.13。

表7.13 大批量蔬菜的批零价差及批零差率

品 种	大批量时的批发价格(元/斤)	综合零售价格(元/斤)	大批量时的批零价差(元/斤)	大批量时的批零差率
茄 子	0.41	1.9571	1.5471	3.7734
黄 瓜	0.93	2.7857	1.8557	1.9954
西红柿	0.81	2.6571	1.8471	2.2804
大白菜	0.28	0.9271	0.6471	2.3111
土 豆	0.63	1.5357	0.9057	1.4376

对比表7.12和表7.13可以看出,大批量时五种蔬菜的批零差价和批零差率均高于综合批发价格下的批零差价和批零差率,批零差率均在1以上,且大部分的批零差率都大于2。显然,如果再以零售价格较高的超市蔬菜价格作为零售价格,其批零价差和批零差率将会更高。因而,蔬菜批发价格与其批量密切相关,不如区分地谈论蔬菜的批零差价问题,将会使北京市蔬菜"最后一公里"问题的严重性被高估。

(二)农贸市场和超市的蔬菜批零差价和批零差率

1. 农贸市场和超市的蔬菜批零差价

本调研主要是针对百姓购菜主要场所的调研,即对农贸市场和超市菜价的调研,因而,这里的蔬菜零售价格主要为农贸市场的蔬菜零售价格,数据来自西郊伟伟农贸市场零售商的零售价格,其蔬菜来自岳各庄农产品批发市场的二级蔬菜批发商;超市的蔬菜零售价格,数据来自北京市京客隆超市,其蔬菜来自新发地农产品批发市场的一级蔬菜批发商。

超市和农贸市场两种零售终端的同种蔬菜的批零差价不同,亦即两种类型的零售商对蔬菜的加价幅度不同。根据调研数据,可以得到2011年两种零售终端中蔬菜的批零差价的对比情况。图7.6－图7.11分别为2011年北京市长茄子、西红柿、黄瓜、豆角、大白菜和青椒的批零差价变化情况。

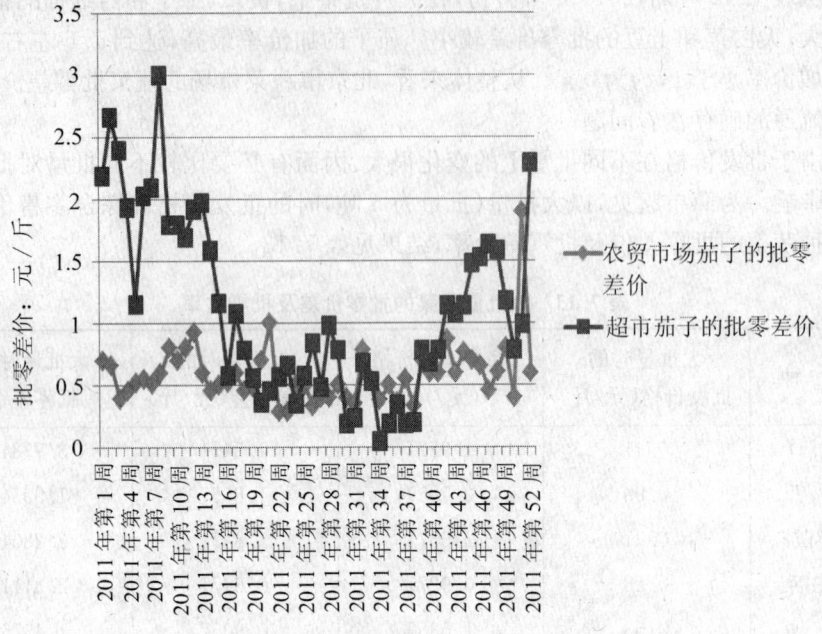

图 7.6　2011 年北京市茄子的批零差价变化图

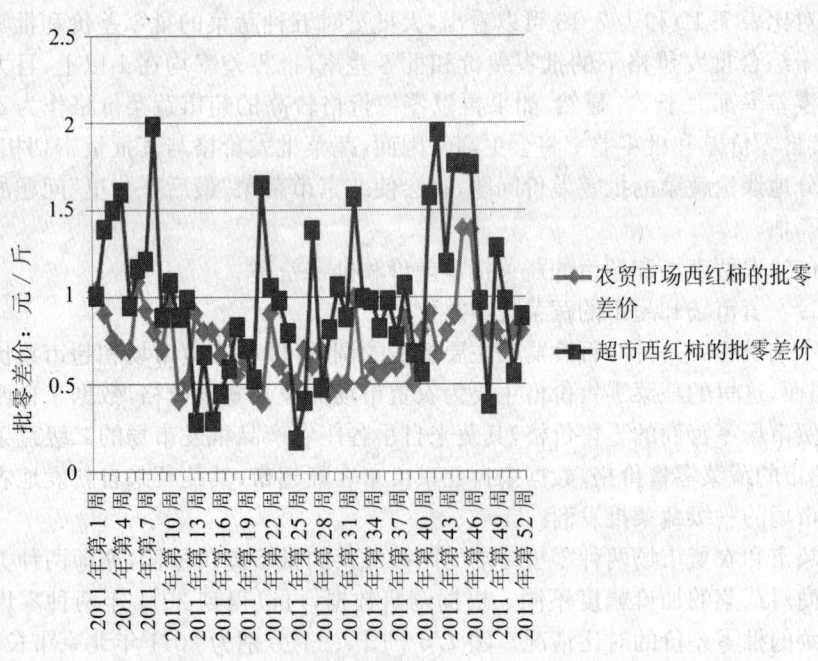

图 7.7　2011 年北京市西红柿的批零差价变化图

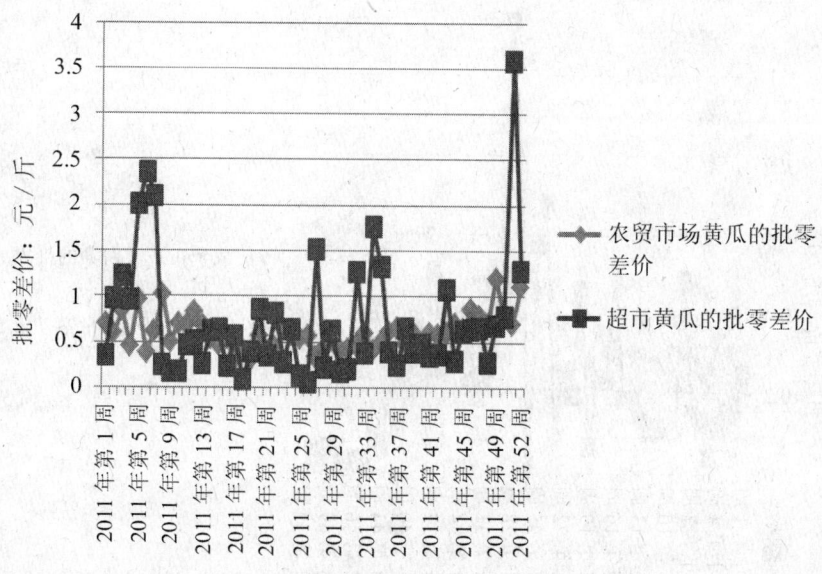

图 7.8 2011 年北京市黄瓜的批零差价变化图

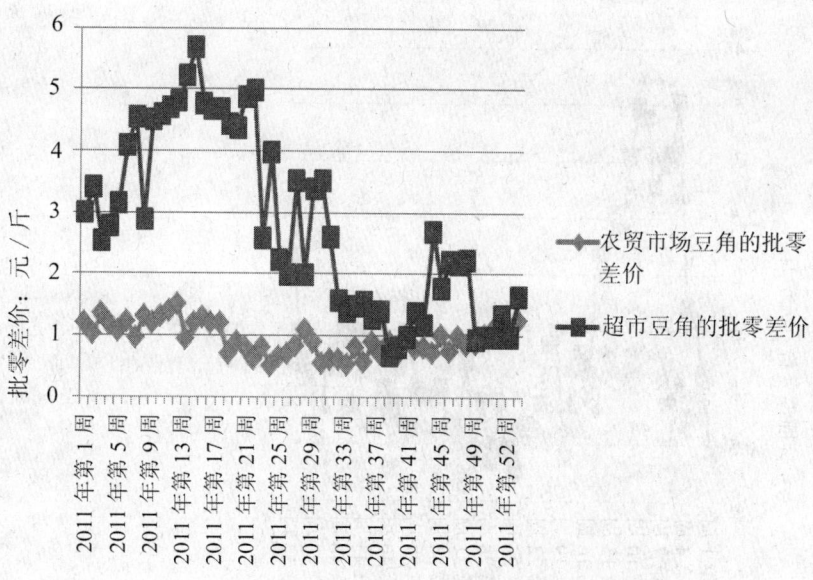

图 7.9 2011 年北京市豆角的批零差价变化图

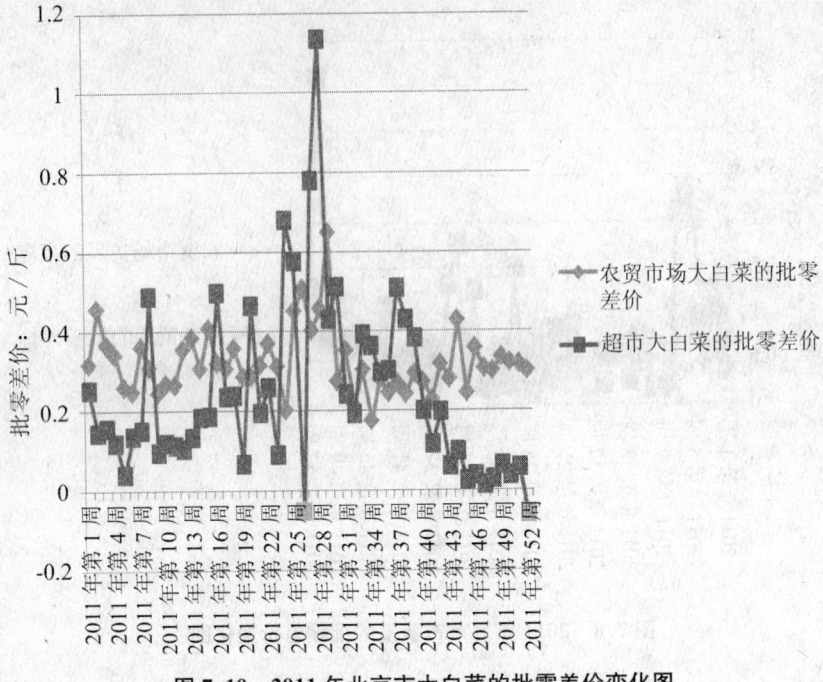

图 7.10 2011年北京市大白菜的批零差价变化图

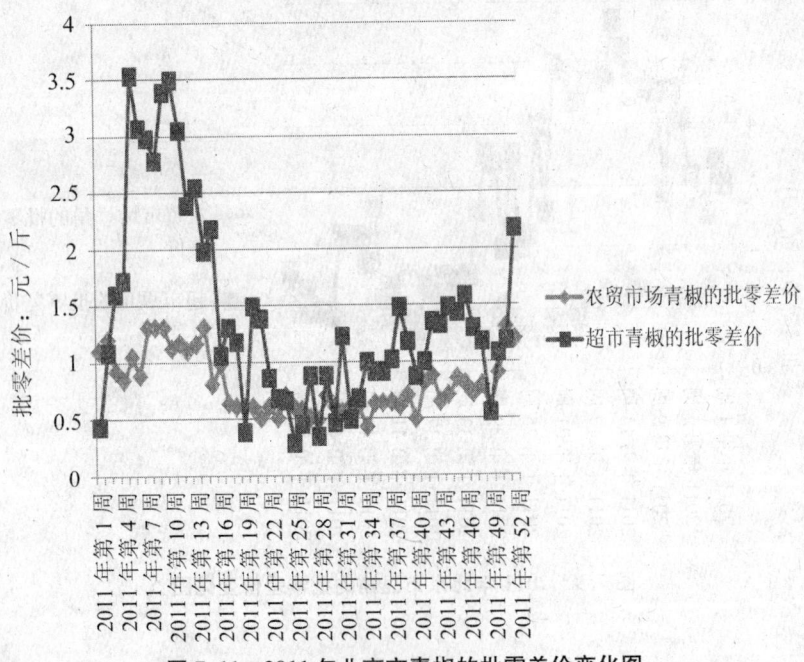

图 7.11 2011年北京市青椒的批零差价变化图

由图 7.6－图 7.11 可以看出,与农贸市场相比,超市中蔬菜的批零差价波动频繁且幅度很大,表明超市零售商对蔬菜加价的调整比农贸市场零售商的调整变化频繁。这主要是因为超市都聘有专门的蔬菜采价专员,每天负责采集超市周围其他零售终端的蔬菜价格,并根据竞争对手的信息来调整蔬菜的加价幅度,这导致了超市蔬菜的加价变化频繁,从另一方面也说明超市零售商对蔬菜零售价格具有一定的控制能力。农贸市场零售商对蔬菜的加价相对来说比较稳定。根据调查,农贸市场零售商对蔬菜的加价幅度同蔬菜的批发价格高低息息相关,往往是批发价格越高,农贸市场零售商对蔬菜的加价幅度越大;批发价格越低,蔬菜的加价幅度越小。这主要是因为农贸市场零售商的经营规模比较小,投入的资金有限,当批发价格越高时,可以采购的蔬菜量就越少,就只能通过增加对蔬菜的加价来获取利润;而当批发价格较低时,蔬菜的采购量增加,可以通过销量来获取利润,因而其加价率也较低。在正常情况下,无论是超市还是农贸市场,蔬菜的批发价格越高,蔬菜零售商的加价也就越多。

　　调查发现,北京市超市的一些品种蔬菜的零售价格已经非常接近甚至低于农贸市场的蔬菜零售价格(超市中大白菜的零售价格就低于农贸市场的零售价格),但从 2011 年全年平均水平来看,农贸市场中绝大部分品种蔬菜的批零差价要低于超市中蔬菜的批零差价。六种蔬菜在农贸市场和超市的平均批零差价见表 7.14。

表 7.14　2011 年北京市农贸市场和超市的蔬菜平均批零差价　　　单位:元/斤

品　种	农贸市场的平均批零差价	超市的平均批零差价
茄　子	0.587	1.117
西红柿	0.732	1.000
黄　瓜	0.602	0.725
豆　角	0.941	2.811
大白菜	0.322	0.241
青　椒	0.802	1.421

表 7.14 中的数据表明,北京市超市零售商对蔬菜的平均加价水平要高于农

贸市场零售商的平均加价水平，尤其是豆角、青椒等南方菜的加价幅度，超市要远远超过农贸市场。另外，调研的超市是直接通过一级批发市场采购蔬菜，农贸市场则是通过二级蔬菜批发商采购蔬菜，即比超市多经过了一道流通环节，通过对比超市和农贸市场中蔬菜的平均批零差价水平可以看出，农贸市场蔬菜零售商和二级蔬菜批发商两者的加价之和尚不及超市零售商的加价幅度，即经过两级流通环节的蔬菜零售价格比只经过一级流通环节的还要便宜，这表明蔬菜的零售价格高低与流通环节的多少并没有关系，而是与零售终端的形式密切相关。这可能是由于超市经营具有高昂的人员、租金等销售成本，因而需要更高的加价幅度才能保证一定的利润率。

2. 农贸市场和超市的蔬菜批零差率

蔬菜的批零差率能够反映市场流通是否正常，一般来说，在蔬菜批零差率的小于或者等于1的情况下，可认为该市场流通是有效率的，蔬菜的差价是正常的。六个品种的蔬菜在2011年的批零差率变化情况如图7.12－图7.17所示。

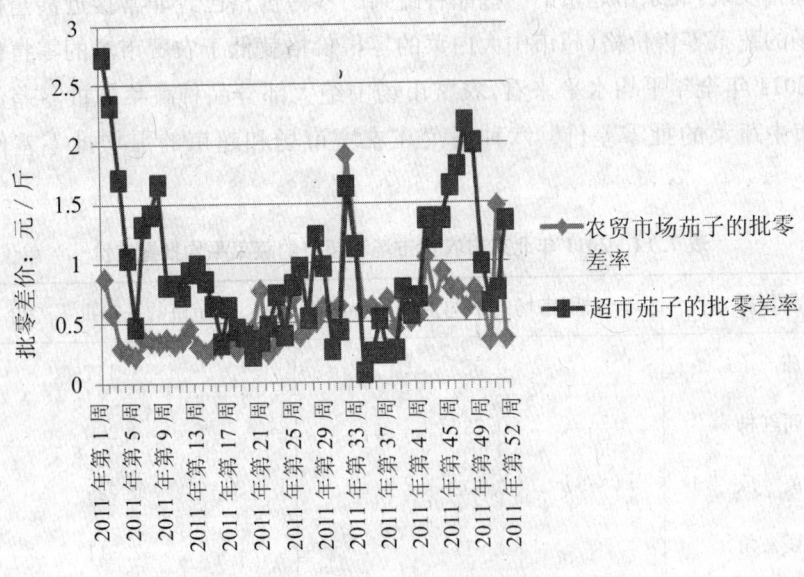

图7.12　2011年北京市茄子的批零差率变化图

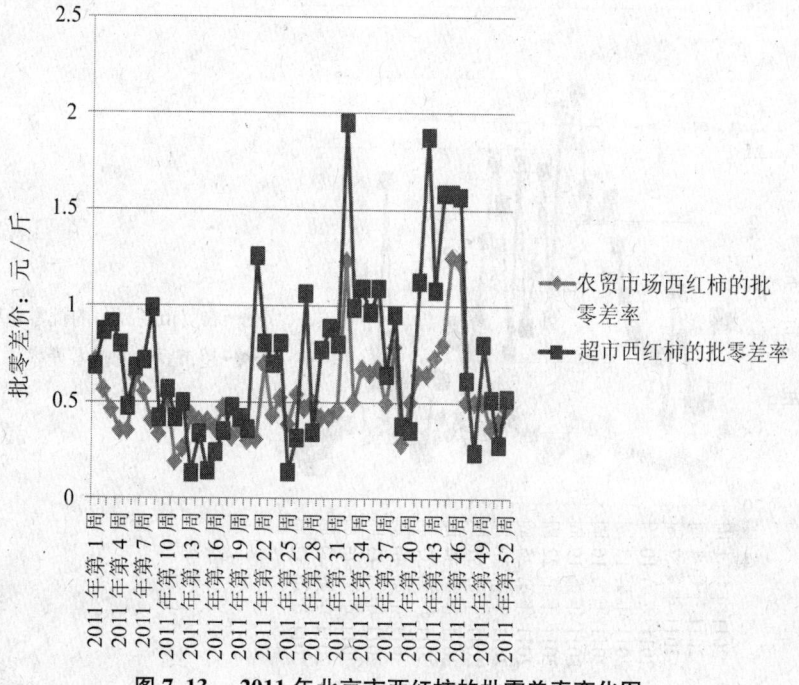

图 7.13　2011 年北京市西红柿的批零差率变化图

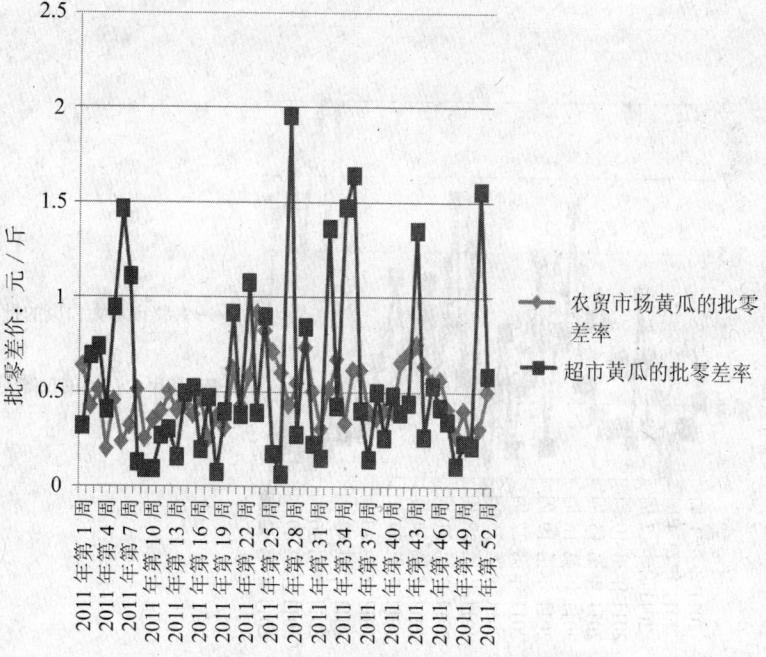

图 7.14　2011 年北京市黄瓜的批零差率变化图

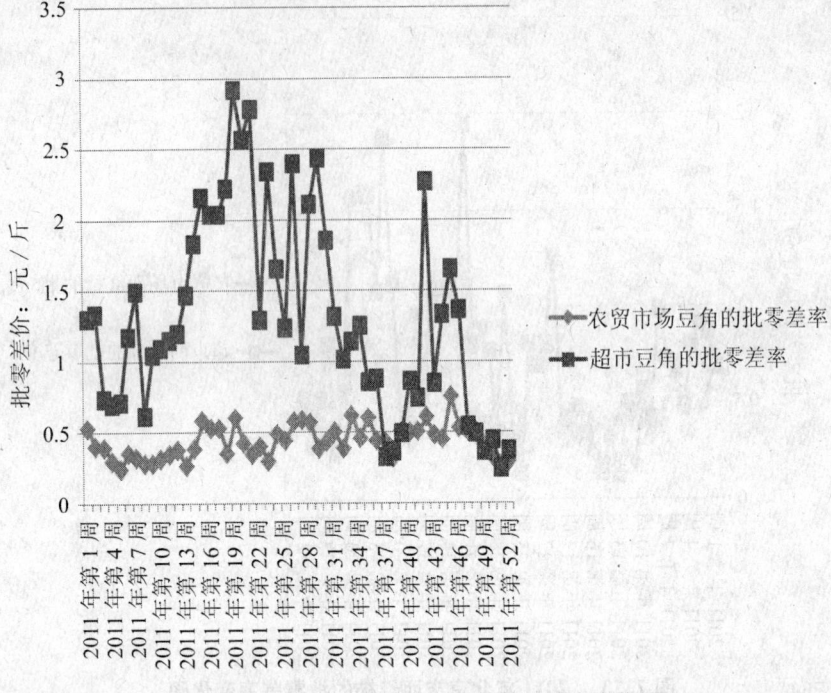

图 7.15 2011 年北京市豆角的批零差率变化图

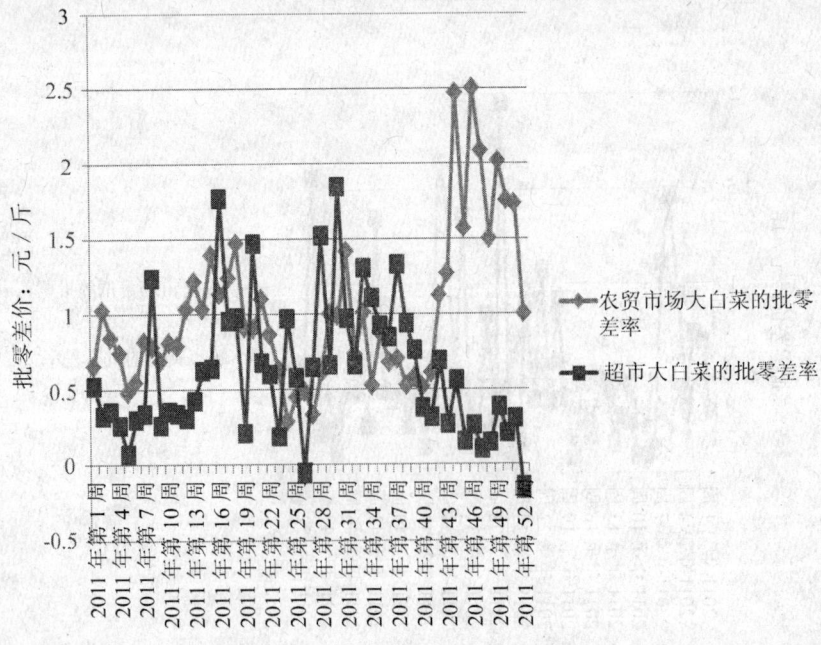

图 7.16 2011 年北京市大白菜的批零差率变化图

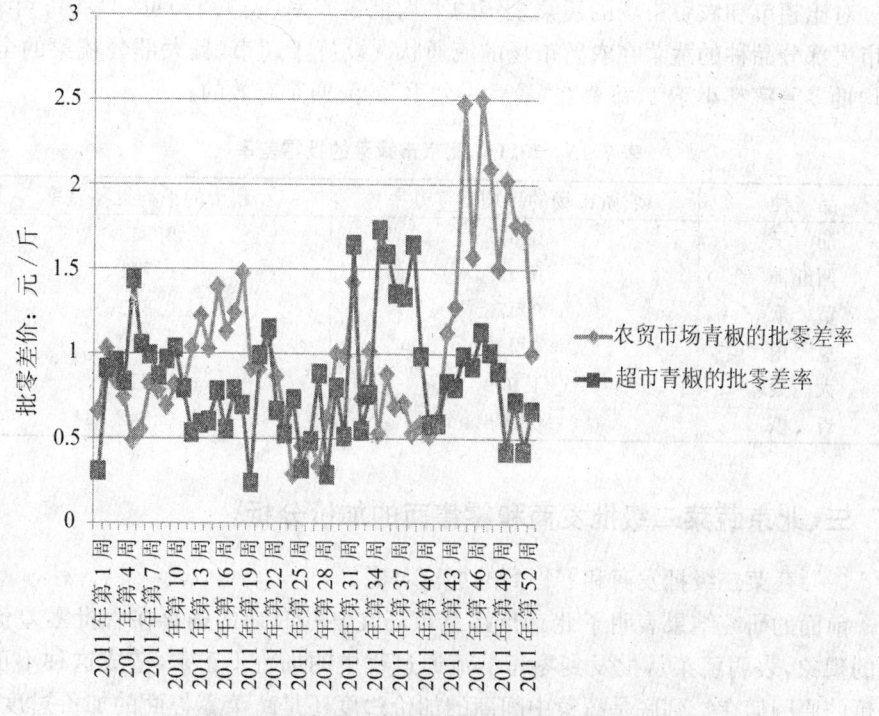

图 7.17 2011 年北京市青椒的批零差率变化图

从六种蔬菜的批零差率来看,无论是超市还是农贸市场,基本所有品种的蔬菜都出现了在某一时期批零差率超过 1 的情形,一些品种的蔬菜在某个时期内批零差率到达了 2 甚至更高,这表明市场中蔬菜的加价是不合理的,也表明这些品种的蔬菜流通是不正常的。

根据以上分析结果可知,2011 年北京市蔬菜市场确实存在蔬菜批零差价过大,蔬菜流通不正常的现象,也即存在蔬菜的"最后一公里"问题。但出现这种情况并不都是全年性的,大部分品种的蔬菜是在全年的某一个时段或时期内出现了批零差价过大的情形,一些品种的蔬菜批零差价过大持续的时间比较长,个别品种的蔬菜出现了全年性的批零差价不正常的情形。

大多数品种的蔬菜在农贸市场的批零差率是正常的。其中,豆角和黄瓜两个品种的蔬菜在农贸市场中全年的批零差率都小于 1,流通正常。但是其他四个品种的蔬菜在农贸市场的流通中,都出现了批零差价过大的情形,尤其是大白菜和青椒两个品种的蔬菜,在农贸市场中批零差价过大的情形非常严重。

所有品种的蔬菜在超市中都出现了批零差率超过 1 的情形,豆角、黄瓜、西红柿、茄子四种蔬菜在一些时段的批零差率达到了 2 甚至 3,可见超市中蔬菜的批零差价是非常大的,蔬菜流通存在的问题极其严重。

对比超市和农贸市场的蔬菜全年的平均批零差率(表7.15)可知,2011年,北京市大部分品种的蔬菜在农贸市场的流通状况要好于超市,且大部分蔬菜的全年平均批零差率都小于1,蔬菜在"最后一公里"的流通是有效的。

表7.15 2011年北京市蔬菜的批零差率

品　种	农贸市场的平均批零差率	超市的平均批零差率
茄　子	0.557	0.943
西红柿	0.525	0.741
黄　瓜	0.476	0.563
豆　角	0.433	1.309
大白菜	1.009	0.613
青　椒	0.526	0.842

三、北京蔬菜二级批发商和零售商的加价分析

(一)蔬菜二级批发商和零售商的加价对比

前面的研究结果表明了北京市蔬菜市场在某些时期的确存在着批零差价过大的现象,表明蔬菜从批发到零售的流通过程中的加价不正常,造成这种不正常加价的原因何在?到底是蔬菜中间商的加价过度还是蔬菜零售商的加价过度呢?为了进一步回答这些问题,我们力图通过大量的一手数据作为强有力的证据来反映蔬菜二级批发商和农贸市场蔬菜零售商的真实加价水平。图7.18-图7.23分别表现了六种蔬菜在二级批发环节和农贸市场零售环节的加价变化。

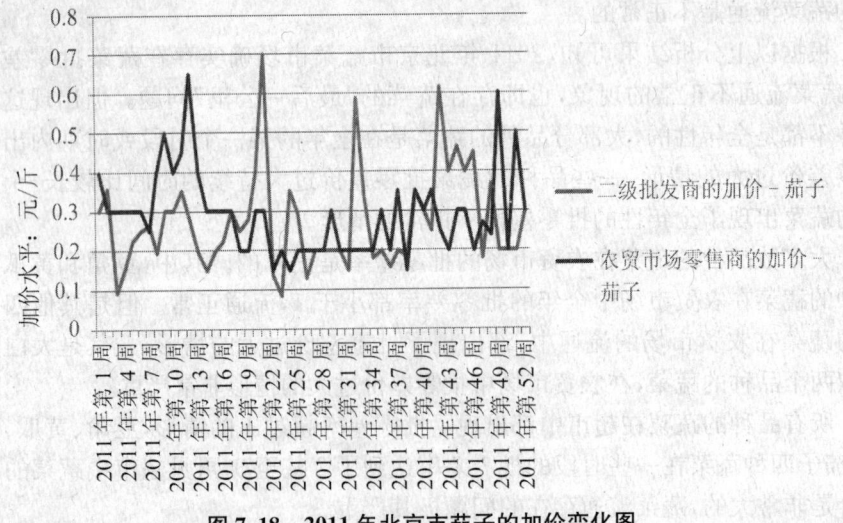

图7.18 2011年北京市茄子的加价变化图

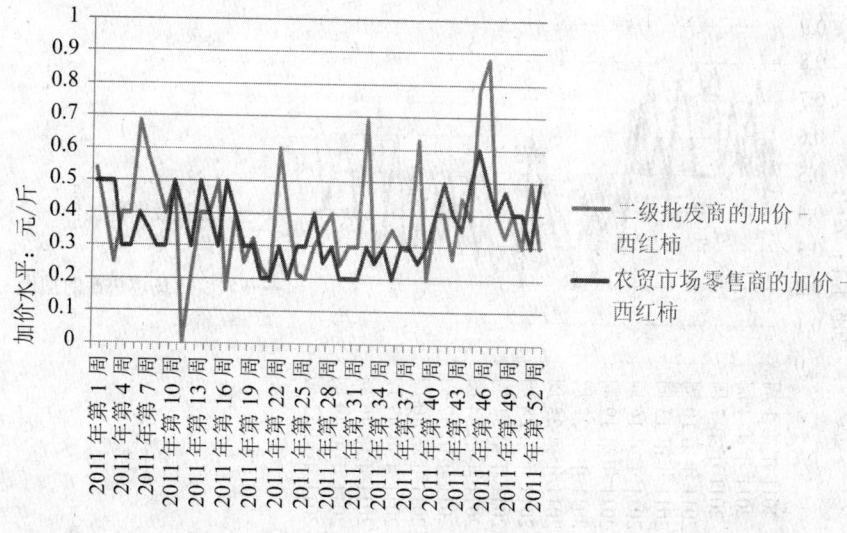

图 7.19　2011 年北京市西红柿的加价变化图

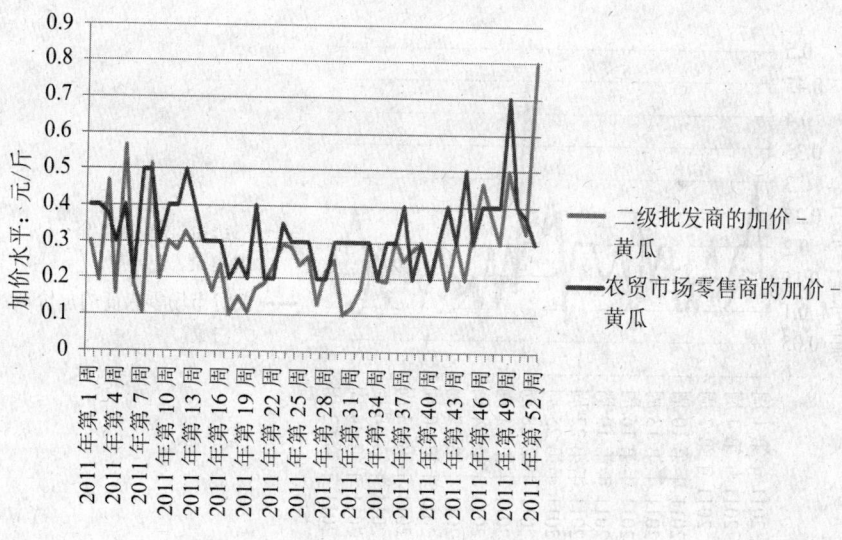

图 7.20　2011 年北京市黄瓜的加价变化图

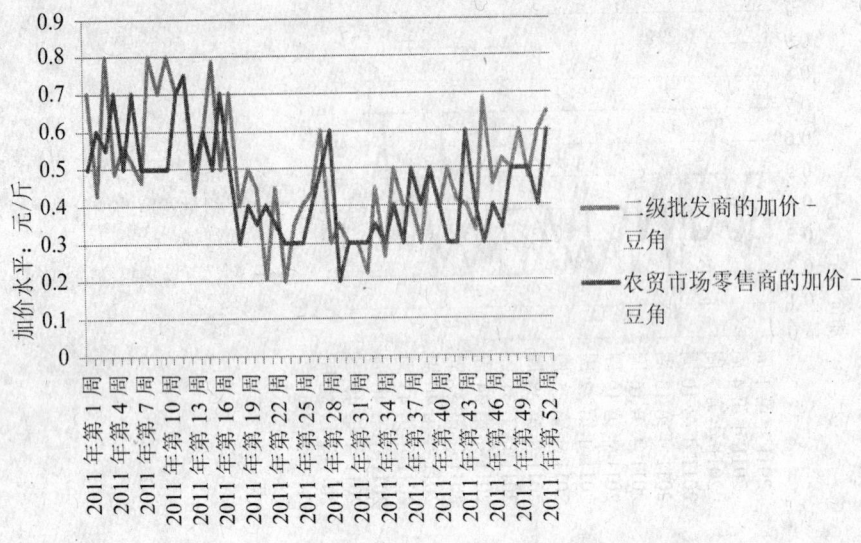

图 7.21 2011 年北京市豆角的加价变化图

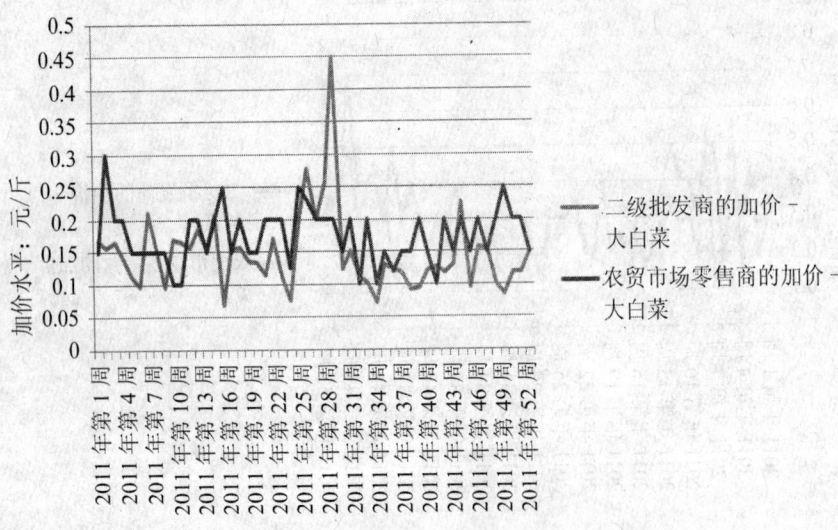

图 7.22 2011 年北京市大白菜的加价变化图

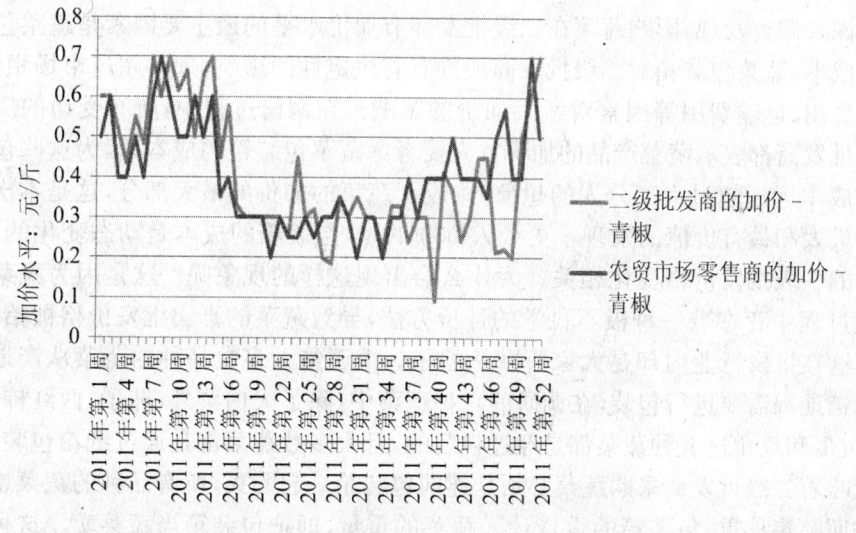

图 7.23　2011 年北京市青椒的加价变化图

由图 7.18－图 7.23 可知,蔬菜在二级批发环节的加价幅度非常大,加价水平同蔬菜零售商相当,某些时段一些品种的加价幅度甚至超出零售环节很多。从全年的平均加价水平来看,一些品种的蔬菜二级批发商的加价水平也超过了农贸市场零售商。见表 7.16。

表 7.16　2011 年北京市二级批发商和零售商的平均加价　　　单位:元/斤

品　种	二级批发商的加价	农贸市场零售商的加价
茄　子	0.274	0.291
西红柿	0.383	0.352
黄　瓜	0.270	0.332
豆　角	0.491	0.449
大白菜	0.147	0.175
青　椒	0.403	0.399

(二)蔬菜二级批发商的加价和利润分析

根据调查数据,二级蔬菜批发商每天的蔬菜销量在 2000 斤左右,对比表 7.16 中二级批发环节蔬菜的加价水平,二级批发商每天的收入为 700 元左右,全年的收入则高达 25 万元左右,蔬菜经营真的能有这么高的收益吗? 二级批发商的真实加价水平到底是多少？中间的价差又流向了哪里？

深入调查发现，影响蔬菜在二级批发环节加价水平的最主要因素是蔬菜包装箱的成本，蔬菜包装箱对二级批发商加价有着决定性的影响，远远超过市场租金、批发费用、运输费用等因素对蔬菜加价的影响。在调研过程中，所有受访的二级蔬菜批发商都表示蔬菜产品的加价首先要考虑蔬菜包装箱的成本，因为这些包装箱的成本远远超过大部分人的想象，构成了蔬菜的加价的最大部分，这是本次调研中最大和最有价值的发现。更令人称喷的是，包装箱的成本是动态变化的，与蔬菜的一级批发价格变化相关。为什么会出现这样的现象呢？这是因为蔬菜的批发过程中存在着一种极不科学的计价方法，导致蔬菜的真实批发价格被抬高，然而这在批发行业内却是大家所默认的了。由于绝大多数品种的蔬菜从产地运输到销地都需要进行包装，在调研的六种蔬菜中，除了大白菜外，茄子、西红柿、青椒、黄瓜和豆角这五种蔬菜都是经过包装的，且大多数蔬菜都是通过纸箱包装，这就意味着二级批发商采购蔬菜必须是连同包装箱一起购买，所有品种的蔬菜也都是按照整箱称重，包装箱的重量计入蔬菜的重量，即把包装箱当蔬菜卖。这种计价方式导致的直接结果就是蔬菜的真实批发价格被抬高了。至于蔬菜的真实批发价格被抬高了多少，则是由蔬菜的价格和箱子重量决定。蔬菜的交易批发价格越高，蔬菜的真实批发价格就越高；包装箱越重，蔬菜的真实批发价格也越高。不同品种的蔬菜采用不同规格的包装箱，具体见表7.17。

表7.17 蔬菜包装箱的规格　　　　　　　　　　　　　　　　　　单位：斤

品　种	整箱重量	箱子重量
茄　子	60	4
西红柿	40	4
黄　瓜	50	2.5
豆　角	25	2.5
青　椒	30	3

由表7.17中数据可知，二级批发商购买一箱30斤重的青椒，支付的是30斤青椒的价钱，而实际情况却是只买到了27斤的青椒，青椒的实际批发价格因此提高了。假设青椒的采购价格是3元/斤，二级批发商采购一箱青椒就需要支付90元，但实际购得的青椒仅为27斤，因而青椒的实际批发价格为3.33元/斤，也意味着批发商至少每斤青椒加价0.33元才能保本。蔬菜的纸质和塑料包装箱只能被当作废品卖掉，不能返还给一级批发商。箱子废品回收的价格是0.3元/斤，卖掉1个箱子可以得到0.9元，这就意味着有8.1元只能计入二级批发商的蔬菜价格，

最终由消费者来承担,从而也导致蔬菜批零差价被进一步拉高。对比二级批发商采购蔬菜的批发价格,可以计算每一种蔬菜的实际批发价格(见表7.18)。

表 7.18　蔬菜的采购批发价格和真实批发价格　　　　　　单位:元/斤

品　种	采购一级批发价格	实际一级批发价格	实际采购批发差价
茄　子	1.229	1.317	0.088
西红柿	1.497	1.664	0.167
黄　瓜	1.399	1.473	0.074
豆　角	2.369	2.632	0.263
青　椒	1.776	1.974	0.198

表7.18中蔬菜的差价完全是由一级批发商对蔬菜包装箱不科学的计价方式造成的。以豆角为例,消费者购买豆角(此时豆角的一级批发价格为2.369元/斤)时,每斤需要多支付0.35元去购买实际价值仅为0.045元的包装箱。豆角的一级批发价格越高,消费者为包装箱支付的成本则越高。正是这种不科学的计价方式直接加大了蔬菜二级批发商加价的幅度,进一步加剧了蔬菜的批零差价,并且由消费者最终承担了这种不正常的差价。

根据调研,蔬菜二级批发商每天的蔬菜销售量在1吨左右;每天从一级批发市场进货一次;市场租金为2400元/月;运输费用为50元/天,其中包括每天的雇车费用和一级批发市场的进门费用。由此可计算出不同成本造成的蔬菜二级批发商的加价水平,见表7.19。

表 7.19　不同成本造成的加价　　　　　　单位:元/斤

品　种	运输成本造成的加价	市场租金造成的加价	包装箱造成的加价	二级批发商的加价	二级批发商的实际加价
茄　子	0.025	0.040	0.088	0.274	0.121
西红柿	0.025	0.040	0.166	0.383	0.152
黄　瓜	0.025	0.040	0.074	0.270	0.132
豆　角	0.025	0.040	0.263	0.491	0.163
青　椒	0.025	0.040	0.197	0.403	0.141

表7.19的数据表明,包装箱的成本导致蔬菜的加价最严重,影响最大也最明显;运输成本和市场租金对蔬菜的加价影响比较小。不考虑损耗费用和二级批发商每天使用的包装袋费用,虽然不同蔬菜的获利不同,但总体来看每斤蔬菜平均

获利在0.15元左右,一个二级批发市场的摊位每天的纯利润在300元左右,一年的纯利润在10万元左右。但值得注意的是,一个二级批发市场的摊位至少需要两个人经营,则单个经营者的年利润约为5万元。2011年北京市人均GDP为80394元,北京市人均可支配收入为3.29万元,考虑到蔬菜二级批发商付出的时间成本可知,其收益还是比较合理的。

(三)农贸市场蔬菜零售商的加价和利润分析

根据调研,农贸市场蔬菜经营商每天的蔬菜销量在700斤左右,每月的市场租金为900元,每天的交通费用约20元。农贸市场零售商的加价情况见表7.20。

表7.20　农贸市场蔬菜零售商的加价　　　　　　单位:元/斤

品　种	运输成本造成的加价	市场租金造成的加价	总体的加价	实际加价
茄　子	0.029	0.043	0.291	0.219
西红柿	0.029	0.043	0.352	0.281
黄　瓜	0.029	0.043	0.332	0.260
豆　角	0.029	0.043	0.450	0.378
青　椒	0.029	0.043	0.399	0.328

从表7.20可以看出,市场租金和运输费用对农贸市场蔬菜零售商加价的影响是比较小的,市场租金折合每斤蔬菜加价在4分钱左右。所谓的市场租金太高,导致蔬菜加价过高这种说法是不够合理的。从整体来看,扣除主要成本的影响,农贸市场零售商对蔬菜的真实加价在每斤0.3元左右,约为二级蔬菜批发商真实加价水平的2倍。农贸市场一个蔬菜摊位每天的利润在220元左右,全年约8万元。但这也是两个人的收入,因为农贸市场中蔬菜的经营也至少需要两个人。一个人的年平均收益约为4万元,对比北京市的人均收入水平,对于这些生活没有保障的经营者而言,应该认为其蔬菜加价水平是合理的。

表7.20中分析的是从二级蔬菜的是处采购蔬菜的农贸市场的蔬菜零售商,即小蔬菜零售商。第一种是从一级蔬菜批发商处直接进货的农贸市场蔬菜零售商,即大蔬菜零售商。这两种农贸市场里的蔬菜零售商有比较大的区别,大蔬菜零售商的经营规模比小蔬菜零售商大得多,销售的对象也不相同。前者的蔬菜主要销往机关单位、食堂、饭店等采购量比较大的团体组织;后者的蔬菜主要销往城市居民,以零散买卖居多。

从整体上来看,农贸市场的蔬菜零售商加价高于二级批发商,其原因在于,二级批发商的利薄但是销量大;而零售商的销量相对较小,只能通过增加蔬菜的价格来获取利润。

(四)北京二级蔬菜批发商的作用

在讨论蔬菜"最后一公里"问题产生的原因时,很多人认为蔬菜的流通环节太多和中间商的加价太高是主要因素之一,但是,本研究通过大量的调研和分析发现,北京市蔬菜终端零售价格的高低与"最后一公里"流通环节的多少无关,而且中间商的收益也处于合理的范围内。不仅如此,蔬菜二级批发商的存在价值也是值得肯定的,对北京市蔬菜的流通起着非常重要的作用。

第一,调研数据和研究结论表明蔬菜在二级批发这一环节的真实加价幅度并不大,去除蔬菜包装箱的影响,二级批发环节的大部分蔬菜加价幅度在 0.15 元/斤左右。相较于蔬菜的销地批发价格,这样的加价幅度不高;若对比超市等零售终端的加价,二级批发商的加价幅度就更不算高了。

第二,二级蔬菜批发商能够快速地完成蔬菜的分销。一级批发商的蔬菜批发量非常大,单次批发量都在 10 吨以上,冬瓜、西红柿等蔬菜的批发量都在 40—60 吨,一级批发商无法独立完成蔬菜分销至零售终端的过程。蔬菜要想流通至农贸市场、小超市、社区菜店这些蔬菜日销量不足 0.25 吨的零售终端,只能通过二级批发商的分销来完成(蔬菜的质量和新鲜度只能维持较短的时间,时间越长,蔬菜的损耗越大,一级批发商的损失也越大),而一个二级蔬菜批发商的单次采购量在 2—3 吨,能够快速地完成一级批发商的蔬菜分销。

第三,空间上需要二级批发商的存在。北京市地域面积大,一级批发市场的数量有限,不能完全覆盖整个城乡区域,大量的零售终端和一级批发市场之间的距离较远。同时,很多零售商的经济实力有限,他们既无力购买机动车辆也不愿意租借交通工具,而多是通过人力三轮车在附近的二级批发市场采购蔬菜。即使有些农贸市场里的菜贩拥有长途运输的交通工具,他们也不愿意从一级批发商采购。这主要是因为,尽管一级批发商的价格较低,但由于距离太远,去一级批发市场采购增加的燃油费和进门费会提高蔬菜的批发价格,导致其实际采购价格并不比二级批发商的便宜(二级批发市场没有进门费)。

第四,二级蔬菜批发商的分销可以节约蔬菜零售商的大量时间、精力和成本。二级批发商的蔬菜价格较高,但单个二级批发商经营的蔬菜品种却比单个一级批发商丰富了许多,可以节省零售商在一级批发商处挑菜的时间(一级批发市场占地面积大,同一品种的蔬菜一级批发商集中在一起,但不同品种的蔬菜一级批发商之间距离较远,零售商采购的蔬菜品种繁多,需要耗费较多的时间挑菜),同时也可以购买到质量更好的蔬菜(蔬菜经过了二级批发商的挑选,质量相对更好),腐损率更低,进而可以节约更多的成本。另外,一级批发市场多在凌晨一两点钟营业,而二级批发市场多在凌晨四五点钟营业,蔬菜零售商就近从二级批发市场采购后就可以开始一天的经营,这样也可以节约更多的时间和精力。

四、主要结论

第一,北京市目前的确存在蔬菜批零差价过大的问题,即蔬菜的"最后一公里"问题。但由于蔬菜批发价格与其批量密切相关,因此,不加区分地谈论蔬菜的批零价差和批零差率问题,将会使北京市蔬菜"最后一公里"问题的严重性被高估。第二,北京市蔬菜零售终端价格的高低与"最后一公里"流通环节的多少无关,而与蔬菜零售终端的类型相关;市场租金也不是影响蔬菜的加价主要因素,无论是蔬菜批发商还是蔬菜零售商(主要指的是农贸市场的零售商,超市除外),市场租金对蔬菜的加价影响非常小;将蔬菜的包装物记入蔬菜价格的这种非常不科学和不合理的计价方式,直接抬高了蔬菜二级批发商加价幅度,导致了北京市蔬菜的"最后一公里"问题。第三,北京市的二级蔬菜批发商和农贸市场的蔬菜零售商的收益处于合理的范围内,不存在超额利润;北京市二级蔬菜批发商有其存在的必要性和价值。

第四节 北京农产品零售终端建设的政策建议

一、完善建设机制,健全零售网络

(一)在北京市农产品零售终端建设中,应按照市商务委提出的"区管零售"的原则,即区县政府负责农产品零售终端建设,以"建网点、保功能,减环节、降成本,稳供应"为目标,建立和完善以规范化社区菜市场为主体,社区菜店、生鲜超市为重要补充,网络直销为新生力量的多业态并存、共同发展的蔬菜零售格局。提高蔬菜直接流通比例,提升蔬菜零售网络"便利化、规范化、组织化、现代化"水平,让"菜篮子"工程更多造福于百姓。

(二)新建农产品零售终端网点时,应做好前期规划工作。根据北京市商务委关于社区规范化菜市场指导意见和相关要求,各区县结合本辖区经济社会发展规划,由区县商务、规划、城建、发改等部门联合制定本区县菜市场建设规划,设立菜市场发展专项资金,统筹解决菜市场建设用地用房,推进菜市场建设。应在人口密集区、社区周边等地区适当设置农产品零售终端网点,在增加消费者购买的便利性的同时,也能增加零售网点的盈利,实现消费者和零售终端的双赢。

(三)允许不同类型的零售终端存在,以满足不同消费者行为对农产品的多样性需求。应推动集贸市场提升设施环境,规范经营管理;对零售市场进行改造提升,提高组织化、规模化水平和市场供应保障能力;应保证菜市场的经营方向,不得无故关停菜市场;因城市开发建设确需拆除菜市场,应本着"先建后拆"的原则,并提前向市商务部门备案。

三年内全市新发展规范化社区菜市场不少于150家;新建规范化社区菜市场建筑面积不少于600平方米;规范化社区菜市场蔬菜营业面积不少于全场总面积的1/3,鼓励菜市场增加蔬菜营业面积,力争达到1/2。新建大型社区(3万人以上)应至少拥有1家800-1000平方米、符合《社区菜市场(农贸市场)设置与管理规范》标准建设的规范化社区菜市场。新建中型社区(0.7万-3万人)应至少拥有1家不少于600平方米的规范化社区菜市场,并根据居民需求可辅之以适当数量的社区菜店和生鲜超市店铺,即采取社区菜市场+社区菜店+生鲜超市为主的业态组合。小型社区(0.7万人以下)的蔬菜供应,可采取社区菜店+小型生鲜超市+早晚市+流动售菜点的业态组合。[①]

二、平抑农产品的终端零售价格

(一)建立更为健全的农产品价格监管机制,出台相应的法律法规,规范农产品的流通秩序和价格变动。加强农产品流通体系建设,一方面,可以完善平稳产销运行、保障市场供应的长效机制,切实提高保障农产品稳定均衡供给的能力,防止农产品市场价格大起大落;另一方面,可以通过区域内循环和跨区域调运,有效缓解局部地区丰收增产、集中上市导致区域性的农产品过剩,保障在发生自然灾害等突发紧急状况时的农产品供应,充分发挥调剂余缺、稳定市场的重要作用。在稳定农产品价格的基础上平抑终端价格,努力提高农民的收入。此外,应找出农产品终端价格居高不下的真正原因,采取针对性措施,切实降低终端销售价格,保护消费者的利益。

(二)改变蔬菜一级批发不合理的计价方式。抵扣包装物的重量,按照蔬菜的实有重量计算其批发价格,将有助于其批发价格的合理回归,降低批零差价,缓解"最后一公里"问题,从而降低终端销售价格。

(三)积极推动社区菜市场与批发市场、生产基地等进行对接,降低流通成本。鼓励批发市场、农业生产企业建设社区直销菜市场或在现有菜市场建立蔬菜直销点。通过产权收购或参资入股等方式直接持有一定比例的社区菜市场产权,逐步实现社区菜市场企业化改造,发展社区菜市场连锁经营,提高组织化程度。城六区每区至少与2-3个本地和外埠蔬菜生产地区建立蔬菜直供战略合作关系,在

---

① 关于加快本市蔬菜零售网络建设的指导意见(试行).京商务规字〔2011〕20号.

三年内发展本地和外埠蔬菜直营菜市场和直营菜店30家以上。

（四）推动社区菜市场向以公司化经营为基础、以"五统一"为核心的方向发展，鼓励连锁化经营，提高蔬菜零售网络组织化、规模化水平，降低经营成本，从而降低零售价格。"五统一"即统一管理：整合部门资源，规范运营模式、流程和管理制度，统一定价和财务管理，员工统一培训、集中安排住宿，成建制统一管理；统一采购、统一配送：实行农产品集中采购配送，由采购配送中心统一采购，经拆零、分拣、包装后，配送给各零售网点；统一标准：门店设置统一标识，按照一致的规范进行内部装修、码放商品，统一按照管理制度进行交易、结算；统一品牌：进行商标注册，各门店统一品牌经营。

（五）充分发挥早市的作用。可允许在公园附近或社区周边的非交通道路，以及社区附近的酒店停车场等场所设立早市，加强对早市的管理工作，使之在不影响居民交通和卫生环境的同时，真正让消费者购买到价格低廉的新鲜农产品。

三、保障农产品质量安全，维护消费者利益

应进一步加强农产品流通市场标准化和质量安全体系建设，重点完善农产品流通市场的检疫检测设施和工作制度，加强农产品质量检测和监管。加强政府检测能力建设，推进检验检测体制改革，充分利用社会检测资源，形成标准统一、职能明确、运行高效的农产品质量安全检验检测体系。合理配置检验检测资源，推进资源和信息共享，实现结果互认。建立农产品全程质量追溯信息处理平台，以流通带动生产升级，在特色农产品生产基地建立完善的农产品全程质量追溯信息采集系统。逐步形成产地有准出制度、销地有准入制度、产品有标识和身份证明，信息可得、成本可算、风险可控的全程质量追溯体系。建立质量安全风险预警信息平台。建立农产品检验检疫风险预警体系，加强部门协作，实现质量安全信息共享。切实保证农产品安全，保护消费者利益。

第八章
农产品流通协调机制的构建

近年来,我国农产品流通体系建设取得显著进展,农产品的交易设施明显改善,流通量大幅增加,流通速度不断加快,流通成本逐渐下降,较好地发挥了促进生产和满足消费的作用。但是,也存在着农产品流通组织化程度低、交易方式和手段落后、流通网络不健全、物流配送功能不强、零售终端差异化和便利化服务不够、抗风险能力弱等问题;同时,由于受国内外市场供求和资本转移(投机)的影响,导致国内农产品价格在2010年丰收的基础上却处于高位震荡。由此,引发了政府、学界、业界、民众对国内农产品价格(尤其是"最后一公里")上涨原因的关注和争论,进而引起对我国农产品流通体系和协调机制不完善问题的讨论。因此,深入探讨我国农产品流通协调机制的构建问题,具有重要的理论和现实意义。

针对我国农产品流通协调机制问题,国内学者进行了一定的研究。这些研究大体分为三个路径:一是以李翠霞(2002)、汪德平(2003)、李豫新等(2006)、吴珂等(2008)的学者为代表,运用经济学基础理论,来分析农产品流通的利益协调机制问题;二是以兰萍(2008)、冷志杰等(2009)、杨金海(2009)、林丽金(2010)、张智勇等(2010)的学者为代表,运用经济学和管理学理论,来分析农产品流通的供应链协调机制问题;三是以方伟等(2004)、刘伟华等(2008)、陈业华等(2009)、夏春玉等(2009)的学者为代表,运用现代经济学理论,来分析农产品流通的合约、组织的协调机制问题。这种研究多是从实践出发,运用相关理论进行了较深入的分析,并取得了丰富的成果。但是,这些研究往往只是关注农产品流通协调机制的某一方面,没有从协调机制整体构建的角度来论述,存在着明显的不足。本文将沿着第三个路径,运用现代经济学理论,从组织、合约、技术三个维度,来论述我国农产品流通协调机制的构建问题。

第一节 基础理论的概述

一、基本概念的辨析

从概念上讲,机制最早源于希腊文,原指机器的构造和动作原理。后来,人们将其引入经济学,经济机制是指在一定经济机体内,各构成要素之间相互联系和作用的关系及其功能。机制概念的本质有:一是有机体内部各个要素客观存在的结构和相互关系;二是有机体内部各个要素的作用要通过一定的机理和形式表现出来,即在协调中发挥作用。

协调是指和谐一致,配合得当。一是指事物间关系的理想状态;二是指实现这种理想状态的过程。在经济学中,协调既可以视为在各种经济力共同作用下,经济系统的均衡状态;也可以视为经济系统在各种经济力的共同作用下,趋向均衡的过程。在管理学中,协调主要指实现管理目标的手段和过程,强调的是对各种管理要素的综合考虑。

因此,所谓协调机制,既是指机制本质的第二个方面,即在协调中发挥作用;也是指协调的第二种状态,即实现这种理想状态的过程。

农产品流通协调机制从狭义上讲,是指农产品流通体系运行机制中的协调机制,也称利益协调机制,它是指在农产品流通体系中的各主体为了获得利益而参与其中,并通过利益的分配来协调各主体自身和相互的行为和关系的过程。从广义上看,是指维系农产品流通体系运行的构成主体和客体,以及他们相互之间相互影响和有效运行的机理和形式。

因此,农产品流通协调机制是从深层次上探讨农产品流通体系问题。

二、基础理论的讨论

农产品流通协调机制问题,涉及的基础理论主要有:农产品的属性和农产品市场特征决定的协调机制;农产品流通中的政府调控或政府规制;经济协调机制的机理和形式等。

首先,农产品的属性和农产品市场特征决定的协调机制是市场机制。农产品是一种需求缺乏弹性的商品,也是一种可再生资源;农产品市场是一种需求约束型而非资源约束型的买方市场,是最接近于完全竞争的市场。当前,国际市场上石油、粮食等大宗商品价格呈快速上升和轮涨趋势,引发了全球性通货膨胀的压力和预期。由此,人们将粮食和石油并列为战略物资,不仅要确保18亿亩耕地红线①,甚至提出"农产品武器化"的观点②。其实,石油的属性和石油市场的特征与农产品有很大区别。石油是一种需求缺乏弹性的商品,却是一种不可再生资源;石油市场是一种资源约束型而非需求约束型的卖方市场,是典型的寡头垄断市场。因此,同样面临涨价问题,农产品和石油的协调机制却截然不同。农产品流通的协调问题,主要应为市场机制,而不是政府调控;石油可以作为战略物资,在市场机制的基础上,政府要加强宏观调控。

其次,农产品流通中的政府调控或政府规制的范围要有界定。一是从农产品的公共产品和政府的公共服务出发,限定少数农产品品种为生活必需品,政府可以运用一定的公共支出(其支出范围和数量应提交预算审议),进行必要的政府储备;以及在农产品价格上涨期间,对城乡低收入者进行价格补贴。二是从政府调控和政府规制的角度看,农产品市场是竞争性市场,政府不能对其进行经济性规制(包括进入、价格、投资等的规制),而只能在市场失灵的情况下进行调控③;同时,可以对其进行社会性规制,内容主要是农产品质量和安全规制,关键是政府承担(或主要承担)农产品安全检疫检验设备投资和运行费用的投入。

再次,农产品流通协调机制运行的机理可以追溯到经济协调原理。以斯密(1776)为代表的古典经济学派开创性地提出无形之手协调市场运行;之后,马歇尔(1890)为首的新古典经济学派推出较为严谨的需求与供应的分析,指出市场价格的变动会引导资源或生产要素使用的变动。科斯(1937)为代表的新制度学派提出一个重要的问题:为什么有的交易在市场进行,而有的交易在公司内部进行?即为什么资源配置有时从无形之手转到有形之手?他认为,交易方式(企业还是市场)选择的标准是交易费用的高低。哈耶克(1945)指出只有市场才能搜集和处理供求双方高度分散的知识和信息,而政府却做不到。弗里德曼(1968)进一步指出,供求双方的知识和信息通过市场交易及市场价格的变动,不但传递到市场上,

---

① 2008年12月24日,北京天则经济研究所发布的"粮食安全与耕地保护"研究报告指出,确保18亿亩耕地以保障粮食安全的观点是错误的,甚至是有害的。由此引发了各界的争论。2011年4月19日,国土资源部党组成员、国家土地副总督察甘藏春在国土部新闻发布会上明确表示,到任何时候,中国的耕地不能少于18亿亩,即要保证18亿亩耕地红线不突破。

② 2009年12月15日,李昌平等人在期刊《观察与交流》上发表了文章《"农产品武器化"趋势与中国的应对策略》。文章提出"农产品武器化"已经成为发达国家控制别国的重要战略手段,以此为基础提出对中国食物主权安全和"农产品武器化"的几点具体建议。由此引发了争论。

③ 厉以宁教授在1986年出版的《社会主义政治经济学》一书中,提出了政府二次调节论,即市场第一次调节,市场失灵后,政府进行二次调节,弥补市场失灵的论点。这个论点对于农产品流通包括生活必需品流通依然适用,即当农产品中生活必需品的流通发生重大失衡情况下,政府才进行调控。

而且交易的盈亏就是市场(无形之手)对他们决策的奖惩。张五常(1983)认为,市场与企业是合约安排的两种不同形式,企业的本质是用要素市场合约取代产品市场合约。威廉姆森(1985、1996)构建了资本主义经济制度中协调经济运行的组织框架,即市场一混合形式一科层一政府,并详尽地分析了其运行机理,推动了交易费用经济学的发展。哈特(1986)指出,由于签订合约的双方当事人不可能在事前完全预见到未来的或然状况,或者难以一种双方没有争议的语言写入合约(或者写入成本太高),或者难以向第三方证实这些或然状况,因此事前签署的合约是不完全的。因此,长期合约不能代替短期合约,企业不能代替市场,等自然状况清楚之后,所有相关变量都是可证实的,双方可以对初始合约进行有效率的再谈判。不完全合约理论从产权转移或变动的角度重新解释了企业的边界,并赋予产权以新的含义,因此也称为企业的产权理论。

总之,经济协调机制按照其交易成本的高低和处理信息问题的能力大小,从激励强度、协调性适应、行政控制、合约法、官僚主义成本、合约不完全程度等六个维度,可以分为:市场、混合形式、科层(企业)和官僚组织(政府)四种形式。(聂辉华,2004)其中,混合形式包括:长期合约(纵向约束)、合资企业、企业集团、非正式网络和特许经营等。

我国农产品流通协调机制构建的基本思路是:在市场一混合形式一政府三种组织(协调形式)的背景下,形成组织一合约一技术三位一体的协调机制①。如图8.1所示:

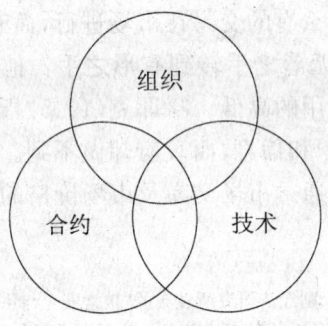

图 8.1　农产品流通协调机制

---

① 这个协调机制也可以看成是由组织一合约一技术,市场一混合形式一政府共同构建成一个六面体结构(其中,组织与企业基本等同,组成一个协调形式)。图省略。

第二节　农产品流通协调机制组织维度的构建

现代经济学认为,组织是指在其内部不使用价格机制而使用权威作为协调工具的单位。进一步看,在各种组织之中,并不一定都是运用权威(科层)来传递信息和协调经济运行,还可以有其他方式。如互相协调——通过信息交流的简单过程实现协调;工作程序标准化——通过细分工作程序实现协调;产品标准化——通过细分不同工作的结果实现协调;技术标准化——通过对员工的专业培训实现协调;规范标准化——通过遵守工作准则或信条实现协调。(塞特斯·杜玛、海因·斯赖德,2006)

一般认为,作为农产品流通协调机制的组织形式有:单一型:农户、经纪人(经销大户)、合作社、基地、公司、批发市场、零售店、销售网站等;复合型Ⅰ:公司+农户、基地+农户、合作社+农户、经纪人(经销大户)+农户、批发市场+农户、批发市场+基地、基地+超市等;复合型Ⅱ:公司+基地+农户、公司+经纪人(经销大户)+农户、公司+合作社+农户、批发市场+公司+农户、批发市场+经纪人(经销大户)+农户、批发市场+基地+农户、批发市场+合作社+农户等①。

构建中需要研究的是,以上众多的组织形式只是理论上的一种划分,或者是在发达国家比较流行的组织形式;但在我国目前及今后一段时期内,还不是主要的组织形式。如公司+农户、基地+农户、合作社+农户、超市+基地、公司+基地+农户、公司+经纪人(经销大户)+农户、公司+合作社+农户等。

其原因在于:第一,我国小农经济的状况短时期很难改变,农户(小农)在农产品流通中的作用不容忽视。我国农业生产的基本情况是人均2.53亩地,户均12.66亩②。这与一般的表述"人均一亩三分、户均不过十亩"有所不同;也与盖尔·约翰逊(2000)的分析和预测有一定差距③。但是,我国小农经济的状况长期存在具有客观性与合理性。正如向国成、韩绍凤(2007)提出并论证的小农经济"小而

---

① 复合型Ⅰ和复合型Ⅱ的组织形式又被人们称为流通模式,这主要是从农产品流通的过程和渠道角度来看的。但是,根据现代网络型组织结构理论和虚拟组织理论,将农产品流通复合型Ⅰ和复合型Ⅱ定义为组织形式则更加准确。

② 2008年我国耕地18.26亿亩,乡村人口7.21亿人,农村户均人口按5人计算。(虽然统计上户均人口3.16人,但考虑到农村耕地是从30年前家庭联产承包制延续下来的,中间虽有调整,但基本上维持当年的家庭人口规模)。

③ 根据盖尔·约翰逊的分析和测算,中国2005年人均8.9亩,户均17.8亩;2015年人均11.7亩,户均23.4亩;2025年人均15.4亩,户均30.8亩。

有效"的思想。以及徐振宇(2011)根据湖北天星村葡萄业技术与市场演化的案例,提出并深入分析了小农(企业家)主导的农业组织模式。第二,我国农产品流通中经纪人(经销大户)与批发市场的主导组织模式将长期存在。一是,经纪人(经销大户),他们处于农户与批发市场的中间,起到了中介或桥梁的作用,对于小农经济为主的农产品流通来说,是一个不可替代的协调组织;二是,虽然有些发达国家农产品批发市场的径流率在下降,我国农批市场发展与现代化城市的交通、环境等低碳发展约束存在尖锐矛盾,但是对于小农经济为主的农产品流通和民生商业来说,仍然是一个不可替代的协调组织。第三,基地+超市,即农超对接模式正在快速发展,但不能成为主导组织模式。近年来各级政府大力倡导和推动的农超对接模式,虽然有了一定的发展,但其受到我国农产品标准化生产、标准化分拣的制约,流通成本较高,在相当长的时期内不可能成为农产品流通的主导协调组织。

需要进一步研究的问题是,农户、经纪人(经销大户)与组织的关系。一般认为,农户和经纪人(经销大户)是小农、是个体户,经营分散,农户与家庭农场相比不具有规模经济,经纪人(经销大户)与销售公司相比缺乏法人特征,组织化程度低下,经营成本高,抗风险能力低。总之,小而无效。从理论上讲,组织的本质是一种协调机制,由分工—专业化—信息处理—协调的需要而产生。规模经济和法人特征既不决定组织产生与否,也不决定组织的本质特征。因此,可以做到小而有效。即农户和经纪人(经销大户)也是一种组织形式,并可以做到小而有效。①

那么,农户和经纪人(经销大户)如何做到小而有效? 本书在向国成、韩绍凤提出的"小农生产+大农经营的组织模式"和徐振宇提出的"小农(企业家)主导的组织模式"的基础上,提出"农户+经纪人+批发市场的组织模式",即批发市场主导的组织模式。也就是说,用批发市场这种协调机制的优势来弥补农户和经纪人(经销大户)的劣势。一般认为,小农无法面对大市场,在市场经济面前,小农必然被淘汰。但是,我国改革开放30多年来农产品批发市场带动农户和经纪人(经销

---

① 根据发达国家的经验,合作社既是农产品生产流通的主要组织形式,也是农产品流通的重要协调机制。但是,在中国目前农村的各种合作社发展状况并不好,其中占较大比重的"公司领办型合作社"往往存在侵蚀农民利益的现象。其原因:一是一些地方政府存在"畏农"、"恐合"意识,对农村合作社发展环境优化不够;二是我国农村缺乏合作社发展的市民社会基础,农民的民主意识、合作意识、市场意识等不强;三是社会资本或公司在建立和发展合作社的过程中过于强调资本的力量,而忽视了农民的权利和利益。因此,一方面,要优化合作社发展环境,培育市民社会基础和农民的合作意识,规范和约束合作社的治理结构,推动合作社的健康发展,使其在未来真正成为我国农产品流通的主要组织形式和农产品流通的重要协调机制;另一方面,在未来10~20年的历史阶段,农户、经纪人(经销大户)和批发市场还是我国农产品流通的主要组织形式和农产品流通的重要协调机制。

大户)共同发展的实际充分说明,批发市场这个协调机制的正面(引导)作用大于负面(风险)作用。从理论上讲,批发市场除了通过价格发现和信息传递来协调农产品流通之外,它还会派生出一系列的各种服务组织(营利的与非营利的),从纵向产业链联系的角度形成农产品流通的社会化服务体系,这就为农户和经纪人(经销大户)面对大市场竞争和规避风险提供了有力的支撑。可以说,由批发市场派生出来的农产品流通社会化服务体系是批发市场主导的组织模式的核心及成败的关键。当然,其中非营利的农产品流通社会化服务组织需要政府扶持,即可以政府购买其服务。

专栏8-1:北京市农产品流通协调机制——组织的构建

大兴区农副产品流通协会投资20万元在供销社职工学校先后举办了3期有203名会员单位及来自流通领域参加的农产品经纪人培训班,使农产品经纪人的素质得到提高,在搞活大兴区农产品流通上大显身手。如农产品经纪人庞各庄镇乐平农产品产销有限公司经理冯乐平,运用所学知识积极带动600户农民,通过开展旅游、观光采摘、礼品瓜销售、地头批发等多种渠道,销售西甜瓜237万公斤,蔬菜33万公斤,销售额达513万元,在企业增效、农民增收上迈出了坚实的步伐,充分发挥了农民经纪人的作用。

新发地农产品批发市场推行"市场+运销大户(农产品经纪人、专业合作组织)+农户"的模式,充分发挥自身产品集散、价格形成、信息发布等多种优势,充分保障北京生活必需品供应,带动全国上百万农户走上了发家致富的道路。为帮助经营户回避风险,市场专门成立了信息中心,24小时向客户和农民提供服务,帮助客户分析行情,根据当地市场价或产地价,分析除去运费等开支后,到新发地市场来能不能赚到钱。能赚钱就来,不能赚钱就告之别来,另选其它行情较好的市场去交易。市场信息网络中心将每天的价格信息更新三次后及时传递到网络终端。同时,与农业部、商务部、国家工商总局等有关部委的信息中心以及绿篮网、松际农网等全国农业系统较大的专业网站联网,通过这些网站及时地将信息传递给农民。还通过各大媒体,将信息及时传递到全国各地农业主管部门、批发市场、生产基地和运销大户。在帮助农民调整产业结构、回避市场风险方面起到了很大作用。

第三节 农产品流通协调机制合约维度的构建

现代经济学认为,合约是是一组承诺的集合,这些承诺是签约方在签约时作出的,并且预期在未来合约到期日能够被兑现。现代合约分为两种,完全合约与不完全合约。完全合约是指这些承诺的集合完全包括了双方在未来预期的事件发生时所有的权利和义务。不完全合约是指这些承诺的集合不能完全包括双方在未来预期的事件发生时所有的权利和义务。造成不完全合约的根源在于缔约双方的信息不对称导致的行为结果的可观察但不可验证性。(帕特里克·博尔顿、马赛厄斯·德瓦特里庞,2008)

作为农产品流通协调机制的合约也称为订单农业。它可分为:要素合约与商品合约,在风险中性的假设下,二者的选择取决于对物质资本与人力资本的投资偏好及相互的关联程度(独立投资、持有与共同投资、持有)(吴秀敏、林坚,2004);一体化合约与非一体化合约,在农户以市场交易权换取就业机会和提高收入机会的前提下,公司+农户+基地合约就是一个一体化合约或称准一体化合约,而其他合约如农户+经纪人、农户+批发市场等就是非一体化合约(周立群、邓宏图,2004);显性合约与隐性合约,也称正式合约与非正式合约(关系型合约),它们是以主体是否具有独立性以及是否正式达成合约为界限的[①]。

构建中需要研究的是,国内有许多文献对农产品流通合约的交易效率和风险进行了研究,但不够深入。第一,有人认为,由于农产品的特性、农产品流通的特点以及交易主体地位的非对称性,其合约必然是不完全的(俞雅乖,2008)。其实,完全合约与不完全合约只是或主要是一种理论上的划分或学术之争,与现实中的合约形式有一定的距离。从理论上讲,二者的根本区别在于,前者关注的是合约签订后的履行问题;后者关注的是合约签订前对双方权利(包括再谈判权利[②])的设计或约定。因此,在我国农产品流通中,通过合约签订前规定合约签订后发生的各种情况下双方的权利义务,并加强对合约履行的监督,完全可以签订完全合

[①] 非正式合约或称关系型合约(不完全合约)是指合约中的缺口或纠纷依靠在双方关系体系中的不断谈判协商解决,而不依靠第三方介入。在中国市场经济发育过程以及农产品流通中,关系型合约发挥着重要的作用。它是农户、经纪人从自然经济进入商品经济(市场经济)主要抓手,也是从以亲情与友情为纽带的小交易圈走向以利益和信誉来维系的大市场交易圈的必经阶段,还是市场主体从自然人到法人的重要标志。

[②] 再谈判是指在合约执行过程中,当不确定性导致的风险发生后,双方愿意在互利的基础上通过谈判来修改合约。

约。第二,一些学者从不完全合约出发,分析了农产品流通合约的违约风险问题,得出"通常意义上的"不完全合约导致违约风险的结论,并提出规范合约的建议(刘凤芹,2003)[①]。其实,"通常意义上的"不完全合约与"注定"不完全合约只是或主要是一种理论上的划分或学术之争,与现实中的合约形式有一定的距离。从理论上讲,二者的区别在于,合约双方信息不对称导致的行为结果是否可观察但不可验证性。严格来看,因语焉不详和疏忽造成的"通常意义上的"不完全合约,不是不完全合约,只能算不完善或不规范合约;而因解决纠纷的高成本造成的"通常意义上的"不完全合约,本质上可以算成完全合约。因此,在我国农产品流通中,重点要探讨因信息不对称和专用性投资导致的"注定"不完全合约,不仅要分析农户与交易对方信息不对称问题,而且要分析农户包括物质资本和人力资本在内的专用性投资问题,农户在"干中学"增长的人力资本是其在合约谈判中的重要筹码,有利于提高合约的效率和降低违约的风险[②]。

需要进一步研究的问题是,农产品流通合约履约的外部性问题。一般认为,在农产品流通中,由于合约双方的信息不对称、地位不对等以及第三方调解和执法的不现实性,一旦出现风险的不确定,合约双方都有违约的动力。据生秀东(2007)的相关调查,在农产品流通的各种违约事件中,公司违约的占70%左右,农户违约占30%左右。从理论上讲,一是存在着履约的外部性,即如果多数人都履约,只有个别人违约,违约者很容易受到惩罚;但如果多数人都违约,就很难惩罚违约者。二是存在履约的低效率,即履约者没有足够的激励促使想违约者不违约,违约的概率高而履约概率低;也就是说,不违约者所得到的补偿不足以弥补其损失,导致想违约者最终选择了违约。

专栏8-2:北京市农产品流通协调机制——合约的构建

北京怀柔工商局采用提前介入的方法服务订单农业发展,一是利用管理"经济户口"的优势,为农民提供企业登记情况,指导农民与经营规模较大、经营产值较高、履约能力较好的企业签订"订单农业"合同;二是提供规范、统一的"订单农业"合同文本,深入龙头企业和农户中指导签订"订单农业"合同,提升订单农业的规范化、法制化。三是深入农业龙头企业指导建立"订单农业"合同台帐,规范信用(合同)管理制度,实行

[①] "通常意义上"的不完全合约是指因语焉不详、疏忽、解决纠纷的高成本等原因造成的不完全合约;"注定"不完全合约是指因信息不对称和专用性投资导致的不完全合约。

[②] 干中学是指在工作或生产的过程中,通过对经验的积累总结,乃至创新,达到更高的效率。

合同专人管理。四是建立联络员制度,加强公司、农户、工商部门三方联系,定期交流信息,帮助供销双方解决好"定单农业"发展中遇到的资金短缺、技术薄弱、自然风险、决策风险等问题。

那么,如何解决农产品流通合约履约的外部性提高其履约效率呢?关键是建设法治国家,优化农产品流通履约的法制环境[①]。通过政府、立法执法部门和市场主体的不断努力,逐渐达到履约外部性的均衡,多数人履约,履约有收益,政府能征税,监管能执法,违约受惩罚,履约者增加。在这个过程中,一方面,政府和立法机构及执法部门要大力推进法治建设,不要任意干预农产品流通特别是农产品价格,要加大对农产品流通关系型合约的保护力度,并积极引导其向正式合约的过渡,而尽量减少对一般违约的惩罚。另一方面,农户、经纪人、批发市场等农产品流通的三大主体,要增强法律意识和履约意识(不要停留在关系型合约阶段),规范合约形式和内容,通过激励和再谈判的设计,降低履约风险,提高履约率。

第四节 农产品流通协调机制技术维度的构建

现代科学认为,技术是指根据生产实践经验和自然科学原理而发展成的各种工艺操作方法与技能。广义的技术进步是指技术所涵盖的各种形式知识的积累与改进。在开放经济中,技术进步的途径主要有三个方面即技术创新、技术扩散、技术转移与引进。技术创新是指改进现有或创造新的产品、生产过程或服务方式的技术活动。这是一个从产生新产品或新工艺的设想到市场应用的完整过程,它包括新设想的产生、研究、开发、商业化生产到扩散这样一系列活动,本质上是一个科技、经济一体化过程,是技术进步与应用创新共同作用催生的产物,它包括技术开发和技术应用这两大环节。

一般认为,作为农产品流通协调机制的技术有:农产品流通的商流技术,它是指在农产品所有权转移过程中的技术,主要是农产品的采购和销售技术,如网上销售等;农产品流通的物流技术,它是指服务于农产品实体在空间和时间中转移过程的技术,主要有仓储、运输、包装、加工、销售、配送等技术,如农产品仓储自动化技术和冷链物流技术等;农产品货币流技术,它是指应用于农产品交易中货币

[①] 法治与法制的语义不同,法治是指在政府干预经济活动受约束条件下,约束经济人行为;法制是指政府通过法律来规制经济人行为。现代市场经济是法治约束下的市场经济,即好的市场经济。

流通的技术,如电子货币,自动结算等;农产品信息流技术指用于农产品流通过程中信息的收集、传递以及处理方面的技术,包括计算机网络技术和电子商务等。另外,按照流通技术的技术特性划分,可以将其分为标准化技术、自动化技术和信息化技术(韩耀、何广前,2006)。

构建中需要研究的是,对于我国的农产品流通协调机制的技术来说,一方面,农产品商流、物流、货币流、信息流等的技术水平的现状相对比较落后,农产品规格品种参差不齐、现金对手交易普遍存在、仓储设施严重不足、保鲜技术落后、自动化和信息化发展滞后。另一方面,随着云计算和物联网等高新技术的快速发展和广大消费者对安全优质农产品需求的不断增长,迫切需要用现代高新技术来改造和提升我国的农产品流通技术,使其能够真正担当起农产品流通协调机制的作用。

那么,如何认识农产品流通的三大主体——农户、经纪人、批发市场对技术及技术创新的需求呢?第一,农户、经纪人、批发市场这三大主体对技术及技术创新的需求倾向如何,即是否具有理性?舒尔茨(1964)在他的名著《改造传统农业》中驳斥和纠正了关于传统农业的错误观点,指出传统农业中的农民并不愚昧落后,他们能对市场价格的变动做出迅速而正确的变动,他们的行为是理性的。本文完全同意舒尔茨的观点,从作者近年来对我国农产品流通调研的实际情况看,农户、经纪人、批发市场这三大主体对技术及技术创新的需求十分具有理性,即只要技术及技术创新能够带来实实在在的收益,他(它)们都会学习和使用那些农产品流通的技术及技术创新,如保鲜仓储技术、电子商务技术等。

第二,农户、经纪人、批发市场这三大主体对什么类型的技术及技术创新的需求倾向大?舒马赫(1973)在他的著作《小的是美好的》中提出了中间技术的理论,他认为,在发展中国家最适用的技术是介于先进技术与传统技术之间的技术,而且中间技术不需要大的投资却可以创造可观的就业机会。本文也同意舒马赫的理论,从作者近年来对我国农产品流通调研的实际情况看,农户、经纪人、批发市场这三大主体对技术及技术创新的需求是有选择性的,多数主体选择的是中间技术或者是适用技术[①]。选择先进(超前)技术的主体一般背后都有政府财力的支持,或者本身就是政府项目;而选择传统技术的主体一般都受到物质资本和人力资本的约束。

需要进一步研究的问题是,农产品流通技术的演进方式问题。一般认为,现

---

① 1975年,印度经济学家雷迪提出"适用技术"理论。他指出,发展中国家引进技术不仅应该根据本国经济发展的需要,而且也应该考虑到发展中国家的现状,如生产要素和技术的状态、市场的规模、社会文化的环境及技术吸收的创新能力等因素,力求获得技术引进的最大效益。

代技术演进的目的是人通过发明技术更有效地改造自然,并使自然充满生机、更有利于人类的生存和发展,达到人与自然处于和谐状态;现代技术演进的过程是人类出于一定的目的不断探索和认知自然和社会的过程;现代技术演进的规律是一个社会的科学技术发展速度与学术自由程度成正比,与该社会的经济实力和社会稳定成正比,与现有的知识总量成正比;现代技术的演进方式可以分为渐进性和突变性两种。就我国的农产品流通技术的演进方式而言,渐进性更符合农户、经纪人、批发市场这三大主体的实际。一方面,根据企业知识理论,构成企业核心能力的内在基础的意会性知识是企业拥有的他人很难模仿的核心能力的基础,其形成与企业的实践、发展历程密切相关,只有通过应用和实践才可获得[①]。那么,农户、经纪人、批发市场这三大主体依靠在农产品流通过程中学习所培养的意会性知识是其技术及技术创新最为关键的因素,也是他们核心竞争力之所在。另一方面,根据"干中学"理论,知识可以归结为经验,人们在实践中产生并尝试解决问题的活动将会极大促进社会的发展,这就是干中学效应。那么,农户、经纪人、批发市场这三大主体在农产品流通过程中发生的技术演进或技术创新与"干中学"两者是相互促进的,只有持续的技术进步才能维持不断的"干中学"。

专栏8—3:北京市农产品流通协调机制——技术的构建

针对果蔬具有明显的季节性、区域性,保鲜技术方面存在投资大、能耗高、利用率低、经济性差、相关配套技术不成熟等问题,2008年北京市农业机械试验鉴定推广站在平谷区、海淀区、怀柔区等区县小范围试验示范了20台小型农产品保鲜库。经过初步试验90立方米的保鲜库可存鸡蛋6300箱,100800斤;可存鲜梨900箱,45000斤;可存鲜桃18900斤;蔬菜10710斤;可存苹果3334箱,35000斤。得到很好的效果,正常使用20台保鲜库可为农户每年共增加200万元的收益,平均每户增加收入10万元,受到农户的欢迎。

2011年9月22日,中华全国供销合作总社与中国科学院在北京签署战略合作协议,双方将携手共建农资现代经营服务网络体系,在农资物联网整体技术解决方案、农资商品质量追溯技术标准等7大领域开展重点合作。将最新的物联网技术等引入农资流通领域,力图从源头上控

---

① 意会性知识是指高度个体化、难以规范化、形式化,难以与他人共享的知识,这类知识产生于实践,并受个体所处环境的约束,如企业家的直觉、企业文化、熟练工人的技巧等。

制农资商品质量,维护农民根本利益。实现技术与产业应用的融合,活跃农村流通,开启了农资传统行业与现代信息技术的融合创新过程。

第五节　农产品流通协调机制的运行

本书认为,我国农产品流通三位一体协调机制的运行,既是三者关系的结构定位,也是组织-合约-技术三者相互影响的过程。

第一,三者关系的结构定位。

首先,组织是三位一体协调机制的基础,组织的培育、发展和壮大不但是协调机制良好运行的前提和抓手,而且其本身(如批发市场)就是一种协调机制,可以说是最核心的协调机制。其次,合约是三位一体协调机制的纽带,合约签订的规范性、合约履行的承诺与再谈判、以及违约的惩罚机制等,对协调机制的良好运行至关重要。再次,技术是三位一体协调机制的动力,技术的演进过程和应用程度不但支撑着协调机制的良好运行,而且推动着协调机制不断向更高层次递进。其中,批发市场主导的组织模式、农产品流通合约履约的外部性和农产品流通技术的演进方式等问题,对我国农产品流通协调机制产生着重大影响。

第二,三者相互影响的过程。

组织对合约的影响:一是,组织的发育和规范程度不但与合约的正式(完备)程度密切相关,而且会对合约的约束力和履约率产生较大影响。也就是说,随着农产品流通组织发育和规范程度的提高,农产品流通合约的正式(完备)程度将不断加强,合约的约束力和履约率也将不断提高;二是,组织形式的多样性不但与合约的正式(完备)程度密切相关,而且会对合约的约束力和履约率产生较大影响。如农户、经纪人、批发市场等对农产品流通合约正式(完备)程度的要求存在着明显的差异;进而导致由交易成本和风险不确定性决定的农产品流通合约的约束力和履约率存在较大的差异性。

组织对技术的影响:一是,组织的发育和规范程度不但与技术的先进和适用程度密切相关,而且会对技术创新的程度和应用性产生较大影响。也就是说,随着农产品流通组织发育和规范程度的提高,农产品流通技术的先进和适用程度将不断加强,技术创新的程度和应用性也将不断提高;二是,组织形式的多样性不但与技术的先进和适用程度密切相关,而且会对技术创新的程度和应用性产生较大影响。如农产品流通的不同类型组织会对技术及技术创新产生不同的要求、同类型组织会对技术及技术创新产生不同的要求,不同类型组织会对技术及技术创新产生相同要求。

合约对组织的影响:一是,合约的正式(完备)程度不但与组织发育和规范程度密切相关,而且会对组织的多样性产生较大影响。也就是说,随着农产品流通合约的正式(完备)程度的提高,农产品流通组织发育和规范程度将不断加强,组织的多样性也将不断发展;二是,合约的约束力和履约率不但与组织的发育和规范程度密切相关,而且会对组织的多样性提出不同的要求。如约束力和履约率高的农产品流通合约对农产品流通组织的规范性要求较高,也会针对不同的农产品流通组织提出有效的差异性要求。

合约对技术的影响:一是,合约的正式(完备)程度不但与技术的先进和适用程度密切相关,而且会对技术创新的程度和应用性产生较大影响。也就是说,随着农产品流通正式(完备)程度的提高,农产品流通技术的先进和适用程度将不断加强,技术创新的程度和应用性也将不断提高;二是,合约的约束力和履约率不但与技术的先进和适用程度密切相关,而且会对技术创新的程度和应用性产生较大影响。如约束力和履约率高的农产品流通合约不但保证了农产品流通技术有效应用,而且将鼓励和推动农产品流通的技术创新不断涌现。

技术对组织的影响:一是,技术的先进和适用程度不但与组织的发育和规范程度密切相关,而且会对组织多样性产生较大影响。也就是说,随着农产品流通技术的先进和适用程度的提高,农产品流通组织化程度和组织规范化不断加强,农产品流通组织的多样性也将相互并存,如农户作为农产品流通的组织形式之一并没有随着农产品流通技术的先进和适用程度的提高而消失;二是,技术创新的程度和应用性不但与组织的发育和规范程度密切相关,而且会对组织多样性产生较大影响。如冷链物流技术促进和推动了鲜活农产品物流配送组织的发育和规范程度的提高,同时也为鲜活农产品物流配送组织的多样性提供了发展空间。

技术对合约的影响:一是,技术的先进和适用程度不但与合约的正式(完备)程度密切相关,而且会对合约的约束力和履约率产生较大影响。也就是说,随着农产品流通技术的先进性和适用程度的提高,农产品流通合约的正式(完备)程度将不断加强,合约的约束力和履约率也将不断提高;二是,技术创新的程度和应用性不但与合约的正式(完备)程度密切相关,而且会对合约的约束力和履约率产生较大影响。如农产品流通中互联网技术的运用,包括统一结算、信息发布、电子交易、追溯系统等,会增加农产品交易的透明度(合约的正式、完备程度),提高农产品流通合约的履约率。

第九章

国外农产品流通体系经验与借鉴

第一节 合约与组织层面的基本经验

一、合约化与一体化趋势日益明显

从发达国家来看,农产品供应链的各个环节都出现了不同程度的市场集中趋势,各个纵向环节之间还出现了不同程度的纵向一体化趋势。

1980年代以来,发达国家农业的合约化程度越来越高。美国在使用合同方式的各类农场中,大农场和非家庭农场通过合同生产和销售的农产品占比达到75%;猪的饲养有32.9%采取了合同方式;西红柿、大麦、大豆和玉米,也有部分采取合同方式进行销售,其中西红柿的合同销售所占比例高达36.7%,大麦的合同销售比例也有19.3%(Hobbs和Young,2001)。2005年,通过合同农业模式进行生产的农产品产值已占美国农业产值的40.7%(MacDonald和Korb,2008,第8页)。

与此同时,美国农业的纵向一体化程度也越来越高,市场集中趋势非常明显。除合约(合同)外,特许权、战略联盟、合资和纵向一体化等不同形式的合约协调方式得到越来越普遍的采用。从整个农产品—食品供应链(或价值链)来看,无论是农业生产资料投入环节,或是农产品原料的生产环节,还是农产品的储运、加工、分销、外贸等环节,都出现了非常明显的市场集中现象(洪银兴、郑江淮,2009)。例如在农产品生产投入阶段,种子和农药的生产在市场上呈现出高度集中的趋势。在20世纪80年代,全球农药销售90%份额由前20家公司控制,到了2002年,公司数量减少到7家,这些公司是Sygenta、Aventis、Monsanto、BASF、Dow、Bayer和DuPont(Lang,2003)。其中有些公司进入了种子生产领域,尤其是在生物技术进步产生了转基因农产品以后,进入种子市场的生命科学类公司迅速增加,种子、农药和医药等生产商形成了规模经济和范围经济,这些公司包括 Du Pont、ICI、Elf-Aquitaine、Monsanto、Rohmand Haas and Unilever(Srinivasan,2003)。而在农产品加工阶段,由于蔬菜、园艺产品等生鲜食品的需求和出口规模的迅速增长,要求在较短时间内保持农产品新鲜程度,迅速地从"田头"转移到"餐桌",这给农产品加工市场发展带来了新的机遇,在美国前四大加工企业所占市场份额逐步提高,尤其是肉类加工市场。这些加工企业的扩张主要采取合同和一体化的方式实现了规模扩张(洪银兴、郑江淮,2009)。

二、自愿联合的强大农民合作组织

单靠分散的农户的确很难实现与大市场、大流通的对接,农民的合理利益很难得到保证,而农民自己的合作组织可以把分散的、小规模的农户组织起来,减少中间利益流失。无论是欧洲、美国,还是日本、韩国,自愿联合的农民合作组织和专业协会都非常强大,它们是农业社会化服务的主体,也是主要农业生产资料购买、农产品流通和农产品加工的市场行为主体。

美国不仅有大量高效运转的合作社,还有大量的果蔬、大豆之类的行业协会,农产品生产者、加工商、批发商、零售商、进出口商等都是协会的成员。协会负责协调组织农产品流通,举办交易会、展示会增进会员间信息交流,开展国际交流与合作促进出口,向会员介绍最新流通政策和法规,向国会及政府反映会员意见等(胡芳,2007)。

日本农协是根据 1974 年日本国会通过的《农业协同组织法》,由单独农户自愿联合组织起来的经济组织,是一个拥有强大经济力量的遍及全国的民办官助的农民经济团体。日本农协在农产品流通的各环节,如组建批发市场和配送中心、组织物流、商流、信息流及组织结账等方面发挥了不可替代的作用。生产者把产品无条件地委托给农协,农协将各成员的产品进行集中、分等定级、加工包装后,再委托给批发商进行拍卖。生产者、农协和批发商之间的委托代理关系,建立在高度信赖的基础上。各地农协在各大批发市场都设有办事处,将市场内的购销信息及时传递给生产者的农协组织。日本还设有"全国生鲜食品流通中心",每天将来自全国各地重要批发市场的市场信息集中起来,供农户使用,从收集到公布全部过程只需 3—5 分钟。

韩国农民根据农协提供的市场信息,有组织、有规模的进行农产品生产。农协在批发市场开设及经营中的地位不断提高,农协可以作为批发市场的法人接受生产者委托参与拍卖活动,还可以接受政府委托经营大型物流中心,这样就间接的提高了生产者的参与程度(刘天祥,2006)。

1908年创立的英国农协是英国一个重要的农业组织,是全国最大的农业协会,对英国和欧盟农业政策的出台能施加很大影响。该协会目前有工作人员500名,在全国各地建有地方办公室,以确保农民在自家附近就能找到农业顾问,并代表农民与官员、食品加工业、环保组织等展开谈判,给农民提供法律援助、种植养殖规划、税务援助、营销策划、农技推广、行业信息交流、打折优惠等方面信息。英国农协目前有个人会员5.3万人,农民企业、合作社等企业会员70个,律师、会计师、测绘师、土地经纪人等专业人士会员2000人。英国农协还有一家互助保险公司,给农协会员量身定做低成本保险产品。目前该公司已成为全国最大的农村保险公司,有300多家分店,提供财险、养老、个人贷款、投资、寿险5大类产品,其中财险除常规险种外,还有专为农民开发的马险、草棚险、宠物险、乡村四轮驱动车险、自驾房车旅行险等针对性很强的险种。英国农协还对英国食品标准认证体系的建立作出了重要贡献。该体系对不同商品设定不同认证标准,要获得认证必须从农场到餐桌之间的所有环节都要满足安全、卫生、可追溯性,加工方式和原料渠道必须有质量保证。目前在英国的国产生鲜农产品上标有该食品标准认证的标识(王涛,2007)。

其他西欧、北欧国家的农民合作社则更为发达。各国农民合作社所占市场份额的情况,具体数据参见表9.1。

表9.1 欧洲部分国家农民合作社所占的市场份额

市场份额(%) 产品 国家	谷物	奶制品	水果蔬菜	肉类	生产资料
丹麦	87	93	20—25	66—93	59—64
德国	——	55—60	60	30	50—60
荷兰	——	82	70—96	35	40—50
法国	75	49	35—50	27—88	50—60
瑞典	75	99	60	79—81	75
英国	20	98	35—45	20	20—25
爱尔兰	69	100	——	30—70	70

资料来源:Onno Frank van Bekkum and Gert van Dijk,(eds.),1997,Agricultural Cooperatives in the European Union,Van Gorcum & Company,P.29. 转引自杜吟棠(2002,第6—7页)。

三、大型涉农工商集团推动农产品流通体系升级

对于发达国家而言,大型涉农工商集团是推动农产品流通体系持续升级的重

要力量。首先,大型农产品加工企业通过合同等方式,稳定了农产品的需求、价格,并提升了农产品的质量。其次,大型连锁超市发展也促进了农产品流通的质变。随着大型连锁超市和零售集团的逐渐发展成熟,一些规模较大的零售企业单独或者联合几家零售企业自建配送中心,直接到产地组织采购,"产销直挂"模式加快推行。美国是走在前面的国家,因此,其农产品直销比例也增加得最快。直销加强了生产者、经营者之间的沟通和联系,减少了流通中间环节,有效降低了流通成本,有利于市场导向的生产和流通融合互动发展。20世纪60—70年代,日本的超级市场等新兴业态成长起来。由于超市采购商的采购批量大、话语权高,批发市场不得不通过改造升级、提升硬软实力来吸引大型采购商,从而在竞争中求得生存和创新发展(陈丽芬,2010)。Humphrey(2005)对欧洲农产品生产和销售组织方式统计发现,由农产品生产和加工者依靠其品牌和销售体系来驱动的农产品配送和销售的产业链发生了变化,大型零售商逐渐成为农产品生产和销售的牵引者。这些大型零售商还进入农产品供应链中寻找农产品加工和生产者,并且自建农产品品牌。如果从农产品价值链全球分布来看,大型零售商基于生鲜程度在农产品销售竞争的重要性,不断将消费者对生鲜农产品质量、品种、季节性的要求,通过特定的组织方式贯彻到农产品生产和加工环节。例如,肯尼亚的新鲜蔬菜对英国出口的模式越来越受到大型零售商的影响和控制。在1980年之前,基本上是批发商或专业生产和销售组织控制着蔬菜出口和在英国的销售;到了1990年以后大型零售商控制和销售的蔬菜占到了75%(Humphrey,2005)。

四、批发市场在农产品流通中的重要地位

不容否认,在发达国家,由于大型农产品加工企业和大型超市的迅速崛起,农产品批发市场交易在农产品流通中的重要性(或曰农产品批发市场经由率)有所下降。[①] 但是,不同国家的发展情形并不相同。

第一种典型是美国。由于该国农业生产者规模较大,经销农产品的大型超级市场发展又很快,因此批发市场的部分功能逐渐受产销一体化组织的冲击被削弱,出现了市场外流通规模不断扩大的趋势(俞菊生,2003)。因此,在该国最近几

---

① 大型超市的崛起堪称发达国家农产品批发市场经由率下降最直接、最重要的原因。一度号称世界最大的批发市场的法国兰杰斯(又译为伦吉斯)批发市场自从1990年代初期以来的交易量就开始不断减少,其重要原因就在于法国国内超市及大型超市的迅速崛起,大规模超市企业在城市的郊外建立配送中心,从这里向各连锁店发运货物。1972年时超市企业出售的食品仅为食品销售总量的4.8%,而到1987年增加到59.7%,进入1990年代以后增长速度更为迅速。由于超市企业进入了蔬菜、蔬果流通市场,自己开设配送中心,采购货物,发送到连锁店进行零售,这样造成了流通领域中蔬菜和水果经由批发市场的比率不断下降。这种倾向法国和英国完全相同(参见小林康平、甲斐谕、福井清一 等,1998,第55页)。

十年的农产品流通史上,由于产销一体化组织向来非常发达,农产品批发市场并不是一种非常重要的流通模式。①

第二种典型是以法国、德国、英国为代表的欧洲国家,批发市场曾经在这些国家的农产品流通中扮演过重要角色,但过去几十年来,由于大型超市的迅速崛起,使得批发市场在农产品流通中的重要性迅速下降。即便如此,批发市场交易仍然是一种重要的流通模式。②

第三种典型代表是日本、韩国为代表的东亚国家。其特点是,批发市场主导着主要农产品的流通。由于这些国家和地区的农业生产者规模普遍较小,超级市场尤其是综合性的大型超级市场的发展落后于欧美国家。因此,农产品批发市场就可能有效地解决小规模的农业生产和大市场、大流通之间的矛盾,在这些国家和地区农产品经由批发市场的流通率高达80%以上。批发市场的公开、公平、公正及高效的市场竞争规则和功能被发挥得淋漓尽致,节约了农产品交易的时间和交易费用,使广大农业生产者和消费者得益匪浅(俞菊生,2003)。

虽然日本大型超市发展非常迅速,主要农产品的批发市场经由率也不可避免地出现了下降,但是这一下降过程是比较缓慢的③,当前批发市场仍然在农产品流通中占有核心地位。这也为黄祖辉、吴克象、金少胜(2003)的研究所佐证。

韩国农产品流通也以大型国家批发市场为中心。1986年韩国开放农产品市场,1993年加入WTO以来,韩国国内的消费形式也发生变化,随着收入的提高,小型批发市场已经不能适应国内生活条件的发展。此时,国家开始建设大型批发市场,小型批发市场先后被淘汰。目前,约50%的农产品由批发市场流通,批发市场是韩国农产品的主要流通业态,它具有稳定的价格基础、强有力的中介组织——农协、发达的物流水平等先进性(刘天祥,2006)。

实际上,凡是农场规模较小的国家或地区,无论其整体经济和农业发展的水平如何,农产品批发市场往往都是农产品流通体系的核心。批发市场之所以能够

---

① 在美国,比较重要的批发市场是产地批发市场。美国的销地批发市场又称为车站批发市场,这是因为美国道路交通发达,农产品能被迅速运往各大城市,形成城市农产品集散市场。在整个农产品流通中,产地批发市场与零售商之间的交易量占了绝大多数。有关数据显示,美国近80%的农产品是从产地经物流配送中心直接到达零售市场的,车站批发商的销售量仅占农产品总交易量的20%左右。不过,车站批发市场对农产品价格的形成具有主导作用(胡芳,2007)。

② 根据剑桥大学斯达格思教授所著的《蔬果和蔬菜的批发》一文的数据,1984年英国国内农民生产的蔬菜和水果中有82.9%直接通过批发市场进行批发。这一比率到1990年代则出现了迅速下降。根据伦敦大学几位经济学者的推测,1990年代蔬菜和水果的批发市场经由率大约在20—30%(转引自小林康平、甲斐谕、福井清一 等,1998,第53页)。

③ 从1985—1999年,日本国内总流通量中经由批发市场的流通量所占比重,蔬菜从87.4%减少到80.3%,水果从81.4%减少到57.2%,水产品从76.9%减少到68.5%。

在很多国家的农产品流通中居于主导地位,不仅是因为其为供求双方提供交易场所、信息、方式和过程管理,从而实现其交易和集散功能,更为重要的是其具有价格形成、发现和结算功能(黄祖辉、吴克象、金少胜,2003)。大型连锁零售集团的迅速增长与农产品批发市场之间,并不完全是竞争和相互替代关系,而是存在不同程度的合作。

第二节 基础设施、技术与公共服务层面的经验

一、交易机构先进完备的基础设施

法国、荷兰、日本、韩国等国家的批发市场,不仅规模大,而且市场硬件设施齐全,有较好的交易场所和完善的排水、污水和废弃物处理系统,同时市场内有冷库、停车场等完善的设施,市场内各种车辆运行有序。

巴黎伦吉斯(RUNGIS)批发市场堪称目前世界最大的农产品贸易平台,在人员、产品质量、服务、物流、加工和基础设施等方面已成为优质的象征。市场占地250公顷,有2万工作人员,1300家公司,每年150万吨货物销售量,每天4万个客户。由于品种丰富、价格便宜、新鲜而质量高,这里成了所有巴黎大区专业食品采购人员的"天堂"。市场除正常的贸易外,还为农产品的储藏、加工、运输提供后勤保障,其完善的冷链系统被称为世界上最大的冷链。此外,市场清运中心可以每天24小时为易腐产品提供清运服务,市场建有年处理废弃物能力达12万吨的焚化厂,配有2.5万平方米的供暖设施,运输机构100多家,银行信用保险机构20余家,饭店28家,除仓库、加工厂、包装车间外,另有政府及社会有关部门如警察、海关、消防、铁路、邮局、卫生所、旅行社、商业技术培训学院、日用百货店、书店等机构进驻场内,提供现场服务(马增俊,2007)。

荷兰阿斯米尔花卉拍卖行的基础设施也非常先进,齐全且配套性好——在现代化的电脑系统指挥下,该拍卖行每小时可达成1500笔交易,每天的贸易成交量可达5万笔。全年总共出售鲜花35亿枝,园林植物3亿7千万盆。

1985年6月正式营业的首尔可乐洞农水产品综合批发市场(Seoul Gark—Dong Agricultural & Marino Products Total Wholesale Market),总占地面积约54.3万平方米,主要经营水果、蔬菜、干鲜鱼类以及牛肉、猪肉的批发业务,是韩国首尔市及其周边地区的重要"菜篮子"(顾金俊,2011)。该市场的建筑物面积26万平方米,停车场面积超过15万平方米,可容车辆4707台(其中立体车位达707个)。绿化面积超过4万平方米。干水产品储藏加工工厂面积达2587平方米,冷

藏冷冻库4870平方米,服务站23247平方米,肉类产品直销店2604平方米,加油站1215平方米,管理大楼11529平方米,附设银行、邮电局等。另外,可乐洞市场完全实现了冷链化,所有市场均有制冷设备。夏季可实行封闭式管理,搬运流通实现了机械化(薛彦斌,2000)。为了达到环保要求,还建有污水处理场。处理后的水质达一级饮用水标准,市场内可循环用水。市场内建有电脑竞买和荧光屏显示等先进信息传输设施,及时将市场拍卖价格向全国多种媒体传输,行情电光揭示板,向所有的竞争者公开交易的行情(批发市场外还可以通过电脑网络参与)。处于全国各地的农产品生产者和商人可以通过PC通信、传真电话、自动应答电话及时了解每天的交易行情。

二、交通与物流网络日趋完善

交通设施也是影响农产品流通的重要因素,特别是对于保鲜期短、易腐烂变质的鲜活农产品,便利快捷的运输至关重要。目前,除发达便利的海运、铁路、公路运输外,荷兰还拥有包括欧洲第三大航空港谢尔伯机场在内的6个航空港,可以迅速便捷地将蔬菜与鲜花等鲜活植物运往巴黎、伦敦、香港和东京等世界各大城市。充分利用其交通设施便利的优势,荷兰的花卉产业目前已占领了全球60%的花卉市场(陈淑祥,2004)。发达国家的交通尤其是公路交通都已经非常发达,早在20世纪80年代,日本的公路运输就已经非常发达。日本的所有山乡村庄都通了公路。高速公路分别由国家、地方和私人财团投资,建立严格的管理制度,因而发展很快,大大加速了农产品的流通速度。每个农家的门前均通有公路,日本的海运、空运和铁路运输虽很发达,但都不如汽车运输方便,1982年农产品通过公路运输的约占总流通量的80%(张留征,1984)。在美国,农村公路运输强度虽然不大,但数量众多。根据美国运输部统计局2000年的统计数据,美国拥有农村道路300多万公里,占美国公路总里程的一半,在300多万公里的农村公路中,未铺筑路面的里程为140多万公里,铺筑路面的里程近160万公里。

与之密切相关的是,各国现代物流网络不断完善,大大加速了构建和提升农产品流通体系的进程。过去在大城市周围总要配置城市居民生活必需的蔬菜、肉蛋奶等副食品基地,即使是气候寒冷的地方,也都不惜成本建设暖房来种植满足城市需要的蔬菜。但是,由于交通与物流网络的不断完善,很多国家可以摆脱这种陈旧的"规律"。在美国,由于发达的交通运输条件,北方城市的郊区无须建设暖房等设施,而把全国所需要的蔬菜生产主要集中在气候温和的佛罗里达州和加利福尼亚州。根据美国农业部资料,1988年这两个州种植蔬菜的面积占全国商业性蔬菜播种面积的37.5%,产值占全国的61.1%。一年四季在那里生产的蔬菜,用冷藏车通过高速公路日夜兼程地迅速运往全国各地。也就是说,具备高度发达的交通条件,新鲜蔬菜从佛罗里达和加利福尼亚到全国各地的运费,要远低于在北方城市建造和运用暖房的费用。现代物流基础设施和技术装备全面配套发展,既能使农业利用有利的自然和气候条件,推行区域化和专业化生产,又能支撑和推动农产品跨区域大流通(陈丽芬,2010)。

另外,各国在冷链物流方面的投资力度也比较大。加拿大已形成完整的农产品冷链物流体系,生鲜易腐农产品已经占到销售总量的50%,并且还在继续增长。加拿大政府制定了一系列涉及到农产品的生产、加工、销售、包装、运输、储存、品质等级、容器和包装、食品添加剂和污染物、最大兽药残留物允许含量和最大杀虫剂残留物允许含量等有关标准和规定,即从初级产品生产到最终产品零售的多部门、跨行业的食品安全协作,最终实现从农场到餐桌包括冷链物流全过程的食品安全控制与管理。日本在冷链方面的投资也比较超前。早在1980年代初期,日本就开始大规模兴建仓库和冷藏设施。用于蔬菜、水果、水产品、畜产品的冷藏库,1982年的总储藏能力已达920万吨,相当于同期总产量的18%左右。后来还发展了"低温系统运输",生鲜产品在产地进行预冷,到消费地实行低温销售,延长了食品的保存期,有利于均衡上市(张留征,1984)。当前,为提高鲜活农产品的附加值,使鲜活农产品销售过程合理化,提高效率,日本建立了一批加工厂、预冷库、冷藏库、运输中心、地方批发市场、超级市场、商店等,并在全国大中城市的中央批发市场建立了分支机构。这样,利用农协、生协、渔协的组织系统及拥有的保鲜、加工、冷藏、运输、信息网络等现代化优势,将农民生产的农产品集中起来,进行统一销售。如在容易变质腐烂的水产品上,大量运用冷冻设施和低温运输系统,由此实现了水产品长期保鲜。同时,日本已普遍采用鲜活农产品摘后从预冷、整理、储藏、冷冻、运输等规范配套的流通方式,产后的商品化处理几乎达到100%(焦必方、方志权,2002)。

三、信息技术的广泛深入应用

20世纪60年代以来,美国出现了以计算机应用为特征的信息革命,促使零售商向大型化和集团化方向发展。20世纪90年代以来,网络经济迅速崛起,网上采购、网上销售等电子商务迅速发展,这些都对美国农产品流通产生着越来越大的影响(陈丽芬,2010)。从20世纪80年代起,日本开始进入信息化时代,其农产品流通中也开始大量采用现代信息技术。早在1980年代初期,日本各级"农协"都设有通讯组合,负责每天的收集、传递市场行情业务,中央批发市场清晨拍卖的品种、价格、数量,当天下午就可以通过报纸、电台、电视、电话传递到全国各地,成为各地批发市场、"农协"上市计划的重要依据(张留征,1984)。后来,电脑和网络技术的进步,使鲜活农产品的流通信息化发展迅速。以加工食品为中心的POS系统,在日本已以方便连锁店和大型零售店为中心迅速普及开来。目前日本的大规模零售店都已引进了 EOS 系统(自动定货系统),与交易对方联机,并有 VAN(附加值通讯网)将食品工业和批发业联结起来,从而大大提高了流通效率。同时日本的批发市场也已装备了完善的信息设备,实现了全国乃至世界主要批发市场的联网。批发市场已能发挥集中市场信息的信息中心的功能,不必实行现场看货、实物交易;而实行只看样品的信息交易,实物则由产地直接向超级市场等集配中心运送,做到商物分离。在鲜活农产品的零售服务上,利用电子网络销售近年来在日本十分盛行,消费者可以在网上定货,运输公司能及时送货上门,保证质量(方志权、焦必方,2002)。

四、政府提供大量相关的公共服务

各国政府为提升农产品交易效率,提供了诸多方面的公共服务。

第一,通过公共服务设法促进农产品出口。荷兰仅有 34000 平方公里陆地国土面积,农业用地 200 多万公顷,年降雨量 800 毫米左右,农业人口 60 多万人,但其出口的农产品却占到了世界 9% 的份额,是仅次于美国的农产品出口大国。1997 年荷兰农工商综合体创造的增加值为 333 亿欧元,占 GDP 的 11.7%。荷兰已成为某些农产品的"世界农场",1995—1999 年间农产品年平均净出口值为 176.38 亿美元,比美国还多 27.9 亿美元,居世界第一。荷兰 1999 年仅花卉出口就达 50 多亿美元,占世界一半以上份额;种用马铃薯占世界市场 60% 份额;鸡蛋、啤酒、番茄、奶酪的出口额名列世界第一。能够达成这样的出口绩效,在很大程度上得益于荷兰政府高效的公共服务,其中包括对农业科研和先进科技的高度重视、持续资助与推广,加大对农业的智力投资,并给予农业种种优惠政策。美国为促进农产品出口,也提供了诸多公共服务。由于劳动生产率高,美国农业面临的主要问题是生产过剩,因此,政府大力促进农产品销售,特别是向海外市场出口。政府通过价格支持及其他多种形式的政策手段帮助农场主顺利出售所生产的农产品,使之得到合理的收入,从而稳定生产。美国农业部专设海外农业局,负责收集、分析和传播全球市场供需状况、贸易趋势和市场机会的数据和信息,为国内农产品生产者、加工者和进出口商提供决策参考,并采取各种措施促进农产品进入海外市场,不断开拓国际市场。美国 2002 年新农业法包含多个旨在促进农产品出口的计划和项目。并增加了这方面的投资,体现出美国政府和国会对于开拓海外农产品市场的重视。美国政府还通过严格的食品检验、检疫措施,致力于为国内外市场提供安全、健康的农产品,以维护消费者利益,保证美国农产品信誉,提高其国际市场占有率(胡芳,2007)。

第二,推动农产品分级与检验。美国政府对肉、禽、蛋、乳制品、蔬菜、水果以及谷物、棉花、种子等制定了联邦级的分级标准,有的各州也相应制定了州级的分级标准,对农产品实行标准化管理。每种产品划分不同等级的依据和等级的数量,因产品的特性而异。如牛肉分成八级,而火鸡只分三级。凡达到标准的产品都以相应等级的商品形态上市,不符合分级标准或等级划分不当的商品,则不准上市,或重新分级、或改作它用。如果继续出售这些不合标准的商品,则视为违法行为。另外,为确保农产品质量标准化的贯彻实行,保证食品的安全、卫生,美国政府十分重视农产品和食品的检验工作(中国农业科学院农产品流通考察组,1985)。

第三,推动产业链上各相关主体之间的沟通、交流与合作。这以英国环境、食品和农村部为典型代表,该部主要做四件事情:一是帮助建立食物链各环节之间以及市场之间的合作。针对一些小企业竞争力不强的情况,英国政府以各种倡议和补贴等形式,与英国种植业、养殖业、制造业、加工业、零售业等行业建立了密切的沟通渠道,鼓励农产品流通体系的各环节之间加强交流合作,促进农产品批发零售企业与农产品生产基地建立长期产销联盟,发展订单农业,提高营销水平,从而提升全行业的整体竞争力。英政府还帮助农产品企业建立与国际市场之间的合作,提高其农产品国际竞争力。二是建立农业发展机制。英国农村部1999年建立了农业发展机制。2003年以来,英国政府每年投入500万英镑,用于提高农产品生产商的市场竞争力,在该机制下共批准了16个项目,内容包括建立各环节的合作关系、提高附加值、信息交流机制等,这些项目贯穿整个农产品流通体系。三是建立食品安全机制。2000年,英国政府在英国国家农民协会(下简称英国农协)的帮助下,建立了名为"Red Tractor"的食品安全认证体系,逐渐将英国的各级食品加工工序统一为一个有序整体,为英国的农业生产与加工工序制订了标准,确保了所有农产品从最初的饲养或种植到加工为成品,摆上货架或餐桌的整个流通过程的安全,建立了食品来源的可追溯制度,大大提高了农产品的质量安全。四是建立行业论坛。1998年英国政府出台的白皮书中提出了建设知识经济,提高农产品竞争力的口号。英国政府投资1500万英镑,建立了包括农机论坛在内的10个领域的行业论坛,其宗旨是要把英国农产品公司的技能提高至世界级水平(王涛,2007)。

五、政府出台多方位的政策支持

第一,为基础设施建设提供大量财政补贴。欧盟每年从财政中拨款,对改善农产品运输、储存、加工和销售的项目进行补贴,包括修建道路、码头、仓库(包括冷库)和市场等基础设施,此项补贴占欧盟农业基金的25%,在某些基础设施较差的地区甚至可达30%—50%(陈淑祥,2004)。韩国在各道(省)和大城市一般建有1—2个大型农产品批发市场。这种市场投资量大,建设周期较长,投资回收期也较长,非民间自发力量所能为。同时批发市场建设也存在一个布局合理、数量适度的问题。由此,韩国的批发市场建设实行政府投资,建规模市场的政策。其具体过程是,根据社会发展和城市对农产品需求的增长,需要建设新的农产品批发市场的时候,由中央政府和地方政府共同出资解决建设资金问题。一般情况下由中央政府无偿投入30%的资金额,其余部分由市场所在的地方政府出资解决。当地方政府无力将资金全部到位时,可向中央政府申请贷款,这种贷款一般为5%的低息贷款,还贷期可延长至20年。市场建成后,由政府公职人员组成管理公司,负责整个市场的管理和服务。批发市场的各种交易完全按市场化经营,由商人们依据市场经济规律办事。市场的管理公司收取一定的费用作为收入和各种费用支出。韩国在市场投资主体问题上坚持政府投入。总体布局和公职人员统一管理,使韩国农产品批发市场少而大,经济与社会的综合效益比较明显(孙加祺,1997)。

  第二,提供大量的金融支持。很多国家都对农产品流通给予金融支持。欧盟大部分国家设有农业贷款银行(基层组织称为农业信贷合作社),它是一种互助合作性质的半官方农业信贷机构。信贷活动中遵循的原则是:凡符合政府政策要求和国家规划发展的项目,都给予优先贷款,并享受优惠利率,与国家正常利率的差额由政府补贴。在法国,粮食收购机构是粮食销售的必经之路,其收购资金多数来自银行贷款。由于有粮食行业管理局为其提供担保,银行提供的利率低于市场利率;也就是说,当合作社和粮商无力付款时,由粮食行业管理局确保偿付银行贷款。此外,粮食行业管理局还为农户提供优惠贷款(陈淑祥,2004)。

  第三,提供相关的价格支持与出口支持。欧盟各国政府对部分重要农产品的价格在不同程度上进行直接或间接调控,调控的主要工具是干预价格。例如,谷物的干预价格是以欧盟最大的产粮区——法国奥尔姆地区的谷物生产成本为标准价格。当市场价格低于干预价格时,政府以干预价格进行收购,使市场价格回升,以保护生产者利益;当市场价格偏高时,政府则以干预价格出售谷物,使市场价格回落。另外,出口支持也是重要方面。美国、加拿大两国联邦政府均设有配套项目(每年2000—3000万美元),以财政补助方式支持农产品出口贸易,主要包括支持开拓新的海外市场、支持技术培训、支持促销活动(陈淑祥,2004)。与其它欧洲国家一样,荷兰从1960年代末开始设"农业指导和保证基金",其中2/3用于价格支持体系,1/3用于科技指导和结构调整。其资金来源主要是农产品进口税、海关关税以及增值税的1%-1.6%。农业政策的专项资金来源,是农业政策较为顺利实施的重要保证。

  第四,普遍提供巨额的财政补贴和税收优惠。农业是欧美发达国家的基础产业。多年以来,美国、欧盟等发达国家对本国的农业生产倾注了大量的补贴,形成了农产品的规模效应,在世界贸易市场上占据了极大的优势。以1997年为例,美国对国内农业一般服务的WTO"绿箱计划"的投资就高达51.25亿美元(其中有基础建设、地租资助、土地休耕等),一项灾害救助工程的投入为15亿美元,而全年的农业综合支持近102亿美元,超过一个中等发达国家的国民生产总值。欧盟诸国关于农业生产和农产品补贴的金额数额巨大,以1996—1997销售年度为例,欧盟诸国用于国内农业支持的资助高达290亿欧元,另外还有用于农业基本建设和一般性服务的"绿箱"政策费用221亿欧元(其中有:建立农业培训中心;农业收入转型资助;搁置至少20%的土地休耕补助;土壤蚀化控制等),总金额超过510亿欧元。就连早已完成了农业生产基本建设的美国也对欧盟的农业政策不断表示抗议。在欧盟国家,农产品同工业产品一样纳入增值税的税种征收,但在实际操作中,欧盟国家无一例外地都对农产品采取了优惠政策。通过免税、实行特别税率等,农户基本上没有承担纳税责任。在欧盟,农产品流通加工及进出口环节的税负也较轻(陈淑祥,2004)。

第三节 具体交易层面的基本经验

一、期货市场在农产品流通中发挥着重要作用

现货市场与期货市场并举是一些发达国家的重要经验。在这些国家,不仅有发达的农产品现货市场(包括批发市场),还有功能完备的农产品期货市场。现货市场(尤其是批发市场)与期货市场形成的农产品价格信息被及时传递给生产者和消费者,有效地发挥着价格发现、规避风险、指导生产与调节消费等重要作用。

农产品期货市场对于农产品流通的重要作用具体表现在:第一,农产品期货价格成为确定现货价格的基准。农产品生产者根据农产品期货价格表现出的供求趋势来确定第二年播种面积;贸易商通过期货价格来确定现货贸易合同中的价格。第二,为农产品生产者和贸易商提供了避险工具。在进行大宗国际农产品贸易时,贸易商通过相关期货交易进行套期保值,以规避价格风险。在美国,贸易商的这种做法是其获得银行贷款的基本条件之一,而且已经成为国际惯例。第三,农产品期货市场成为政府实施农业政策的有效工具。政府部门在制定宏观政策时,将期货价格作为重要的参考依据(高铁生、朱玉辰,2005,第178页)。

二、农产品加工是农产品流通体系的有机组成部分

发达国家农业的发达,不仅仅是初级农产品生产流通的发展,更是农产品加工业尤其是深加工业的发展。实际上,农产品加工业已经成为农产品流通体系的有机组成部分。在发达国家,以初级农产品上市的比例越来越低,农产品的产后加工能力达到70%以上,加工食品约占饮食消费的90%。在欧美、日本等国家,90%以上的蔬菜都是经过商品化加工处理后进入流通领域的;德国的苹果加工量占总产量的75.2%,美国、巴西的柑桔加工量占柑桔总产量70%以上(王敏,2005)。早在1990年时,在日本的最终食物支出中,直接来自农牧水产业仅占24.6%,来自食品产业达到75.4%(其中食品制造为26.4%,食品流通为27.9%、外食产业为17.1%,进口为4.1%)(杜彦坤,2002)。英国的农产品加工业共有6650多家企业,雇工41万人,创造210亿英镑附加值;加工农产品批发行业约有1.4万家企业,雇工20万人,创造73英镑附加值;超市、杂货店等食品零售行业约有5.5万家企业,雇工116万,创造196亿英镑附加值;餐馆、酒吧等餐饮业有11万多家企业,雇工137万,创造206亿英镑附加值(王涛,2007)。可见,在发达国家,农产品加工业及其批发、零售等分销业创造了远多于农业本身的就业和增加值。

20世纪80年代早期,美国的农产品加工业已比较"发达",其标志主要是:第一,数量众多。美国仅食品加工制造厂商就有2万多家。第二,门类繁杂。不仅每种农产品都有相应的加工业,而且随着专业化的发展,一种产品的不同加工环节也纷纷独立设厂,形成加工产业的先后系列。第三,分布广泛。美国各地农场的农产品都能得到方便的加工服务。第四,设备先进,装备率高。第五,员工队伍庞大。美国在农产品加工业就业的劳动力约为200万人,相当于农场从业的劳动力数的60%左右。第六,重视科学研究(中国农业科学院农产品流通考察组,1985)。

日本早在20世纪80年代就已经具备了非常现代化的加工设施。在农产品"集合"环节,"农协"建有"集选中心"和初加工设施,包括蔬菜水果的分等包装、肉畜的屠宰加工、鸡蛋的验质分级等,从而保证了上市产品的质量,也大大降低了运输损耗和运输负担。目前这些设施的特点是趋向现代化、大型化,果实类产品都用自动化流水线分等包装。经过这种筛选处理可提高卖价10%-15%,但选果费用不太多,所以农户愿意参加这种"共选"(张留征,1984)。

当前,发达国家的农副产品加工普遍实现了规模化、集约化和自动化,其深加工的程度和副产物利用水平日益提高。如美国的玉米深加工技术,日本的稻谷加工技术与装备,欧美的油脂精炼及副产物精细化工产品制取技术等均著称于世。另外,发达国家在农副产品加工中的资源利用越来越综合化。发达国家农产品加

工生产企业都是从环保和经济效益两个角度对加工原料进行综合利用,把农产品转化成高附加值的产品。如利用食品厂、淀粉厂和造纸厂废水,经酵母发酵生产单细胞蛋白,已建成万吨级菌体蛋白加工厂。美国、日本、韩国、欧洲等国家利用棉籽饼粕(日韩欧洲等国原料靠进口)提取棉籽蛋白,用做饲料添加剂和生产抗生素药品的氮源。美国利用废弃的柑橘果籽榨取32%的食用油和44%的蛋白质,利用葡萄皮渣提取葡萄红色素,从橘子皮、苹果渣中提取的纯化果胶质、柠檬酸,并已形成规模化生产(参见杜彦坤,2002)。

第四节 流通渠道长度、流通环节与收益分配的经验

一、农产品流通渠道长度与流通环节

农产品流通渠道的长短,往往是由很多复杂的经济社会因素共同决定的。

就美国而言,由于蔬果种植区域的高度专业化,少数州的生产就在美国占据了主导地位。比如,加利福利亚州生产了美国所有水果的30%,超过50%的蔬菜产量,以及超过60%的加工蔬菜量。这种区域的专业化集中主要是由于自然的比较优势决定的,如气候、土壤和其他因素。当然,也不排除一些人为因素的影响,如灌溉、劳动力和运输政策等(库尔斯、乌尔,2006,第422页)。

无论导致果蔬区域专业化的原因是什么(最根本的都是经济原因,故这种分工完全符合经济规律),这种格局都会极大地改变果蔬行业的流通模式,它不仅拉长了营销渠道,使其变得更为复杂,从而提高了运输成本,而且使此类产品的生产商从小型的多样化农场转变为更大规模的专业化农场。当然区域性的专业化也使生产转移到了成本更低的区域,产生了大量生产商的组织机构,如合作社、广告宣传团体和谈判协会,同时延长了大部分产品的销售季节,集聚了大量资金投入到新产品的研发、广告和其他市场开发的活动中去(参见库尔斯、乌尔,2006,第422—423页)。

美国的流通渠道虽然有所延长,但是,由于其农场的大型化、专业化与合作化,大型连锁零售集团市场势力的不断扩张,批发市场往往不占主导地位,农场与零售终端之间比较容易实现"对接",因而其农产品流通环节往往较少。加拿大和一些西欧国家与美国的情形类似。但是,对于日本、韩国等东亚国家和一些发展中国家而言,一方面是流通渠道有延长之势,另一方面,其小农经济的特点,决定了批发市场仍将在相当长时期内在农产品流通中占据核心地位,加上其连锁商业的发展水平普遍低于欧美国家,从而农产品流通环节不可能在短期内迅速缩减,

农场与零售终端(如超市)之间的对接远比欧美国家困难。

二、农产品流通的收益分配

即便是在发达国家,农产品流通的中间环节也被认为获得了"超额利润",往往被指责为低效率的、多余的机构,其结果就是所谓"高昂的零售食品价格与低廉的农产品价格"(库尔斯、乌尔,2006,第163页)。在欧洲最大的5个食品链中,零售环节所占产值份额从1990年13%上升到2000年26%(Humphrey,2005)。2009年6月13日,法国巴黎所爆发的奶农抗议事件,也反映出欧洲人对于农产品流通机构的类似看法。①

农民从销售农产品中得到的价格(或称农场价格)远远低于消费者支付的价格,这种现象在每个国家都是既定事实,尤其是蔬菜、水果等农产品,生产者往往只得到很少的消费者价格(库尔斯、乌尔,2006)。问题的关键,在于如何客观全面地解释这一事实。

就美国农业部公布的数据来看,美国的农场价格(类似于我国所说的农产品收购价)仅占零售价格的20%左右(根据美国农业部经济研究署的专项研究),而且这一比重有不断下降的趋势。就整体而言,美国农场价值占食品总支出的比重,已经由1950年的40.91%下降到2006年的18.53%,从趋势上看,这一比例仍将稳定下降。这一比例的下降,是多种因素共同作用的结果,包括农产品加工深度的提高,在外就餐比例的提升等(参见表9.2)。

表9.2 美国消费者在外就餐与农场价值在食物总支出中的占比　　　　单位:%

年份	在外就餐花费在食物总支出中的占比	农场价值占食物总支出的比重
1950	—	40.91
1955	—	35.22

---

① 根据新华社的报导,2009年6月,法国奶农对收购价格的不满逐渐扩散到整个农产品领域。法国政府为此于6月13日作出承诺,加大对农产品价格的监控力度,提高各个流通环节价格及利润的透明度。为抗议农产品在流通环节利润分配过高且不透明,法国农民组织近日发起抗议活动。12日,法国全国有41个农产品供应站陷于瘫痪,一些商场里的奶制品柜台则出现了断货现象。为平息农民们的不满,法国农业部长巴尼耶和消费事务国务秘书夏泰尔13日上午接见了农民组织代表。他们代表政府作出承诺,专门建立一个《经济现代化法案》执行情况监察队,对农产品流通环节中的利润和价格进行核查,如有违反相关规定者将予以处罚。法国于2008年8月通过的《经济现代化法案》规定,商场可以同供货商协商产品的采购价格。此举原本是为了避免供货商为使产品上架而支付回扣,从而解决商品价格虚高的问题。农民们却认为,增加商场的价格协商权之后,商场的定价权比原来还要大,农产品收购价格被一压再压,农民利益受到损害(芦龙军,2009)。

续表9.2

年份	在外就餐花费在食物总支出中的占比	农场价值占食物总支出的比重
1960	—	33.33
1965	25.77	33.42
1970	29.29	32.10
1975	30.42	33.29
1980	31.88	30.90
1985	36.07	25.01
1990	38.59	23.61
1991	38.49	21.84
1992	38.97	22.15
1993	39.72	22.40
1994	39.73	21.40
1995	40.15	21.49
1996	40.00	22.35
1997	40.12	21.52
1998	40.72	20.44
1999	40.72	19.54
2000	40.98	18.65
2001	41.25	18.91
2002	41.25	18.68
2003	41.25	18.84
2004	41.25	19.71
2005	41.24	19.00
2006	41.24	18.53

资料来源：根据美国农业部官方网站提供的数据计算而得。

从具体的品种来看，美国的农场价格占零售价格的比重有非常大的差异。水果的农场价格占零售价格的比重大约维持在18%—31%之间（由于品种不同，年份不同而有调整）。不同品种之间农场价格占零售价格的比重有非常大的差别。最高的是鸡肉和牛肉，均高达49%；其次是蛋类，高达47%；牛奶也高达39%；但猪肉只有25%；新鲜苹果仅为21%，土豆只有19%；莴苣为18%。出现以上巨大差别的重要原因之一,在于肉禽类食品往往以新鲜的形态销售,其加工程度一般比较低,因而农场主可以获得较高的份额。比如,家禽类产品的农场价值多年来都维持在较高份额水平上(参见表 9.3)。

表 9.3　1955—1994 年美国家禽类产品的农场价值、营销成本和零售价格　　单位:美元

产品	年份	农场价值	收购部门	加工部门	运输部门	零售部门	零售价格
鸡蛋	1955—1959	65	2	13	7	13	100
	1975—1979	65	1	12	6	14	100
	1985—1989	62	1	13	6	18	100
	1992—1994	57	1	14	7	21	100
雏鸡(RTC)	1955—1959	58	2	11	7	22	100
	1975—1979	54	2	13	8	23	100
	1985—1989	55	2	11	8	24	100
	1992—1994	53	2	13	8	24	100

资料来源:U. S. Department of Agriculture,转引自库尔斯、乌尔(2006,第 374 页)。

当然,对于大米、小麦、玉米、大豆、棉花等更为大宗的农产品而言,这种情形并不严重。但是,这不能表明这些产品的流通效率更高,这似乎是由这些产品的产品属性所决定的。这些耐储存的农产品,其运输可以采用更廉价的运输方式,而且不急于销售,只要不用于加工和深加工,这些农产品的农场价格与消费者价值之间的差距往往比较小。各国都基本上呈现这样的特点。不过,除大米外,这些产品的加工程度往往较高,这样也就决定了,由于经过了相当程度的加工,有些甚至是深加工,从而必然会使得农民往往只能获得最终产品的一个非常小的份额。比如棉花,由于要使初级棉花产品最终走向消费者,必须经过加工或深加工使其增值,农民大概只能获得 10% 的消费者的棉花加工产品支出费用,这个比例是随不同的产品而改变的。例如,对于一件棉质衬衣而言,农民就只能获得其价格的 6%(库尔斯、乌尔,2006,第 401 页)。

由于不同农产品的流通渠道差异很大,所以往往有单独探讨不同类型农产品的流通渠道及其效率的必要,比如库尔斯、乌尔(2006)就将农产品分为牲畜和肉类、牛奶及奶制品、家禽和蛋类、谷物、棉花和纺织品、烟草和烟草制品、水果和蔬菜等七大类,分别考察其生产、消费、市场结构、定价、营销渠道、营销成本与农场份额等基本问题。这种方法对于更加深入剖析农产品流通体系,无疑是有重要借鉴价值的。

第五节 国外经验的比较、借鉴与思考

一、比较与借鉴的基本立足点

第一,比较与借鉴的基础,是具有可比性。显然不能直接将欧洲、美国、日本与中国农产品流通体系进行比较,因为这些国家的政治、经济、司法、文化等制度均与中国有着太大的差异,其农业生产、农产品市场、农产品流通体系当然也与中国存在极大差异,这种情况下,试图简单移植和模仿这些国家的经验,岂不是缘木求鱼?

第二,必须注意到,发达国家的大多数经验,其实都是在相当长时期内演化的结果,而且与发达国家的政治经济大环境有着密切的关联。换言之,其他国家的体系或模式之所以成功,是多种因素共同决定的。相对而言,我国的农产品流通体系的现代化水平较低,硬件设施较落后,信息化水平较低,组织程度较低,交易模式比较传统,但不能由此就认定,我国农产品流通体系是低效率[①]的,更不能由此认定农产品流通的协调机制是失灵的。

第三,在对农产品流通体系及其协调机制进行比较时,不能仅仅集中在流通体系本身,而必须进一步研究,不同国家、不同地区的农产品流通体系与协调机制,是在什么样的外部环境下运行的。按产业组织理论的一般逻辑,环境(包括产业组织及其结构)决定行为,行为决定绩效。因此,要研究绩效,必须首先研究行为,而要研究行为,则必须首先研究环境(包括结构、制度)。从这个角度而言,其他国家和地区的流通体系都只能供中国借鉴,而绝不能盲目照搬。诚如余晖等(2002)所言,任何国家的制度模式都不能简单效仿,因为它们都是受复杂的社会、文化因素影响,在特定的历史条件下长期演化形成的,都有其适应环境的内在合理逻辑。

盲目移植或直接照搬危险,好高骛远同样危险。在考虑中国今后农产品流通

[①] 从某种意义上说,中国目前的农产品流通体系的效率或许并非有些学者和政府官员所言的那样的低下。所谓的"效率",本报告采取的是"帕累托效率",即只要不损害另一部分人的利益就不能使这一部分人的利益变得更好,就可以说实现了帕累托效率,或者说,实现了帕累托最优。如果基于帕累托效率来看,中国目前的农产品流通体系很难实现帕累托改善,因而在很大程度上是帕累托有效的。另一种意义上的效率是投入产出比或成本本收益比,即在投入既定的情况下产出最大化(产出既定的情况下投入最小化);或成本既定的情况下收益最大化(收益既定的情况下成本最小化)。无论从哪个角度而言,都不能认为中国农产品流通体系效率低下。

体系优化时,必须考虑到产品特性、技术支持、营销与竞争、组织成熟度、公共政策等方面的障碍因素(黄祖辉、鲁柏祥、刘东英、吕佳,2005),而不能仅仅依据发达国家的经验和一般理论,各种流通模式的多元化共存恰恰是流通体系创新发展的前提。

二、组织、合约的借鉴与思考

(一)自愿联合的农民合作组织是大势所趋,但在相当长时期都很难顺利成长

在基层的现实运作中,农民合作经济组织往往遇到很多意想不到的困难,官方宣传和正式统计口径往往夸大了农民专业合作社的数字和功能,而且很多据称是农民合作社的组织都不满足"自愿联合、民主管理"等基本特征。[①] 研究发现,一些基层自称或注册为"合作社"或"技术协会"的组织,其实并不具备"自愿联合、民主管理"等基本特征,所发挥的作用似乎并不像主流话语体系所宣传的那样高效。一份对中国农民专业合作社的重要调查发现,在140个调查对象中,由普通农民倡议和发起的专业合作社有25个,占比17.8%(韩俊,2007,第13页),在对四川井研县69个专业合作社调查中发现,由普通农民发起组建的合作社只有4个,占比5.3%(韩俊,2007,第118页)。

在推动自愿联合的农民合作组织方面,可供我国借鉴的案例并不多,曾经非常成功的农协正在面临越来越严重的困境。[②] 或许,我国台湾地区的产销班和农会在一定程度上可供借鉴,但这可能需要我国农村经济社会体制的配套变革。

(二)继续坚持批发市场在农产品流通中的核心地位

考虑到三个"崛起",我国农产品批发市场的经由率也将下降(但下降会比较缓慢)。首先,大型超市的崛起,将成为农产品的批发市场经由率下降最重要的因素。其次,新型农民的崛起和农民专业合作组织的崛起,可以在很大程度上弥补小规模农户在市场谈判力、标准执行力方面的欠缺,有可能逐渐实现与大型超市的流通实现有效对接。最后,网民或曰新型消费者的崛起,也将成为农产品批发市场经由率下降的因素之一。当前,大量网民成为网上农产品直销或所谓"集采"的客户,其中不乏有从产地直接采购而来的农产品,这显然会分流批发市场的部

[①] 根据2007年7月1日起开始实施的《中华人民共和国农民专业合作社法》,农民专业合作社"是在农村家庭承包经营基础上,同类农产品的生产经营者或者同类农业生产经营服务的提供者、利用者,自愿联合、民主管理的互助性经济组织。"这个定义基本是准确的,其中,"自愿联合、民主管理"是核心特征。

[②] 日本农协可以说是一个半官方性质的组织,它由政府推动和支持,自上而下形成了统揽全国的庞大网络。从生产到流通,从技术指导到医疗保健,无所不包,无所不营。这种体系有利于规模细小的农户实现规模化、专业化。但是,这种体系也决定了农协缺乏竞争,自我调节能力差(胡剑锋,2010,第190页)。

分需求。

近十年间,城市大型超市如雨后春笋般迅速崛起,新型农民和农民专业合作组织的发展也很迅速,网络也开始成为居民的重要消费渠道,与此同时,有关部门和大型超市还采取措施以实现"农超对接"。然而,大型农产品批发市场在北京农产品流通中的核心地位没有任何动摇的迹象。其根本原因在于我国农业的典型特征是小农经济。具体而言,其原因可能在于三方面:第一,我国大型农场与大型农工商一体化企业很少,真正运转良好的合作组织并不多见,所以,被广泛关注的"农超对接"仍将在相当长时期内缺乏普遍的组织基础,因为"农"与"超"直接对接将面临着难以估计的巨额交易成本。实际上,北京的很多大型超市的很多鲜活农产品并没有从基地直接采购,而是采取了从批发市场进货这种交易成本更低、效率更高的方式。第二,除了大型超市以外,还有大量的中小型超市、便民店和农贸市场在出售鲜活农产品,这些经营场所销售的绝大多数农产品,基本上源于批发市场。第三,一些大城市的大型农产品批发市场不仅服务于大城市本身,而且辐射周边地区,这样,即便大城市的大型超市从周边基地直接采购的比重迅速提升,也不会改变大型农产品批发市场在农产品流通中的核心地位。

中国小农经济的特点决定了就今后相当长的一段时期而言,农产品批发市场经由率会下降,但下降的速度并不会太快。就全国范围而言,发达国家目前非常流行的订单农业、农工商一体化企业等"现代"组织模式,在我国仍将长期处于辅助地位,批发市场交易仍然在我国农产品流通中处于绝对核心地位。至少从短期来看,大型农产品批发市场的功能仍将不可替代。我们认为,一些"现代"和"新型"流通渠道与"传统"的流通渠道之间并非此消彼长的关系,而是显示出各种不同类型的流通渠道共同发展、共同繁荣、相互互补的良性发展格局。实际上,相对于欧美模式而言,日本、韩国等东亚国家以农产品批发市场为核心的农产品流通组织模式,更加符合我国的国情,值得借鉴。

三、流通渠道、环节的借鉴与思考

当前,有关部门针对蔬菜等重要农产品流通所谓"最后一公里"问题,主张减少流通环节,缩短流通渠道。本书认为,这种政策取向缺乏坚实的理论与经验基础。

很多官员和学者将蔬菜流通效率低下的矛头指向"流通环节过多"。按照他们的逻辑,流通环节过多必然造成层层加价。这种逻辑的错误在于两个方面：第一，流通环节的多少，取决于流通对象的物理化学特征、农户经营规模和整体经济环境等诸多因素。即便整体经济和农业经济均高度发达且农户经营规模较大的欧美国家的农产品，的确可以实现"农超直接对接"；但在很多国家中，占相当比例的农产品，仍然要经过批发市场。另外，日本、韩国、台湾等东亚国家和地区的农产品的批发市场经由率仍然相当高，由此可以推断，其流通环节不会太少。这或许与这些国家和地区农户经营的平均规模较小有关。和日本、韩国相比，中国的农户经营规模更小，必须经过一级批发、二级批发、零售商，流通环节较多是必然的。尤其是人口、地域面积极大的巨型城市而言，批发是不可或缺的。第二，必须思考这些"中间环节"除了层层加价，还发挥了哪些极其重要的功能？以二级批发商为例，他们实际上发挥了大规模集散产品、分散劳动量、分担风险、加快流通速度等重要经济功能，而不仅仅是有些媒体和专家所说的"层层加价"。当我们回到规模经济、竞争格局以及交易成本等基本经济理论，就不难发现，当前农产品流通效率与所谓的环节、渠道长短基本无关。各国现行的流通渠道长短与流通环节，在很大程度上是由各国、各城市的不同经济背景所决定的，当然也包括制度背景，但更主要的仍然是规模、竞争格局以及交易成本等方面。当前的流通环节可能基本是合理的，似乎没有减少的必要，要更多地信任市场的力量。较多的流通环节，虽然看似增加了交易成本，实际上很可能节约了交易成本，而且还分散了价格波动的风险。

至于"增加供给"和要求"各城市要增大自给率"的政策取向，显然违背基本经济理论，违背常识，忽视经济运行规律。第一，我们不能把用于保障"粮食安全"的策略照搬到蔬菜上，一来通过增加供给来保障粮食安全的政策仍然存在重大争议，二来这两种农产品有着极大的差别——粮食过剩尚可以储存，很多蔬菜（尤其是叶类菜）大多不易储存。2010年10月份之后，在蔬菜价格已经很高的情况下，各地政府都出台各种政策以扩大蔬菜种植面积，而农民自身也有扩大种植面积的内在激励，政府的做法实际上放大了下一年度的供求失衡状况。第二，要求"各城市要增大自给率"实际上就是要弱化必要的分工与专业化，既降低了各地的资源配置效率，也会加大区域市场分割。

需要强烈呼吁，有关的经济政策分析、政策制订与政策评价，应该首先回到基本逻辑、基本常识与基本经济理论。尤其重要的是，无论是学界还是政界，都必须对市场的复杂性有必要的敬畏，对市场有充分的尊重，不要动辄以"市场失灵"为借口进行行政干预。

四、政府职能与作用的思考

在促进农产品流通效率提升方面,政府最应该做的,就是提供各种有助于市场范围扩展的公共服务,做一些补充市场的事情,比如加强供应链上各行为主体之间的沟通与合作,加强重要市场信息的搜集、挖掘与分析,加强有关的产业研究,出台必要的扶持政策,支持农村道路、农村通讯网络等基础设施建设,促进农村人力资本投资,促进涉农领域的研发等。

第十章

结　语

第一节　政策建议

为保障首都经济社会的稳定发展,并为中国特色世界城市和国际商贸中心建设提供基础支撑,当前和今后北京市农产品流通体系的建设,应重点推动批发市场采用现代交易技术和方式;强化农产品安全,完善信息服务平台,优化经营主体结构;建立供应保障体系;扩大零售终端规模,培育新型流通方式和模式,并力争取得实效。

一、构建现代统一结算平台,完善批发市场信息平台

以实行农产品交易的统一结算为突破口,建设农产品批发市场的现代支付平台。由政府主管部门统一部署,推动全市性大型农产品批发市场首先推广农产品交易电子结算,全面实行统一结算,进而引导区域性、专业型、产地市场实行统一结算,在全市范围内全面推动交易规范化、信息即时化、产品可追溯。推动农产品电子交易平台的发展,完善市场价格形成机制。

完善现有大型农产品批发市场信息平台,结合统一结算系统的建设提高交易信息的即时性和准确度;扩展信息平台交易功能,推动电子商务的进一步发展;鼓励大型农产品批发市场之间,大型农产品批发市场与产地市场、产地基地之间,大型农产品批发市场与零售终端之间信息专递、价格发布以及风险预警。

二、建立健全农产品全程质量安全可追溯体系

进一步加强农产品批发市场标准化和质量安全体系建设,重点完善农产品批

发市场的检疫检测设施和工作制度,加强农产品质量安全检测和监管。加强政府检测能力建设,推进检验检测体制改革,充分利用社会检测资源,形成标准统一、职能明确、运行高效的农产品质量安全检验检测体系。合理配置检验检测资源,推进资源和信息共享,实现结果互认。

通过政府相关部门的协作,建立农产品全程质量安全追溯信息处理公共平台,以流通环节带动生产,在特色农产品生产基地建立完善的农产品全程质量安全追溯信息采集系统。逐步形成产地有准出制度、销地有准入制度、产品有标识和身份证明,信息可得、成本可算、风险可控的全程质量追溯体系。建立农产品质量安全风险预警信息平台和检验检疫风险预警体系,加强部门协作,实现质量安全信息共享。

三、培育现代批发商,提高批发市场交易主体的组织化程度

鼓励农产品批发市场由个体摊位的集合向批发企业的集合转变,逐步引导有一定规模的大户向企业转换,提高企业制的批发商所占的比重;探索尝试市场交易会员制,提高批发市场交易主体的组织化程度,形成规模化、标准化、现代化、品牌化农产品流通的组织单元;探索能够提供农资、技术、金融等服务的综合服务单位,提高流通效率,降低交易损耗和成本,维护流通环节的稳定性,培育现代流通企业。

四、扩大零售终端规模,促进新兴流通渠道和现代零售终端业态发展

扩大零售终端规模,继续发展规范化菜市场,改善经营环境和规范管理服务。鼓励发展社区便民菜店,引导大型批发市场和连锁农产品配送企业与社区共建便民菜店。鼓励现有的零售连锁企业进一步扩展,发展生鲜连锁超市,增加农产品产地直采比重。鼓励产地直销连锁店的发展。鼓励实体店与网店结合,促进农产品电子商务的发展。

在完善批发市场与农产品生产流通企业和生产基地实行"场厂挂钩"、"场地挂钩"的基础上,加快大型连锁超市和农产品流通企业与农民专业合作社的"农超对接",建设农产品直接采购基地。支持农产品配送企业的发展,培育大型和连锁农产品配送企业,支持农产品物流中心和集中配送中心建设,提高面向企业、机关、学校、团体销售的农产品的城市统一物流配送率。支持大型农业合作社、农业生产企业以"实体店+网店"的模式,发展产销直挂、连锁经营等流通业务。

五、推动先进技术在农产品流通中的应用,建立绿色低碳流通模式

推动农产品流通中现代物流技术的应用,减少物流损耗,降低物流成本;鼓励

冷链、射频识别(RFID)、物联网、包装材料循环利用等物流、信息、环保技术在农产品批发与流通领域的深入应用,建立高效、低碳的流通模式。

六、建立可靠的农产品储备调控体系

抓住实施新一轮"菜蓝子"工程的契机,结合北京农业生产实际,整合区县资源,建立首都农产品生产资源台账,制定相应扶持补贴政策,推进设施蔬菜建设工程,加快建设一批现代化、集约化蔬菜育苗场和设施蔬菜生产标准示范园,着力提升蔬菜供应能力和质量安全水平,建设可控外埠蔬菜生产基地。

在现有渠道基础上,建立外埠进京农产品生产资源台账,推进区域合作拓展工程。结合首都市场优势和外埠资源、产品、成本优势,结合对口支援和区域经济合作工作,扶持本市龙头企业在内蒙、河北、山东、新疆、海南等外埠优势产区重点建设一批符合本市标准、可控性强的蔬菜货源基地和产地市场。

按照北京市基本情况和应急需求,科学合理研究北京市政府储备体制,使储备结构进一步优化、储备品种更加合理、储备数量充足到位。认真贯彻实施《北京市生活必需品供应应急预案》,建立应急商品数据库,健全应急投放体系,强化政府储备监管。确保在应急状态下,北京市生活必需品应急供应迅速、顺畅、到位,维护首都市场供应稳定。

建立完善北京市生活必需品市场供应风险管理体系,建立健全生活必需品市场供应风险管理长效机制,提升生活必需品市场供应风险控制水平。

七、加强行业立法与标准建设

借鉴日本等国家建立批发市场法规体系的经验,率先在国内制定包含农产品市场设立、交易和管理的地方法规,确立批发市场城市基础设施地位,规范批发市场的设立、管理与经营制度;规范生产者、经营者行为,完善不符合安全食品标准的农产品退出机制;明确政府各部门的规划、指导、管理环节与职能,使批发市场在农产品流通上起到中心环节的作用,保障农业生产收益、流通供应与市场秩序。

制定大型农产品批发市场的检验检疫中心、废弃物废水处理中心、信息收集和发布中心等准公益性公共服务功能建设的最低标准。建立物流配送人员行业准入资格、车辆环保标准和车辆制冷设备配置标准。完善农产品"绿色通道",建立"绿色车队",在全市范围内免收整车合法装载鲜活农产品的车辆通行费,采取妥善办法解决运送农产品车辆进城时间限制问题。

八、加大政府扶持力度,健全农产品流通监管体系

政府要优先保证农产品批发市场用地和菜市场、社区菜店用地用房。支持农

产品批发市场的检验检测、信息、结算、监控、废弃物及污水处理等五大中心建设并提供运行补助,并将冷链物流体系和质量安全可追溯体系建设作为未来财政资金重点支持的方向,体现和保证市场的公益性功能。建立政府投资为引导、企业投资为主体的多元投入机制,吸引社会资金参与农产品流通体系基础设施建设。

加快行业协会的发展,完善在行业自律、行业监督、发展研究方面的作用。依托行业协会,构建农产品批发市场信用体系,建立信用监督和失信惩戒制度,形成行政执法、舆论监督、行业自律三位一体的农产品流通监管体系。

第二节 本课题研究存在的不足

一、对北京农产品流通体系的整体结构研究不够

本课题着重对北京市农产品流通体系中的流通模式、批发市场、零售终端等三个关键问题进行了研究,得出了一些重要发现和有价值的结论。但是,课题研究对北京市农产品流通体系的整体结构研究不够。一般认为,我国应建设以合作经济组织为基础、以批发市场和超市等零售终端为枢纽、以大型现代企业为龙头、以网络技术为支撑的现代高效农产品流通体系(如程庆新、吴震等,2011)。本课题虽然在流通模式、协调机制部分对进行了研究,合作组织、龙头企业、网络技术支持等问题但把流通体系的诸多问题结合在一起,并结合北京市的实际进行整体研究不够。

二、对北京农产品流通协调机制构建的具体问题研究不够

本课题着重对农产品流通协调机制的框架——组织、合约、技术及构建过程——协调机制各个要素的结构定位和相互影响过程进行了研究,得出了一些重要发现和有价值的结论。但是,结合实际,对北京市农产品流通协调机制构建的具体问题研究不够。

三、对北京农产品流通体系与协调机制二者关系研究不够

本课题分别对北京市农产品流通体系和北京市农产品流通协调机制问题进行了研究,但是,没有对流通体系与协调机制二者关系进行具体、细致、深入研究。

参考文献

一、著作、报告

[1] Christien, J. M., et al. 农产食品供应链定量分析[M]. 北京：中国农业大学出版社, 2010.

[2] Cullinan, C. Law and Markets: Improving the Legal Environment for Agricultural Marketing[R]. Rome: FAO, Agricultural Services Bulletin, 1999.

[3] da Silva, Carlos. A. B. The Growing Role of Contract Farming in Agri-food Systems Development: Drivers, Theory and Practice[R]. Rome: FAO Agricultural Management, Marketing and Finance Service, 2005.

[4] Eaton, C., and A. Shepherd. Contract Farming: Partnerships for Growth[M]. Rome: Food and Agriculture Organization of the United Nations, 2001.

[5] Glover, D., and K. Kusterer. Small Farmers, Big Business: Contract Farming and Rural Development[M]. London: Macmillan, 1990.

[6] Golan, E., B. Krissoff, F. Kuchler, L. Calvin, et al. Traceability in the U. S. Food Supply: Economic Theory and Industry Studies[R]. Washington: U. S. Departerment of Agriculture, Economic Research Service, 2004.

[7] Halweil, B. Home Grown: The Case for Local Food in a Global Market[R]. Washington: Worldwatch Institude, 2002.

[8] Isherwood, K. F. Fertilizer Distribution in Europe[R]. Paris: International Fertilizer Development Center, 2001.

[9] MacDonald, J., and P. Korb. Agricultural Contracting Update[R]. Washington: U. S. Department of Agriculture, Economic Information Bulletin, 2005.

[10] Manchester, A. C. The Structure of Wholesale Produce Markets[R]. Washington: U. S. Dept. of Agriculture, Economic Research Service, Marketing Economics Division, 1964.

[11] McLaughlin, E. W., and D. J. Perosio. Fresh Fruit and Vegetable Procurement Dynamics: The Role of the Supermarket Buyer[R]. New York: Dept. of Agriculture, Economics, Resoure, and Managerial, Cornell University, 1994.

[12] McLaughlin, E. W., K. Park, and D. J. Perosio. Marketing and Performance Benchmarks for the Fresh Produce Industry[M]. New York: Produce Marketing Association, 1997.

[13]National Agricultural Statistics Service. Vegetables:1999 Summary, Vg 1-2 (00)a, January [R]. Washington: U. S. Department of Agriculture, 2000.

[14]Ornberg, L. Farmers' Choice: Contract Farming, Agricultural Change and Modernisation in Northern Thailand[R]. Lund: Ekonomisk—historiska motet, 2003.

[15]Putnam, J. J. , and J. E. Allshouse, Food Consumption, Prices, and Expenditures, 1970 — 97 [M]. Washington: U. S. Department of Agriculture, Economic Research Service, 1999.

[16]Rehber, E. Vertical Coordination in the Agro—Food Industry and Contract Farming: A Comparative Study of Turkey and the USA[R]. Connecicut: Food Marketing Policy Center, University of Connecticut, 2000.

[17]Roy, E. P. Contract Farming[M]. Denville: The Interstate Printers and Publishers Inc. , U. S. A. 1963.

[18]Smith, I. , and A. Furness. 食品加工和流通领域的可追溯性[M]. 北京：中国轻工业出版社，2010.

[19]Vakis, Renos. , Elisabeth. Sadoulet. , and Alain. de Janvry. Measuring Transactions Costs from Observed Behavior: Market Choices in Peru[M]. San Francisco: Department of Agricultural and Resource Economics, UC Berkeley, 2003.

[20]安玉发，张浩. 果蔬农产品协议流通模式研究[M]. 北京：中国农业大学出版社，2010.

[21]布莱克. 美国社会社会与思想史 [M]. 许季鸿译. 北京：商务印书馆，1994.

[22]曹阳. 当代中国农村微观经济组织形式研究[M]. 北京：中国社会科学出版社，2007.

[23]党国英. 农村政策、改革回顾与展望[M]. 中国社会科学院农村发展研究所、国家统计局农村社会经济调查司主编. 北京：社会科学文献出版社，2008.

[24]杜吟棠主编. 合作社：农业中的现代企业制度[M]. 南昌：江西人民出版社，2002.

[25]樊亢，戎殿新主编. 美国农业社会化服务体系——兼论农业合作社[M]. 北京：经济日报出版社，1994.

[26]方志权，顾海英. 中日蔬菜生产、流通、贸易比较研究[M]. 上海：上海财经大学出版社，2004.

[27]高铁生，朱玉辰. 中国农产品期货市场功能发挥与产业发展[M]. 北京：中国财政经济出版，2005.

[28]郭红东. 农业龙头企业与农户订单安排及履约机制研究[M]. 北京：中国农业出版社，2005.

[29]韩俊. 中国农民专业合作社调查[M]. 上海：上海远东出版社，2007.

[30]胡剑锋. 中国农业产业组织发展演变的制度分析[M]. 北京：人民出版社，2010.

[31]黄德林，安岩. 农产品流通研究[M]. 北京：中国农业科学技术出版社，2010.

[32]纪良纲，刘东英. 中国农村商品流通体制研究[M]. 北京：冶金工业出版社，2006.

[33]焦必方，孙彬彬. 日本现代农村建设研究[M]. 上海：复旦大学出版社，2009.

[34]康芒斯. 制度经济学[M]. 于树生译. 北京：商务印书馆，1962.

[35]库尔斯，乌尔. 农产品市场营销学[M]. 孔雁译. 北京：清华大学出版社，2006.

[36]李季芳. 基于供应链管理理论的农村商品流通现代化研究[M]. 北京：经济科学出版社，2010.

[37]李寅北. 农村社会合作经济概论[M]. 南京：正中书局，1936.

[38]林文益主编. 贸易经济学[M]. 北京：中国财政经济出版社，1995.

[39]刘运梓. 资本主义国家农业经济概论[M]. 北京：中国计划出版社，1991.

[40]罗必良，温思美，林家宏主编. 市场化进程中的组织制度创新——"布吉模式"的创新价值及其对中国农产品流通体制改革的启示[M]. 广州：广东经济出版社，1999.

[41]罗必良等. 农业产业组织：演进、比较与创新[M]. 北京：中国经济出版社，2002.

[42]穆勒. 政治经济学原理——及其在社会哲学上的若干应用(下卷)[M]. 胡企林，朱泱译. 北京：商务印书馆，1991.

[43]牛若峰等. 农业产业化经营组织方式和运行机制[M]. 北京：北京大学出版社，2000.

[44]农业部市场与经济信息司. 中国农产品批发市场发展报告[M]. 北京：中国农业大学出版社，2010.

[45]帕特里克·博尔顿，马赛厄斯·德瓦特里庞. 合同理论[M]. 上海：格致出版社，2008.

[46]彭莲棠. 中国农业合作化之研究[M]. 上海：中华书局，1948.

[47]秦晖. 天平集[M]. 北京：新华出版社，1997.

[48]塞特斯·杜玛，海因·斯赖德. 组织经济学[M]. 北京：华夏出版社，2006.

[49]舒彤，俞海，汪寿阳，陈收，黎建强. 拍卖与在线拍卖[M]. 长沙：湖南大学出版社，2007.

[50]速水佑次郎，拉坦. 农业发展的国际分析[M]. 郭熙保等译. 北京：中国社会科学出版社，2000.

[51]谭向勇，魏国辰，寇荣. 北京市主要农产品流通效率研究[M]. 北京：中国物资出版社，2008.

[52]王志刚. 农产品批发市场交易方式的选择：理论与实践[M]. 北京：中国农业科学技术出版社，2009.

[53]威廉姆森. 资本主义经济制度[M]. 北京：商务印书馆，2002.

[54]威廉森. 治理机制[M]. 北京：中国社会科学出版社，2001.

[55]魏国辰，肖为群. 基于供应链管理的农产品流通模式研究[M]. 北京：中国物资出版社，2009.

[56]夏春玉等. 中国农村流通体制改革研究[M]. 北京：经济科学出版社，2009.

[57]向国成，韩绍凤. 小农经济效率分工改进论[M]. 北京：中国经济出版社，2007.

[58]小林康平，甲斐谕，福井清一等. 体制转换中的农产品流通体系——批发市场机制的国际对比研究[M]. 菅沼圭辅，王志刚，周燕译. 北京：中国农业出版社，1998.

[59]谢志华，方燕，庞毅等. 北京农产品流通研究[M]. 北京：中国统计出版社，2009.

[60]徐柏园,刘富善. 面对WTO海峡两岸农产品批发市场的二次创业[M]. 北京:中国物价出版社,2003.

[61]徐更生,熊家文. 比较合作经济[M]. 北京:中国商业出版社,1992.

[62]徐旭. 合作与社会[M]. 上海:中华书局,1950.

[63]徐振宇. 小农一企业家主导的农业组织模式:天星村葡萄业技术与市场演化[M]. 北京:社会科学文献出版社,2011.

[64]徐忠爱. 公司和农户契约选择与履约机制研究[M]. 北京:中国社会科学出版社,2007.

[65]姚今观. 中国农产品流通体制与价格制度[M]. 北京:中国物价出版社,1995.

[66]叶祥松等. 新型农村经济组织:农联模式[M]. 上海:上海三联书店,2010.

[67]余晖等. 行业协会及其在中国的发展:理论与案例[M]. 北京:经济管理出版社,2002.

[68]张军. 合作团队的经济学[M]. 上海:上海财经大学出版社,1999.

[69]张明玉等. 中国农产品现代物流发展研究——战略·模式·机制[M]. 北京:科学出版社,2010.

[70]张晓山,杜志雄,檀学文主编. 可持续食品供应链:来自中国的实践[M]. 哈尔滨:黑龙江人民出版社,2009.

[71]张晓山,苑鹏. 合作经济理论与实践[M]. 北京:中国城市出版社,1991.

[72]张晓山主编. 联结农户与市场:中国农民中介组织探究[M]. 北京:中国社会科学出版社,2002.

[73]张旭辉. 鲜活农产品物流与供应链:理论与实践[M]. 成都:西南财经大学出版社,2008.

[74]赵一夫. 中国生鲜蔬果物流体系发展模式研究[M]. 北京:中国农业出版社,2008.

[75]赵英霞. 供应链视角下的农产品物流发展研究[M]. 北京:中国物资出版社,2010.

[76]中商流通生产力促进中心,中国人民大学流通研究中心联合编著. 中国农产品批发市场实操手册[M]. 北京:中国经济出版社,2010.

[77]周发明. 构建新型农产品营销体系的研究[M]. 北京:社会科学文献出版社,2009.

二、论文、报纸

[1]Badstue, Lone. B. Identifying the Factors that Influence Small-Scale Farmers' Transaction Costs in Relation to Seed Acquisition[J]. ESA Working Paper, 2004.

[2]Bloom, P. , G. Gundlach, and J. Cannon. Slotting Allowances and Fees: Schools of Thought and the Views of Practicing Managers[J]. Journal of Marketing, 2000, 64(2): 92-108.

[3]Boger, S. Quality and Contractual Choice: A transaction Cost Approach to the Polish Hog Market[J]. European Review of Agricultural Economies, 2001, 28(3): 241-261.

[4]Bogetoft, P. , and H. B. Olesen. Ten Rules of Thumb in Contract Design: Lessons

from Danish Agriculture[J]. European Review of Agricultural Economics, 2002, 29(2): 185 —204.

[5] Chu, Wujin. Demand Signaling and Screening in Channels of Distribution [J]. Marketing Science, 1992, 11(4): 327—347.

[6]Clare, N. , D. Roy, J. Okello, B. Avenda 0o9 K. Rich, A. Thorat. Public - private Partnerships and Collective Action in High Value Fruit and Vegetable Supply Chains[J]. Food Policy, 2009, 34(1): 8 - 15.

[7]Cook, R. The Fresh Fruit and Vegetable Value Chain Faces New Forces for Change [J]. Paper Presented at the American Agricultural Economics Association Pre—Conference Workshop on Policy Issues and the Changing Structure of the Food System, Tampa, FL, 2000, July 29, http://www.aaea.org/changingstructure/html.

[8]Domar, E. D. The Soviet Collective Farm as a Producers' Cooperative[J]. American Economic Review, 1966, 56(4): 734—757.

[9]Dorward, Andrew. The Effects of Transaction Costs, Power and Risk on Contractual Arrangements: A Conceptual Framework For Quantitative Analysis[J]. Journal of Agricultural Economics, 2001, 52(2): 59—73.

[10]Eleni, Z. Gabre—Madhin. The Role of Intermediaries in Enhancing Market Efficiency in the Ethiopian Grain Market[J]. Agricultural Economics, 2001, 25(2—3): 311—320.

[11]Elsa, R, . and M. Berges. Consumer Behavior and Supermarket in Argentina[J]. Development Policy Review, 2002, 20(4): 429—439.

[12]Frank, S. D. , and D. R. Henderson. Transaction Costs as Determinants of Vertical Coordination in the U. S. Food Industries[J]. American Journal of Agricultural Economics, 1992,74(4): 941—950.

[13]Glover, D. Contract Farming and Commercialization of Agriculture in Developing Countries[J]. Agricultural Commercialization, Economic Development and Nutrition, 1994, pp. 166—175.

[14]Graciela, E. G. Impact of Rapid Raise of Supermarkets on Dairy products Systems in Argentina[J]. Development Policy Review , 2002, 20(4): 409—427.

[15] Granovetter, M. Economic Action and Social Structure: The Problem of Embeddedness[J]. American Journal of Sociology, 1985, 91: 481—510.

[16]Hobbs, J. E. , and L. M. Young. Vertical Linkages in Agri—Food Supply Chains: Changing Roles for Producers, Commodity Groups, and Government Policy[J]. Review of Agricultural Economics, 2002, 24(2): 428—441.

[17]Hobbs, J. E. A Transaction Costs Approach to Supply Chain Management[J]. Supply Chain Management, 1996, 1(2): 15—27.

[18]Key, N. , and D. Runsten. Contract Farming, Smallholders, and Rural Development in Latin America: The Organization of Agroprocessing Firms and the Scale of Outgrower Pro-

duction[J]. World Development, 1999, 27(2): 381—401.

[19]Khiem, N. T. , and S. Emor. Linking Farmers to Markets through Contract Farming [J]. Markets and Development Bulletin, 2005(3).

[20] Kirsten, J. , and K. Sartorius. Linking Agribusiness and Small Farmers in Developing Countries: Is There a New Role for Contract Farming? [J]. Development Southern Africa, 2002, 19(4): 503—529.

[21]Lang, T. Food Industrialisation and Food Power: Implications for Food Governance [J]. Development Policy Review, 2003, 21(5—6): 555—568.

[22]MacDonald, J. M. , M. C. Ahearn. , and Banker. D. Organizational Economics in Agriculture Policy Analysis[J]. American Journal of Agriculture Economics, 2004, 86(3): 744—749.

[23]Maskure, O. , and S. Henson. Why Do Small—Scale Producers Choose to Produce under Contract? Lessons from Nontraditional Vegetable Exports from Zimbabwe[J]. World Development , 2005, 33(10): 1721—1733.

[24]McAfee, R. P. , and J. McMillan. Auctions and Bidding[J]. Journal of Economic Literature, 1987, 25(2): 699—738.

[25]Menard, C. , and E. Valceschini. New Institutions for Governing the Agri—food Industry[J]. European Review of Agricultural Economics, 2005, 32(3): 421—440.

[26]Minot, N. Contract Farming and its Effect on Small Farmers in Less Developed Countries[J]. Working Paper No. 31, Department of Agricultural Economics, 1986.

[27]Nilsson, J. New Generation Farmer Co—operatives[J]. ICA Review, 1997, 90(1):32—38.

[28] Park, A. J. , et al. Market Emergence and Transition: Arbitrage, Transaction Costs, and Autarky in China's Grain Markets[J]. American Journal of Agricultural Economics, 2002, 84(16): 67—82.

[29]Patterson, P. , and T. Richards. Produce Marketing and Retail Buying Practices[J]. Review of Agricultural Economics, 2000, 22: 160—171.

[30]Reardon, T. , and C. Barret. Agro—industrialization, Golbalization and International Development: An Overview of Issues, Patterns and Determinants[J]. Agricultural Economics, 2000, 23(3): 195—205.

[31] Salop, S. , and D. Scheffman. Raising Rivals' Costs [J]. American Economic Review, 1983, 73(2): 267—271.

[32]Singh, S. Contracting out Solutions: Political Economy of Contract Farming in the Indian Punjab[J]. World Development, 2002, 30(9): 1621—1638.

[33]Srinivasan, C. S. Concentration in Ownership of Plant Variety Rights: Some Implications for Developing Countries[J]. Food Policy, 2003, 28(5—6): 519—546.

[34]Sullivan, M. Slotting Allowances and the Market for New Products[J]. Journal of

Law and Economics, 1997, 90: 461—493.

[35]Thompson, G. D., and P. N. Wilson. The Organizational Structure of the North American Fresh Tomato Market: Implications for Seasonal Trade Disputes[J]. Agribusiness, 1997, 13: 533—547.

[36]Williams, H., and A. G. Wilson. Some Comments on the Theoretical and Analytical Structure of Urban and Regional Models[J]. Sistemi Urbani, 1980: 203—242.

[37]Yang, XiaoKai., and Y. K. Ng. Theory of the Firm and Structure of Residual Rights[J]. Journal of Economy Behaviour and Organization, 1995, 26(1): 107—128.

[38]包玉泽. 农产品销售渠道的选择：一种基于交易费用经济学的理论解释[J]. 华中农业大学学报(社会科学版), 2005, (4).

[39]毕美家. 中国农产品批发市场的建设与发展方向[J]. 中国农村经济, 2001, (12).

[40]蔡荣, 虢佳花, 祁春节. "公司+农户"的交易效率与契约选择[J]. 商业研究, 2008, (2).

[41]蔡荣, 祁春节. 农业产业化组织形式变迁——基于交易费用与契约选择的分析[J]. 经济问题探索, 2007, (3).

[42]曹利群, 周立群. 对"市场+农户"的理论研究[J]. 中国农村观察, 2005, (3).

[43]曹利群, 周立群. 扶持龙头企业：从信息角度的研究[J]. 中国农村观察, 2001, (5).

[44]曹利群. 农产品流通组织体系的重建[J]. 学术月刊, 2001, (8).

[45]常剑. 北京郊区农产品流通体系实证研究[D]. 中国农业科学院, 2009.

[46]陈阿兴, 岳中刚. 试论农产品流通与农民组织化问题[J]. 农业经济问题, 2003, (2).

[47]陈炳辉, 安玉发. 农产品批发市场发展模式国际比较及对中国的启示[J]. 世界农业, 2006, (2).

[48]陈丽芬. 美日农产品流通体系发展变迁及其规律分析[J]. 中国市场营销, 2010, (1).

[49]陈善晓, 王卫华. 基于第三方物流的农产品流通模式研究[J]. 浙江理工大学学报, 2005, (1).

[50]陈淑祥. 中西方国家农产品流通比较[J]. 重庆工商大学学报(西部经济), 2006, (4).

[51]陈彦渊. 我国电子商务环境下的农产品流通模式研究[D]. 首都经济贸易大学, 2008.

[52]陈业华, 张晓明. 基于转移支付的绿色农产品供求协调机制研究[J]. 价值工程, 2009, (7).

[53]池泽新, 周晓兰. 建立中国特色农业中介组织体系——国际经验、构建原则及总体设计[J]. 农业经济问题, 2007, (2).

[54]邓宏图, 米献炜. 约束条件下合约选择和合约延续性条件分析——内蒙古塞飞亚集团有限公司和农户持续签约的经济解释[J]. 管理世界, 2002, (12).

[55]邓俊淼, 戴蓬军. 供应链管理下鲜活农产品流通模式的探讨[J]. 农业经济, 2006, (8).

[56]丁来强, 郑进. 论韩国农产品流通体制改革及其启示[J]. 农业经济问题, 1999, (5).

[57]丁力. 培育有竞争力的农业产业体系——关于美国农业的观察与思考[J]. 中国农村

经济,2001,(8).

[58]丁声俊. 关于深化农产品流通改革的研究[J]. 商业经济与管理,1998,(4).

[59]杜彦坤. 农产品加工业发展与政策性金融支持研究[J]. 经济研究参考,2002,(32).

[60]杜吟棠. "公司+农户"模式初探——兼论其合理性与局限性[J]. 中国农村观察,2002,(1).

[61]杜吟棠. 农业产业化经营和农民组织创新对农民收入的影响[J]. 中国农村观察,2005,(3).

[62]段应碧,余国耀,张路雄,李首佳,孙孔文. 美国农产品流通情况的考察[J]. 中国农村经济,1989,(5).

[63]范利军,杨海儒. 拍卖制在我国农产品批发市场的应用研究[J]. 商场现代化,2006,(28).

[64]范润梅,庞晓鹏,王征南. 蔬菜市场批零价差和价格传递机制分析——以北京市为例[J]. 商业研究,2007,(11).

[65]方伟,陈秀芝,侯军岐. 契约再协商:农业产业化发展的一种优化机制[J]. 西北农林科技大学学报(社会科学版),2004,(6).

[66]方志权,焦必方. 日本鲜活农产品流通业发展新动向[J]. 世界农业,2002,(12).

[67]方志权,焦必方. 中日鲜活农产品流通体制若干问题比较研究[J]. 现代日本经济,2002,(5).

[68]冯中越. 我国农产品流通协调机制的构建[J]. 北京工商大学学报(社会科学版),2011,(5).

[69]傅晨. "公司+农户"产业化经营的成功所在——基于广东温氏集团的案例研究[J]. 中国农村经济,2000,(2).

[70]盖尔·约翰逊,王利耀,符凌凌,王业. 中国农业的调整:问题与机会[J]. 江汉论坛,2000,(3).

[71]高静娟,陈煜. 从蔬菜悬殊差价看农产品物流成本[J]. 物流工程与管理,2011,(6).

[72]顾海英. 中日农产品流通体系的比较研究[J]. 世界农业,1997,(6).

[73]顾金俊. 韩国可乐洞批发市场:探寻安全高效的管理模式[N]. 经济日报,2011-4-10.

[74]郭崇义,庞毅. 基于流通实力的农产品流通模式选择及优化[J]. 北京工商大学学报(社会科学版),2009,(4).

[75]郭冬乐,宋则,王诚庆. 印度农产品流通体制考察[J]. 财贸经济,1997,(7).

[76]郭红东,蒋文华. "行业协会+公司+合作社+专业农户"订单模式的实践与启示[J]. 中国农业经济,2007,(4).

[77]郭红东. 龙头企业与农户订单安排与履约:理论和来自浙江企业的实证分析[J]. 农业经济问题,2006,(2).

[78]郭晓鸣,廖祖君,付娆. 龙头企业带动型、中介组织联动型和合作社一体化三种农业产业化模式的比较——基于制度经济学视角的分析[J]. 中国农村经济,2007,(4).

[79]郭晓鸣,廖祖君.公司领办型合作社的形成机理与制度特征——以四川省邛崃市金利猪业合作社为例[J].中国农村观察,2010,(5).

[80]韩国明,周建鹏.交易费用视角下农民专业合作社的作用分析[J].农村经济,2008,(12).

[81]韩耀,何广前.流通技术结构变迁与流通产业的发展[J].北京工商大学学报(社会科学版),2006,(5).

[82]何慧丽.农民合作销售与村庄经纪人角色的冲突与调适[J].中国农业大学学报(社会科学版),2007,(2).

[83]何军,纪月洁,吴豪杰.生鲜食品消费行为模式:超市与农贸市场的比较[J].中国农业大学学报(社会科学版),2005,(3).

[84]何坪华,杨名远.农户经营市场交易费用构成与现状的实证分析[J].中国农村观察,1999,(6).

[85]何嗣江.订单农业研究的进展[J].浙江社会科学,2006,(2).

[86]何忠伟,桂琳,刘芳,雷声芳.北京生鲜农产品物流配送业的发展趋势与质量安全[J].北京社会科学,2010,(4)

[87]贺峰.世界农产品物流的比较分析[J].世界农业,2006,(5).

[88]洪岚,李力.北京鲜活农副产品流通体系创新探析[J].中国流通经济,2007,(3).

[89]洪银兴,郑江淮.反哺农业的产业组织与市场组织——基于农产品价值链的分析[J].管理世界,2009,(5).

[90]侯守礼,王威,顾海英.不完备契约及其演进:政府、信任和制度——以奶业为例[J].中国农村观察,2004,(6).

[91]胡定寰,F. Fuller,T. Reardon.超市的迅速发展对中国奶业的影响[J].中国农村经济,2004,(7).

[92]胡定寰,F. Gale,T. Reardon.试论"超市+农产品加工企业+农户"新模式[J].农业经济问题,2006,(1).

[93]胡定寰,陈志钢,孙庆珍,多田稔.合同生产模式对农户收入和食品安全的影响——以山东省苹果产业为例[J].中国农村经济,2006,(11).

[94]胡定寰,俞海峰,T. Reardon.中国超市生鲜农副产品经营与消费者购买行为[J].中国农村经济,2003,(8).

[95]胡定寰.农产品"二元结构"论——论超市发展对农业和食品安全的影响[J].中国农村经济,2005,(2).

[96]胡定寰.微观农业产业化的理论及其应用——我国现代农业产业组织理论的初探[J].中国农村观察,1997,(6).

[97]胡芳.美国农产品流通:渠道短 环节少 服务机构齐全[N].中国社会报,2007-5-28.

[98]胡剑锋,文聪.农业行业协会:利益代表而非经济合作[J].浙江大学学报(人文社会科学版),2004,(5).

[99]黄祖辉,胡剑锋. 国外农业行业协会的发展、组织制度及其启示[J]. 农业经济问题,2002,(10).

[100]黄祖辉,刘东英. 论生鲜农产品物流链的类型与形成机理[J]. 中国农村经济,2006,(11).

[101]黄祖辉,鲁柏祥,刘东英,吕佳. 中国超市经营生鲜农产品和供应链管理的思考[J]. 商业经济与管理,2005,(1).

[102]黄祖辉,王祖锁. 从不完全合约看农业产业化经营的组织方式[J]. 农业经济问题,2002,(3).

[103]霍美丽,侯振宇. 韩国农产品流通现状及经验教训[J]. 世界农业,2008,(11).

[104]贾生华,刘清华. 拍卖交易与我国农产品批发市场交易方式创新[J]. 中国农村经济,2001,(2).

[105]姜开圣,韩世来,沙志芳. 农业产业化龙头企业的发展壮大及其对农民收入的影响——以江苏省扬州市为例[J]. 农业经济问题,2003,(3).

[106]金赛美. 现代农产品市场体系的科学价值:利益原理与交易费用分析[J]. 商业研究,,2007,(11).

[107]瞿珊珊. 龙头企业与农户合作关系:治理、绩效与影响因素[D]. 华中农业大学,2009.

[108]科林·G·布郎等. 食品质量安全与中国牛肉业的发展[J]. 中国农村经济,2002,(5).

[109]寇平君,卢凤君. 农产品拍卖交易方式在我国推行的适应性分析[J]. 中国农村经济,2003,(8).

[110]寇荣,谭向勇. 论农产品流通效率的分析框架[J]. 中国流通经济,2008,(5).

[111]兰萍. 基于协同管理理论的安全农产品供应链研究[J]. 农村经济,2008,(12).

[112]李彬. "公司+农户"契约非完全性与违约风险分析[J]. 华中科技大学学报(社会科学版),2009,(3).

[113]李炳坤. 农产品流通体制改革与市场制度建设[J]. 中国农村经济,1999,(6).

[114]李长江. 对"农业产业化"的质疑[J]. 经济学家,2002,(5).

[115]李春成,李崇光. 农产品零售终端绩效评价与比较[J]. 农业经济问题,2007,(1).

[116]李春海. 改善农产品流通的制度性条件[J]. 财贸研究,2006,(1).

[117]李春海. 制约农产品流通效率的制度瓶颈及其消减[J]. 财贸研究,2005,(3).

[118]李翠霞. 黑龙江省农产品深加工行业发展大企业集团利益协调机制及龙头企业选择[J]. 商业研究,2002,(7).

[119]李瑾,秦向阳. 北京市农产品流通信息化发展的思考[J]. 农村经营管理,2008,(12).

[120]李晋红. 美日农产品流通渠道模式比较及对我国的借鉴[J]. 中国合作经济,2005,(5).

[121]李静. 产业化:农业发展的新课题——农业产业化问题研讨会综述[J]. 中国农村经

济，1996，(8).

[122]李苏，张玉銮. 农产品拍卖初探[J]. 商业研究，2003，(17).

[123]李彤彤. 完善农副产品流通组织体制，开拓农村消费市场[J]. 管理世界，2000，(2).

[124]李文锋. 我国农产品流通体制创新的探索[D]. 苏州大学，2008.

[125]李霞，舒秋华，杨海鹰. 现代化都市农产品流通与批发市场建设[J]. 武汉理工大学学报(信息与管理工程版)，2003，(2).

[126]李彦敏. "龙头企业+农户"模式：类型、问题与对策[J]. 中国合作经济，2005，(7).

[127]李泽华. 对于发展我国鲜活农产品拍卖市场的思考[J]. 农业经济问题，2002，(7).

[128]李泽华. 中国农产品批发市场的现状与发展趋势[J]. 中国农村经济，2002，(6).

[129]厉伟，李志国. 创建农产品经纪人制度与农产品流通[J]. 中国农村经济，2000，(2).

[130]廖华，邵培基. 农产品拍卖交易比较分析与适应性研究[J]. 价值工程，2006，(4).

[131]廖运凤，徐振宇. 西方合作经济理论述评[J]. 林业经济，2007，(11).

[132]林家宏，温思美，罗必良. 企业办市场企业管市场市场企业化——"布吉模式"的创新价值及对中国农产品流通体制改革的启示[J]. 中国农村经济，1999，(9).

[133]林坚，马彦丽. 农业合作社和投资者所有企业的边界——基于交易费用和组织成本角度的分析[J]. 农业经济问题，2006，(3).

[134]林丽金. 我国农产品供应链的协调机制研究[J]. 宜春学院学报，2010，(10).

[135]刘东，汪德华，程雪垠，张捷. 试论优于要素契约的商品契约[J]. 南京大学学报(哲学、人文科学、社会科学版)，2003，(1).

[136]刘东英，梁佳. 中国的生鲜蔬菜物流链：观察与解释——以河北省乐亭县蔬菜物流系统为例[J]. 中国农村经济，2007，(8).

[137]刘凤芹. 不完全合约与履约障碍——以订单农业为例[J]. 经济研究，2003，(4).

[138]刘建华. 美国的农产品流通及其可借鉴经验[J]. 财经研究，1994，(9).

[139]刘绍文. 我国农产品物流研究[D]. 山东大学，2007.

[140]刘天祥. 中韩农产品流通业态的比较探讨[J]. 湖南商学院学报，2006，(5).

[141]刘伟华，季建华，张涛. 面向农村合作经济组织的农产品流通协调机制研究[J]. 南京农业大学学报(社会科学版)，2008，(1).

[142]刘小艳. 基于零售终端的农产品流通模式分析[J]. 农村经济与科技，2006，(11).

[143]刘勇. 西方农业合作社理论文献综述[J]. 华南农业大学学报(社会科学版)，2009，(4).

[144]龙方，任木荣. 农业产业化产业组织模式及其形成的动力机制分析[J]. 农业经济问题，2007，(4).

[145]卢昆，马九杰. 农户参与订单农业的行为选择与决定因素实证研究[J]. 农业技术经济，2010，(9).

[146]卢凌霄，周应恒. 农产品流通效率衡量的研究：一个文献综述[J]. 财贸研究，2008，

(6).

[147]芦龙军.法国为平息不满,加强监控农产品流通利润[N].新华每日电讯,2009-6-15.

[148]吕志轩.我国的蔬菜安全问题:一个产权经济学的视角[J].山东农业大学学报(社会科学版),2007,(3).

[149]罗必良,汪凤桂,王玉蓉.农产品流通:"布吉模式"及其启示[J].特区经济,2001,(5).

[150]罗必良,王玉蓉,王京安.农产品流通组织制度的效率决定:一个分析框架[J].农业经济问题,2000,(8).

[151]罗必良.农业经济组织的效率决定——一个理论模型及其实证研究[J].学术研究,2004,(8).

[152]罗必良.中国农产品流通体制改革的目标模式[J].经济理论与经济管理,2003,(4).

[153]马凤棋."农超对接"模式对超市的影响及对策探讨[J].安徽农业科学,2010,(9).

[154]马九杰,徐雪高.市场结构与订单农业的履约分析[J].农业经济问题,2008,(3).

[155]马增俊.推动中国第三代批发市场建设,第25届世界批发市场联合会代表大会,http://finance.sina.com.cn/economist/jingjiguancha/20070913/21033976771.shtml,2007.

[156]毛飞,霍学喜.农户参与订单农业意愿的影响因素分析——基于陕西21个村果农调查数据的分析[J].北京航空航天大学学报(社会科学版),2010,(4).

[157]梅德平.订单农业的违约风险与履约机制的完善——基于农民合作经济组织的视角[J].华中师范大学学报(人文社会科学版),2009,(6).

[158]门峰.日本农协在农产品流通中的作用[J].日本问题研究,1999,(4).

[159]穆月英,笠原浩三.日本的蔬菜水果流通及其赢利率的调查研究[J].世界农业,2006,(2).

[160]倪斋晖.论农业产业化的理论基础[J].中国农村经济,1999,(6).

[161]聂辉华.交易费用经济学:过去、现在和未来——兼评威廉姆森《资本主义经济制度》[J].管理世界,2004,(12).

[162]牛若峰.农业产业一体化经营的理论与实践[J].经济研究参考,1997,(54).

[163]牛霞,安玉发.农产品流通中介组织的职能、作用及制度基础——以农民专业合作经济组织为例[J].中国农业大学学报(社会科学版),2003,(1).

[164]欧阳小迅,黄福华.我国农产品流通效率的度量及其决定因素:2000—2009[J].农业技术经济,2011,(2).

[165]潘劲.农产品行业协会:现状、问题与发展思路[J].中国农村经济,2007,(4).

[166]钱忠好.节约交易费用:农业产业化经营成功的关键——对江苏如意集团的个案研究[J].中国农村经济,2000,(8).

[167]秦庆武.论农业产业化与农村合作制的结合[J].中国农村经济,1999,(2).

[168]屈小博,霍学喜.交易成本对农户农产品销售行为的影响——基于陕西省6个县27

个村果农调查数据的分析[J]. 中国农村经济, 2007, (8).

[169]任潞生, 张宏, 孙新占, 齐红卫. 我国农产品购销差价研究[J]. 中国农村观察, 1997, (4).

[170]山城宏. 日本农产品批发市场模式[J]. 中国市场, 2004, (9).

[171]生秀东. 订单农业的契约困境和组织形式的演进[J]. 中国农村经济, 2007, (12).

[172]生秀东. 为什么龙头企业的违约率高于农户[N]. 农民日报, 2007-01-10.

[173]石磊. 农产品流通体制改革的目标模式选择[J]. 农业经济问题, 1999, (5).

[174]宋超, 李曙光. "农超对接"现象浅析[J]. 物流技术, 2010, (9).

[175]宋则. 摊位制工业品专业批发市场模式尚未过时[J]. 中国市场, 2009, (30).

[176]孙加祺. 汉城可乐洞农产品批发市场的考察及其启示[J]. 商业经济与管理, 1997, (1).

[177]孙剑, 李崇光. 论农产品营销渠道的历史变迁及发展趋势[J]. 北京工商大学学报(社会科学版), 2003, (2).

[178]孙天琦, 魏建. 农业产业化过程中"市场、准企业(准市场)和企业"的比较研究——从农业产业组织演进视角的分析[J]. 中国农村观察, 2000, (2).

[179]孙侠, 张闯. 我国农产品流通的成本构成与利益分配——基于大连蔬菜流通的案例研究[J]. 农业经济问题, 2008, (2).

[180]谭涛, 朱毅华. 农产品供应链组织模式研究[J]. 现代经济探讨, 2004, (5).

[181]田敏, 张闯. 订单农业中交易关系的治理机制与风险防范——基于辽宁盛德集团的案例研究[J]. 财贸研究, 2010, (4).

[182]田元兰, 王树培, 房爱卿等. 应加快制定加入WTO后农产品流通的对策——韩国农产品流通考察的启示[J]. 中国商贸, 2000, (5).

[183]汪普庆, 周德翼, 吕志轩. 农产品供应链的组织模式与食品安全[J]. 农业经济问题,, 2009, (3).

[184]王爱群, 夏英. 合同关系与农业垂直一体化应用比较研究[J]. 农业经济问题, 2006, (7).

[185]王彬. 鲜活农产品流通模式和流通效率的实证研究[D]. 江南大学, 2008.

[186]王芳, 过建春, 栾乔林. 从交易费用理论角度论农村新型合作经济组织[J]. 华南热带农业大学学报, 2007, (1).

[187]王慧敏, 乔娟. 农户参与食品质量安全追溯体系的行为与效益分析——以北京市蔬菜种植农户为例[J]. 农业经济问题, 2011, (2).

[188]王认真, 邱凤鸣. 交易费用视角下的农产品交易效率研究[J]. 重庆科技学院学报(社会科学版), 2007, (3).

[189]王绍飞, 俞勤, 王立红. 北京市农产品流通体系的问题与建设方向[J]. 调研世界, 2010, (4).

[190]王素霞, 胡定寰. 以超市为中心的农产品供应链流通成本研究[J]. 经济研究参考, 2007, (26).

[191]王涛. 英国安全高效的农产品流通体系[N]. 东方城乡报, 2007-12-4.

[192]王学真, 刘中会, 周涛. 蔬菜从山东寿光生产者到北京最终消费者流通费用的调查与思考[J]. 中国农村经济, 2005, (4).

[193]王燕, 魏国辰. 北京特色农产品物流配送现状与发展趋势分析[J]. 中国集体经济, 2009, (3).

[194]王郁. 公司+农户模式的缺憾及对策研究[J]. 安徽农业科学, 2007, (14).

[195]王志刚, 马建蕾. 农产品批发市场购销商客户关系形成机制研究[J]. 南开经济研究, 2007, (2).

[196]温思美, 杨顺江. 论农业产业化进程中的农产品流通体制改革[J]. 农业经济问题, 2000, (10).

[197]吴德胜. 农业产业化中的契约演进——从分包制到反租倒包[J]. 农业经济问题, 2008, (2).

[198]吴珂, 胡礼文. 组织化程度对产业链利益协调的影响——关于农业合作组织的思考[J]. 企业经济, 2008, (12).

[199]吴秀敏, 林坚. 农业产业化经营中契约形式的选择:要素契约还是商品契约(2004)——一种基于G—H—M模型的思考[J]. 浙江大学学报(人文社会科学版), 2004, (5).

[200]夏春玉, 徐健, 薛建强. 农产品流通市场结构、市场行为与农民收入——基于SCP框架的案例研究[J]. 经济管理, 2009, (9).

[201]夏春玉, 薛建强, 徐健. 农产品流通:基于网络组织理论的一个分析框架[J]. 北京工商大学学报(社会科学版), 2009, (4).

[202]夏春玉, 薛建强. 农业产业化模式、利益分配与农民收入[J]. 财经问题研究, 2008, (11).

[203]夏春玉, 张闯, 董春艳, 梁守砚. "订单农业"中交易关系的建立、发展与维护——以经纪人主导的蔬菜流通渠道为例[J]. 财贸研究, 2009, (4).

[204]熊会兵, 肖文韬. "农超对接"实施条件与模式分析[J]. 农业经济问题, 2011, (2).

[205]徐柏园. 半个世纪来我国农产品流通体制变迁[J]. 北京社会科学, 2000, (1).

[206]徐柏园. 深化农产品流通体制改革[J]. 北京社会科学, 1999, (1).

[207]徐观华. 试论农业产业化[J]. 中国农村经济, 1996, (5).

[208]徐健, 张闯, 夏春玉. 农户人际关系网络结构、交易成本与违约倾向[J]. 财贸经济, 2010, (12).

[209]徐丽艳. 我国现有农产品流通渠道模式分析[J]. 商业研究, 2010, (8).

[210]徐涛. 走进直销店——探访日本农产品流通新路[J]. 上海商学院学报, 2008, (5).

[211]徐雪高, 沈杰. 订单农业履约困境的根源及发展方向——以黑龙江省某企业"期货+订单"为例[J]. 华中农业大学学报(社会科学版), 2010, (1).

[212]徐振宇, 赵烨. 我国大城市农产品批发市场交易的演进趋势——以北京为例[J]. 北京工商大学学报(社会科学版), 2010, (6).

[213]徐振宇. 从博弈的角度看新一轮粮改[J]. 中国农村观察, 2001, (2).

[214]徐振宇. 提升农产品流通效率 促进经济增长方式转变[J]. 北京工商大学学报(社会科学版), 2007, (6).

[215]徐振宇. 现货基础薄弱制约农产品期货发展[J]. 证券市场周刊, 2005, (28).

[216]徐振宇. 小农合作与流通创新——对湖北省葡萄专业村天目村的调查启示[J]. 华夏星火, 2009, (6).

[217]许有志, 王锐兵, 王道平. 北京市农产品物流体系现状分析及发展对策研究[J]. 技术经济与管理研究, 2008, (5).

[218]许有志, 王锐兵, 王道平. 北京市农产品物流体系现状分析与发展对策研究[J]. 技术经济与管理研究, 2008, (5).

[219]薛亮. 关于农业产业化几个问题的探讨[J]. 管理世界, 1997, (5).

[220]杨金海. 农产品供应链协调机制问题初探——基于委托-代理理论的视角[J]. 农村经济与科技, 2009, (5).

[221]杨明洪. "公司＋农户"违约反应的静态理论模型[J]. 财经科学, 2011, (3).

[222]杨明洪. 农业产业化：作为一种契约型组织的效率及其决定[J]. 四川大学学报(哲学社会科学版), 2002, (4).

[223]杨明洪. 农业产业化经营组织形式演进：一种基于内生交易费用的理论解释[J]. 中国农村经济, 2002, (10).

[224]杨巍, 杨江帆. 福建茶叶批发市场推行拍卖制的探讨[J]. 福建农林大学学报(哲学社会科学版), 2007, (1).

[225]杨为民. 农产品供应链一体化模式初探[J]. 农村经济, 2007, (7).

[226]杨文选, 尹洁. 从市场交易费用看我国农村流通网络建设[J]. 中国流通经济, 2005, (8).

[227]杨宜苗, 肖庆功. 不同流通渠道下农产品流通成本和效率比较研究——基于锦州市葡萄流通的案例分析[J]. 农业经济问题, 2011, (2).

[228]杨志宏, 翟印礼. 超市农产品供应链流通成本分析——以沈阳市蔬菜市场为例[J]. 农业经济问题, 2011, (2).

[229]叶飞, 林强, 李怡娜. 基于CVaR的"公司＋农户"型订单农业供应链协调契约机制[J]. 系统工程理论与实践, 2011, (3).

[230]尹云松, 高玉喜, 糜仲春. 公司与农户间商品契约的类型及其稳定性考察——对5家农业产业化龙头企业的个案分析[J]. 中国农村经济, 2003, (8).

[231]应瑞瑶, 郭忠兴. 农业产业化经营合同初探[J]. 中国农村经济, 1998, (2).

[232]应瑞瑶, 孙艳华. 江苏省肉鸡行业垂直协作形式的调查分析——从肉鸡养殖户的角度[J]. 农业经济问题, 2007, (7).

[233]应瑞瑶. 农民专业合作社的成长路径[J]. 中国农村经济, 2006, (6).

[234]俞菊生, 王勇, 李林峰等. 世界级城市的农产品市场体系建设模式[J]. 上海农业学报, 2004, (2).

[235]俞菊生. 韩国农产品批发市场流通体制[J]. 世界农业, 2005, (7).

[236]俞菊生. 日本的农产品物流和批发市场[J]. 上海农村经济, 2003, (4).

[237]俞雅乖. 农业产业化契约类型及稳定性分析——基于资产专用性视角[J]. 贵州社会科学, 2008, (2).

[238]原梅生, 弓志刚. 论现代农村商品流通体系建设[J]. 财贸经济, 2005, (3).

[239]袁平红. 直卖所——日本农产品流通新模式[J]. 现代日本经济, 2009, (2).

[240]曾寅初, 高杰, 李正波. 社会资本对农产品购销商经营绩效的影响研究[J]. 中国农村观察, 2006, (2).

[241]翟雪玲, 韩一军. 肉鸡产品价格形成、产业链成本构成及利润分配调查研究[J]. 农业经济问题, 2008, (11).

[242]张闯, 汤宇, 梁守砚. 市场型交易关系的建立与发展及其运行机制[J]. 财经问题研究, 2010, (3).

[243]张闯, 夏春玉, 梁守砚. 关系交换、治理机制与交易绩效:基于蔬菜流通渠道的比较案例研究[J]. 管理世界, 2009, (8).

[244]张闯, 夏春玉. 农产品流通渠道权力结构与组织体系的构建[J]. 农业经济问题, 2005, (7).

[245]张闯, 夏春玉. 深化农村流通体制改革:系统性框架及若干关键点[J]. 财贸研究, 2008, (1).

[246]张德化, 汪上. 发达国家农产品流通组织的比较与启示[J]. 北方经贸, 2005, (4).

[247]张海亮, 王江. 对花卉拍卖交易方式的思考[J]. 市场研究, 2007, (10).

[248]张京卫, 张兆同. 发达国家农产品物流发展分析及启示[J]. 农业经济, 2007, (7).

[249]张静. 交易费用与农户契约选择——来自梨农调查的经验证据[D]. 浙江大学, 2009.

[250]张留征. 日本的农产品流通系统[J]. 经济问题, 1984, (8).

[251]张敏聪. 拍卖交易在我国农产品流通中的作用[J]. 乡镇经济, 2002, (4).

[252]张爽, 徐正. 基于农超对接模式的新型农产品流通体制探讨[J]. 安徽农业科学, 2010, (22).

[253]张晓山. 创新农业基本经营制度 发展现代农业[J]. 经济纵横, 2007, (2).

[254]赵冬梅, 隋静. 中国蔬菜物流体系的现状与发展[J]. 中国农学通报, 2007, (12).

[255]赵黎明等. 建设北京市高水准农产品流通体系[J]. 北京农业, 2010, (21).

[256]赵明, 刘秀萍. 蔬菜质量安全可追溯制度的建设与实践[J]. 中国蔬菜, 2007, (7).

[257]赵泉民, 李怡. 关系网络与中国乡村社会的合作经济——基于社会资本视角[J]. 农业经济问题, 2007, (8).

[258]赵群, 胡定寰. 超市建立生鲜农产品基地的案例分析[J]. 安徽农业科学, 2009, (24).

[259]赵晓飞, 李崇光. "农户-龙头企业"的农产品渠道关系稳定性:理论分析与实证检验[J]. 农业技术经济, 2007, (5).

[260]赵晓飞, 田野. 我国农产品流通渠道模式创新研究[J]. 商业经济与管理, 2009,

(2).

[261] 赵晓建. 我国蔬菜批发价格变动分析及对策[J]. 农村经济与科技, 2011, (11).

[262] 赵志龙. "公司＋农户"的现状与问题：文献回顾与评论[J]. 学海, 2008, (4).

[263] 赵治辉, 胡剑锋. 农产品行业协会研究综述[J]. 安徽农业科学, 2007, (19).

[264] 郑博, 李修国, 王文绪, 李倩. 北京市蔬菜批发市场现状及发展策略的研究[J]. 商业文化(学术版), 2010, (12).

[265] 郑风田, 程郁. 从农业产业化到农业产业区——竞争型农业产业化发展的可行性分析[J]. 管理世界, 2005, (7).

[266] 周发明. 中外农产品流通渠道的比较研究[J]. 经济社会体制比较, 2006, (5).

[267] 周乐欣, 王先甲. 基于多属性第二评分拍卖模型的物流交易研究——基于鲜活农产品物流的仿真实验[J]. 技术经济, 2009, (5).

[268] 周立群, 曹利群. 农村"分包制"组织形态分析[J]. 天津社会科学, 2000, (4).

[269] 周立群, 曹利群. 农村经济组织形态的演变与创新——山东省莱阳市农业产业化调查报告[J]. 经济研究, 2001, (1).

[270] 周立群, 曹利群. 商品契约优于要素契约——以农业产业化经营中的契约选择为例[J]. 经济研究, 2002, (1).

[271] 周立群, 邓宏图. 为什么选择了"准一体化"的基地合约——来自塞飞亚公司与农户签约的证据[J]. 中国农村观察, 2004, (3).

[272] 周兆生. 流通型农业合作社的交易效率分析[J]. 中国农村观察, 1999, (3).

[273] 朱信凯. 对我国农产品拍卖交易方式的思考[J]. 经济问题, 2005, (3).

[274] 朱学新. 降低农产品交易费用的制度选择[J]. 农业经济问题, 2005, (12).

[275] 朱艳, 唐志军. 农民专业合作组织：基于交易费用视角的探析[J]. 商业研究, 2009, (8).

[276] 祝合良. 我国农产品批发市场发展的基本思路[J]. 经济与管理研究, 2004, (2).

[277] 祝宏辉, 王秀清. 新疆番茄产业中农户参与订单农业的影响因素分析[J]. 中国农村经济, 2007, (7).

[278] 庄凌翔. 我国农产品批发市场模式研究[D]. 厦门大学, 2006.

后 记

本书是北京市哲学社会科学规划项目(08BaJG200)、北京市教育委员会人文社会科学重点项目(SZ200810011004)"北京市农产品流通体系与协调机制研究"的最终成果。参加项目申报和前期准备工作的有：冯中越、庞毅、张秀芬、宋冬英、徐振宇、孙凤仪、祝金甫、陈燕、张玉玺、孟祥宇、焦永太、金艳清等。

参加项目研究及本书写作的分工如下：冯中越第一、三、四、八、十章，庞毅、郭崇义第六章，张秀芬第五章；宋冬英、邓艳第七章；徐振宇第二、九章；冯中越、庞毅负责总体设计和统稿工作；陈荣佳、刘达、王真真、吕旭东、阮奔奔、王婧、张剑等研究生参与了调研、资料整理和部分写作工作。

项目组部分成员同时参与并完成了北京市哲学社会科学研究基地项目"北京大型农产品批发市场交易模式演进研究"(08AbJG216)和北京市商务委员会委托的课题"北京市'十二五'时期农产品流通体系发展规划"，其部分研究内容和成果被吸收到本书之中。

中商商业经济研究中心于淑华研究员、全国城市农贸中心联合会会长马增俊、中国人民大学曾寅初教授、北京市农林科学院刘明池研究员、北京农产品中央批发市场副总经理王兢、北京市工商局国杰等参加了项目的专题研讨会，提出了许多宝贵的建设性意见。

在本项目研究过程中，得到了全国城市农贸中心联合会、北京市商务委员会、北京市农村工作委员会、北京市工商局等单位的大力支持，为本项目研究提供了资料、案例和调研的帮助。

在此，谨向对本项目研究和本书写作提供支持、帮助的单位和个人，致以诚挚的谢意。

本书在写作过程中，参考了国内外的相关文献，在此，对作者一并致谢。

最后，还要感谢北京市哲学社会科学规划办公室和北京市教育委员会，正是他们的信任和委托，时刻鼓励和鞭策着我们在流通领域理论和实践的研究中奋进。